Colección
Educación, crítica & debate

Silvia Bernatené

La enseñanza en la formación docente : Avatares del Consejo Federal de Educación

1ª ed. - Barcelona / Buenos Aires: Miño y Dávila editores - Septiembre 2022.

244 p.; 22,5x14,5 cm.

ISBN: 978-84-18929-64-9
Depósito legal: M-18889-2022

Edición: Primera. Septiembre de 2022
Lugar de edición: Barcelona, España / Buenos Aires, Argentina

ISBN: 978-84-18929-64-9
Depósito legal: M-18889-2022

THEMA: JNMT [Teacher training]
JNM [Higher & further education, tertiary education]
BISAC: EDU015000 [Higher]
EDU046000 [Professional Development]
WGS: 860 [School and learning / Adult education/adult education centre]
863 [School and learning / Adult education centre /
course materials general]

Armado y composición: Eduardo Rosende
Diseño: Gerardo Miño

Página web: www.minoydavila.com

Mail producción: produccion@minoydavila.com
Mail administración: info@minoydavila.com

Dirección postal: Miño y Dávila s.r.l.
Tacuarí 540. Tel. (+54 11) 4331-1565
(C1071AAL), Buenos Aires.

Silvia Bernatené

La enseñanza en la formación docente

Avatares del Consejo Federal de Educación

ÍNDICE

La palabra

...Todo lo que usted quiera, sí señor, pero son las palabras las que cantan, las que suben y bajan... Me prosterno ante ellas... Las amo, las adhiero, las persigo, las muerdo, las derrito... Amo tanto las palabras... Las inesperadas... Las que glotonamente se esperan, se acechan, hasta que de pronto caen... Vocablos amados... Brillan como piedras de colores, saltan como platinados peces, son espuma, hilo, metal, rocío... Persigo algunas palabras... Son tan hermosas que las quiero poner todas en mi poema... Las agarro al vuelo, cuando van zumbando y las atrapo, las limpio, las pelo, preparo frente al plato, las siento cristalinas, vibrantes, ebúrneas, vegetales, aceitosas, como frutas, como algas, como ágatas, como aceitunas... Y entonces las revuelvo, las agito, me las bebo, me las zampo, las trituro, las emperejilo, las liberto... Las dejo como estalactitas en mi poema, como pedacitos de madera bruñida, como carbón, como restos de naufragio, regalo de la ola... Todo está en la palabra... Una idea entera se cambia porque una palabra se cambió de sitio, o porque otra se sentó como una reinita adentro de una frase que no la esperaba y que le obedeció... Tienen sombra, transparencia, peso, plumas, pelos, tienen de todo lo que se les fue agregando de tanto rodar por el río, de tanto transmigrar de patria, de tanto ser raíces... Son antiquísimas y recientísimas... Viven en el féretro escondido en la flor apenas comenzada... Qué buen idioma el mío, qué buena lengua heredamos de los conquistadores torvos... Éstos andaban a zancadas por las tremendas cordilleras, por las Américas encrespadas, buscando patatas, butifarras, frijolitos, tabaco negro, oro, maíz, huevos fritos, con aquel apetito voraz que nunca más se ha visto en el mundo... Todo se lo tragaban, con religiones pirámides, tribus, idolatrías iguales a las que ellos traían en sus grandes bolsas... Por donde pasaban quedaba arrasada la tierra... Pero a los bárbaros se les caían de las botas, de las barbas, de los yelmos, de las herraduras, como piedrecitas, las palabras luminosas que se quedaron aquí resplandecientes... el idioma. Salimos perdiendo... Salimos ganando...
Se llevaron el oro y nos dejaron el oro
Se llevaron todo y nos dejaron todo...
Nos dejaron las palabras."

Pablo Neruda, *"Confieso que he vivido"*

PRÓLOGO

por Adela Coria

El libro *La enseñanza en la formación docente. Avatares del Consejo Federal de Educación*, de Silvia Bernatené, nos invita a transitar continuidades y rupturas en vínculos que ponen en diálogo formación docente, enseñanza y curriculum, en el marco de las definiciones del denominado Consejo Federal de Educación (CFE) institucionalizado en la Ley de Educación Nacional (LEN, 2006), órgano público-político fundamental en la regulación del sistema educativo argentino con una historia que precedió esa instancia.

Nos propone una lectura en clave didáctica de la normativa construida por el CFE ordenadora de la formación docente en distintos períodos, lectura interrogativa y poco frecuentada tanto en estudios de las políticas como en los específicamente didácticos. El sugerente subtítulo "Hablamos de enseñanza, hablemos de política" da cuenta de esa intención y perspectiva de lectura novedosa.

Guía su análisis el interés por reconocer cómo el discurso jurídico –las resoluciones del CFE– condensa diversas tradiciones académicas y en qué sentidos van variando las significaciones sobre la formación docente, el curriculum y la enseñanza. Al ser el CFE un órgano de consensos federales, interesa comprender cómo en las normas se ligan las políticas educativas nacionales con las jurisdiccionales, ayudando a objetivar aquello que constituyen los andariveles que simbólicamente anticipan las prácticas.

Un enfoque histórico cruza el análisis de las dimensiones en juego en clave didáctica, recuperando en la exploración de las políticas de formación docente huellas de su constitución como apuesta estatal organizada. Señala la autora: "En nuestro país, la formación docente tuvo desde sus inicios una

fuerte tendencia a definir modelos disciplinadores, socioculturales y pedagógicos, para delinear su actuación conforme al proyecto político del país
que fue resignificándose en las sucesivas reformas del sistema educativo.
Esta matriz, generalmente prescriptiva, recoge legados de la Escuela Normal
que se recuperan en las diferentes dimensiones de la actuación del Consejo
Federal de Educación".

Bernatené realiza una búsqueda rigurosa y análisis pormenorizado de
numerosas resoluciones del CFE para construir con sólidos fundamentos el
referente empírico que la induce a reconocer cuatro períodos a lo largo de
40 años, al ritmo de las variaciones en la historia político-social, cultural y
de política educativa en nuestro país para la formación docente.

Esos cuatro períodos (1972-1976;1976-1983; 1983-2002; 2003-2012),
marcan la hegemonía de diferentes tradiciones en los campos de la formación
docente, la didáctica –en particular las prácticas– y el curriculum (discu-
tidas en los primeros capítulos del texto), "amalgamadas" en el horizonte
normativo que da cuenta de las políticas dominantes, no sin matices, no sin
contradicciones o sedimentos de políticas precedentes, dependiendo de los
actores políticos y de la vida académica involucrados.

En una trama rigurosa y a la vez sutilmente construida, avanza
problematizando variaciones sustantivas en los sentidos para la formación
docente en un marco general de las políticas trazadas en el CFE y el Ministerio de Educación.

Para enfatizar, en el capítulo 4 da relieve a las denominadas "Primeras
políticas de concertación para la formación docente", analizadas en el primer
período (1972-1976), donde enmarca la creación del CFE en "un plan de
gobierno autoritario con sesgos desarrollistas, que impulsan la modernización
de la educación a través de procesos tecnocráticos de control mediante la
planificación y el uso racional de los recursos disponibles", con propuestas
de gestión alternantes entre la modernización de corte funcionalista hasta el
reconocimiento de los principios de la pedagogía de la liberación.

En el campo de la FD –y sin lograrse una reforma educativa integral– destaca la supresión del ciclo del magisterio en las Escuelas Normales a partir de
1969 (Decreto 8051/68) iniciativa que se proyecta en el plano internacional
tendiente a garantizar el éxito del modelo tecnocrático eficientista. Bernatené
marca la paradoja que "En este contexto de pasaje de tradiciones, el Consejo
se constituye como un ámbito propicio para las orientaciones políticas de las
propuestas educativas, sin embargo, no elabora las propuestas curriculares".

La progresiva institucionalización de la FD en el nivel terciario va a
marcar un salto en su estructuración jerarquizada, aunque siempre conti-

nuará operando el imaginario normalista en términos de su valor para la construcción didáctica cerca de las escuelas.

En el Capítulo 5 aborda el segundo período, 1976-1983, donde el eje está puesto en la formación docente durante la dictadura militar. Como señala la autora, se trata de un tiempo de fortalecimiento del "control ideológico sobre la cultura y la educación", que busca asegurar la vigencia de la cultura nacional como la consolidación de los valores éticos cristianos de la tradición del país. A partir de esa fecha, con cambio de denominación y concentración de funciones del CFE, la coordinación avanzó hacia las políticas culturales pues se consideraba un espacio potencial de "inculcación ideológica extranjerizante". La formación docente, en este marco, expresa con claridad el alineamiento a la política autoritaria de la dictadura militar. "Un docente formado debía evidenciar disposición al orden y eficiencia, vocación de servicio y obediencia, valores de la concepción cristiana de la vida y tradiciones de la cultura nacional", analiza Bernatené en un claro vínculo política, FD, prácticas docentes, organización institucional.

Los capítulos 6 y 7 abordan dos etapas para el período que va entre 1983 y 2002: la primera, de recuperación democrática, y la segunda de formación docente y neoliberalismo, etapas en las que se produce un profundo cambio simbólico y real de devolver a la docencia, el curriculum, la enseñanza un lugar fundante para la civilidad democrática basada en valores compartidos y también el pasaje al predominio del mercado en la determinación de esas variables.

Es en el cuarto período 2003-2012 "La formación docente como política de Estado ", con sus variaciones y bemoles, donde marca la ruptura de una lógica neoliberal para pasar a pensar las políticas desde el Consejo Federal en consonancia con una apuesta por la igualdad y la justicia educativa, dejando atrás "la inclusión diluyente" y la "inclusión acotada" de la noción de práctica a la transmisión de contenidos disciplinares. Sostiene Bernatené como un pasaje relevante que "Este proceso estuvo en diálogo con la producción de conocimientos de la Didáctica General y las Didácticas Específicas, aunque no siempre desde una bien lograda articulación para superar los enfoques reduccionistas de la enseñanza".

Es muy interesante poner de relieve una conclusión general que se verá abonada por los riquísimos detalles de las decisiones adoptadas, que pone en valor al CFE en materia de recontextualización del discurso pedagógico oficial, que es el pasaje de la baja a la alta intensidad en los consensos construidos y la siempre conflictiva, matizada, contradictoria articulación entre actores del campo académico que como varios lo han ya mostrado, no están ajenos de las disputas políticas por imponer visiones sobre la enseñanza, la transmisión, las prácticas, y sus modos particulares de configurar procesos institucionales, formativos, y subjetividades.

Silvia insiste, nos interpela, nos recuerda al modo de la repetición que deja huella, que enseñar es político, y que siempre la palabra emerge –no como destino inexorable–, vuelve renovada para hablar de lo que se trata en cada momento histórico.

INTRODUCCIÓN

Hablamos de enseñanza,
hablemos de política

Las transformaciones curriculares que se produjeron en los últimos años ubicaron a las prácticas de enseñanza en un lugar central, como eje vertebrador de las propuestas de la formación docente. Desde la década de 1990, pero especialmente a partir de la Ley de Educación Nacional (LEN) N° 26.206 sancionada en el año 2006, el Consejo Federal de Educación (CFE) recuperó un rol de importancia en materia de acuerdos y concertación[1] de políticas que le fuera conferido desde sus inicios en el año 1972. La normativa elaborada en el CFE es el actual marco de referencia para la organización de los sistemas educativos en cada una de las jurisdicciones y sus propuestas constituyen los principales generadores de sentido y acción curricular.

En el contenido de esas regulaciones se expresan las definiciones políticas nucleares para la educación. Nuestro interés está puesto en las concepciones que sostiene la normativa elaborada por el CFE para la formación docente, su organización político-institucional y curricular, focalizando en las prácticas de enseñanza. El Estado, además de establecer la definición de los contenidos del proceso formativo, diseña el modo en que debe llevarse a cabo. Esto trasciende la formación inicial pues plantea de manera prospectiva el posterior

---

1. En el cuerpo del trabajo presentamos la génesis de este organismo y los antecedentes de ámbitos colegiados que lo precedieron como también las diferentes nominaciones que tuvo a lo largo de su historia. A los efectos de facilitar la lectura, usaremos la denominación Consejo Federal de Educación porque es la que posee actualmente, sin desconocer que su conformación y denominación ha variado desde sus orígenes. El actual Consejo Federal de Educación se creó en el marco de la Ley de Educación Nacional 26.206 del año 2006 y sustituyó al Consejo Federal de Cultura y Educación creado a través de la Ley 22.047 del año 1979. El primer ámbito de este tipo fue creado en el año 1972 mediante la Ley 19.682, con el mismo nombre que el actual organismo.

ejercicio de la profesión en todo el sistema educativo. En ese contexto, las prácticas de enseñanza han cobrado centralidad en las propuestas de cambio curricular para la formación docente acordadas en el CFE. Las mismas se constituyen en la base común para que cada jurisdicción elabore sus diseños curriculares expresando la posición asumida por la conducción política del sistema educativo nacional. Por ese motivo, la matriz normativa en la que el sistema educativo funda y sostiene su funcionamiento contiene definiciones de gran valor político. Al decir de Foucault (1996), la emergencia de nuevas formas de subjetividad está ubicada en las prácticas jurídicas, un tipo de práctica social de alto valor para la definición de la verdad.

Este trabajo se inscribe en el campo de la Didáctica, en los legados que la tradición disciplinar ha conformado a lo largo de su historia y también lo rebasa. Davini (1995) sostiene que las tradiciones en la formación de los docentes[2] son "(…) configuraciones de pensamiento y de acción que, construidas históricamente, se mantienen a lo largo del tiempo, en cuanto están institucionalizadas, incorporadas a las prácticas y a la conciencia de los sujetos" (p. 20). Desde los orígenes de la formación de docentes en Argentina con la creación de la Escuela Normal de Paraná en 1870 hasta la actualidad, se sucedieron una serie de propuestas institucionales y curriculares que organizaron –con diversos grados de articulación– la formación de docentes para todos los niveles del sistema educativo. Si bien se renuevan y su vigencia está asociada a definiciones políticas más estructurales, los legados de cada propuesta curricular permanecen en el sistema formador.

En el análisis de esas propuestas se puede reconocer la evolución histórica del objeto de estudio de la Didáctica. Coincidimos con Litwin (1997) al concebir la Didáctica como "(…) teorías acerca de las prácticas de enseñanza significadas en los contextos sociohistóricos en los que se inscriben" (p. 94). Por ese motivo, este trabajo se ubica en una disciplina que elabora *teorías sobre prácticas*. Esta posición difiere de la producción de conocimiento didáctico doctrinal para la enseñanza o la de carácter técnico e instrumental, sin desconocer que ambos corpus de teorías fueron relevantes para forjar la identidad fundacional de la disciplina. Además, la definición propuesta por Litwin nos plantea una vinculación ineludible con el contexto sociohistórico en que se inscriben esas prácticas de enseñanza para la comprensión de su significado. En esta obra, esa significación aparece mediada por las opciones

---

2. Davini (1995) distingue tradiciones consolidadas en la formación docente: la tradición normalizadora-disciplinadora, la tradición académica y la tradición eficientista. Además, identifica un conjunto de tendencias que no llegaron a consolidarse en tradiciones ni materializarse en formas institucionales y curriculares.

que el CFE incluye en la normativa para el sostenimiento de las políticas públicas que cada gobierno considera prioritarias y constituyen, además, la expresión de los principios pedagógicos vigentes en cada período.

¿Cómo se identifican los aportes de la Didáctica a las políticas educativas? Los encontramos en las definiciones de las propuestas curriculares para la formación docente y, en ellas, las concepciones de prácticas de enseñanza que se sostienen. Cabe destacar que esa inscripción disciplinar permite abordar tanto la dimensión epistemológica como la interpretación sociohistórica que las tradiciones han legado a los estudios de la *formación docente*, del *curriculum* y las *prácticas de enseñanza*, objetos preferenciales de la disciplina que históricamente ha incorporado en su agenda de producción de conocimiento, aunque no siempre con el mismo énfasis ni la misma intensidad.

Este libro aborda esos tres objetos de estudio preferenciales de la Didáctica presentes en la normativa elaborada en el Consejo Federal de Educación. Respecto de la formación docente, nos importa señalar que a principios de la década de 1990 tuvo un giro empírico a partir del cual el mundo académico la incorporó como objeto de estudio. Hasta ese entonces, fue un área de intervención de especialistas y expertos o grupos de docentes que procuraron cambios institucionales sin alejarse demasiado del discurso declarativo que enfatiza la importancia de su misión. La consolidación de la investigación derivó en programas que instalaron temas sobre la formación de formadores, el curriculum en acción, los estudiantes como grupo social, los docentes novatos y expertos, la socialización laboral, entre otros (Davini, 1995). Los estudios históricos que analizan la génesis de la formación docente en el país, señalan de qué manera los formatos institucionales y los contenidos de la formación están vinculados a la finalidad de las políticas públicas sostenidas por los diferentes gobiernos, democráticos y autoritarios, dando cuenta de una convergencia que se expresa en el curriculum y también en la regulación del trabajo (Alliaud, 2007; Birgin, Braslavsky y Duschatzky, 1992; Diker y Terigi, 2003; Feldfeber, 1998). En este punto, nos detendremos en la dimensión de la vinculación entre las políticas públicas y la formación docente que se pone de manifiesto en la finalidad y las principales características que la normativa incorpora en sus textos.

El segundo de los objetos de estudio preferenciales de la Didáctica es el curriculum de la formación docente que expresa, en la configuración de sus aspectos formales, las tensiones políticas y académicas del campo. El núcleo de definiciones básicas de las políticas curriculares nacionales conforma un conjunto de acuerdos básicos, amplios y restrictos[3] a la vez, que integran el proyecto político-cultural involucrado en la formación de docentes. Amplios, porque es necesario considerar los aportes de la historia social y las prácticas culturales vigentes en cada época; y restrictos, porque en ella inciden los aportes provenientes del campo académico considerados valiosos y legítimos para la política educativa.

Los modos en los que se realizan las definiciones curriculares, las áreas responsables de las diferentes jurisdicciones y de la nación, la participación de los docentes, la participación de los académicos y la organización del sistema formador, evidencian que la zona de cruce de académicos y expertos se fue desplazando de los niveles de conducción pertenecientes a los gobiernos, a los niveles de implementación de las instituciones formadoras y sus docentes (Neiburg y Plotkin, 2004). Como presentaremos en esta obra, este desplazamiento implicó mayores niveles de participación de los agentes en la definición de formatos y contenidos como también en las diferentes posiciones que se crearon con las reformas educativas. En esa dinámica, los directores de los Institutos Superiores de Formación Docente (ISFD) sostienen las voces de los expertos y los intelectuales, voces de la academia y de la política alternativamente. Todas ellas están presentes de alguna manera en las definiciones del docente agente moralizador del Estado, el agente garante de la eficiencia, el agente profesional autónomo o el agente intelectual experto, sujeto de las normas producidas en los períodos que analizamos.

Es importante señalar que nuestra posición carece de neutralidad, adherimos a las corrientes de pensamiento que sostienen que enseñar no es una técnica ni un trabajo de transposición de contenido cuyos debates se saldan en el tratamiento de las disciplinas o en los análisis instrumentales. Los aportes del trabajo de Gloria Edelstein (Edelstein y Coria, 1995; Edelstein, 1997; 2000; 2011), Jorge Steiman (Steiman, 2004; 2011; 2018) y Liliana Sanjurjo (Sanjurjo, 2002; 2009; 2011), su preocupación por la formación de docentes reflexivos y la construcción del saber de la práctica, nos permiten hacer un recorte más preciso al distinguir las características de las prácticas de enseñanza y la necesidad de ser revisadas desde procesos inherentes a la formación.

---

3. El carácter amplio de los acuerdos remite a ese gran conjunto de definiciones compartidas por todos los actores intervinientes para la definición de finalidades, contenidos, tiempos y dispositivos de la formación docente. Estos acuerdos, a su vez, establecen criterios más rígidos que operan como "pisos" de las definiciones posteriores como cantidad de años, horas de los planes de estudio, contenidos curriculares, entre otros.

                Introducción

Es en este punto donde la presentación escrita del currículum bajo la forma de normas y documentos de trabajo, genera un impacto a considerar en las instituciones y en las prácticas de los sujetos. Orienta el rumbo del trabajo en torno a él, permite el desciframiento de sentidos y lo que Barco (2008) llama la "decodificación del plan". El código es un lugar dinamizador de la propuesta que relaciona las pedagogías visibles e invisibles y permite que, al decir de la autora, "se cuelen las prácticas" dejando subyacente el eje del plan. Este eje está constituido por los conocimientos, saberes y prácticas centrales de la carrera, son pensados en función de los campos disciplinares que abarca la carrera y de las prácticas profesionales a desarrollar por el egresado: las prácticas de enseñanza.

El análisis precedente nos permite ubicar el tercer objeto de estudio preferencial de la Didáctica: las prácticas de enseñanza y sus definiciones empleadas en las definiciones curriculares. Al referirnos a las *prácticas de enseñanza*, lo hacemos reconociendo que se trata de la especificidad del trabajo docente y los múltiples sentidos que se desprenden según analicemos las prácticas docentes, las prácticas pedagógicas, las prácticas cotidianas del aula, todas ellas concepciones teorizadas por la Didáctica y consideradas en las propuestas formativas. También refiere a un espacio curricular de formación en "la práctica", presente en los planes de estudio desde los inicios de la actividad.

Por último, como se trata de normativa destinada a la formación de docentes elaborada por el Consejo Federal de Educación, la creación y funcionamiento de este organismo requiere una atención especial por sus características y objetivos fundacionales renovados en el tiempo por los principales actores de la política educativa. En esta materia, hubo antecedentes de organismos colegiados en el período fundacional, como el Consejo Nacional de Educación, desde el cual se administró el sistema educativo en tiempos de su estructuración y promovió el debate de ideas pedagógicas con finalidades políticas muy definidas. Por estas razones, analizamos la producción normativa, entendida como definiciones de las políticas públicas, a partir del diálogo que se despliega entre las principales características del contexto[4] con el pensamiento pedagógico vigente en el campo de la educación que las normas recuperan en sus textos a través de la definición de sus objetos, fundamentos y alcances. Coincidimos con Oszlak y O'Donnell

---

4. No desconocemos la amplitud de temas que abarca la agenda de las políticas públicas y, en especial, las referidas al sector educación. A los efectos de nuestro estudio, tomaremos aquellas características que inciden en la formulación de políticas educativas en general con énfasis en la formación docente.

(1984) al sostener que una política estatal es una toma de posición, ni unívoca ni permanente, que intenta alguna forma de resolución de la cuestión en la que algunas organizaciones estatales, simultáneas o sucesivas a lo largo del tiempo, constituyen el modo de intervención del Estado frente a la cuestión. Para ello, proponemos un ordenamiento temporal que nos permita analizar las continuidades y rupturas de la actuación del CFE como un tipo de intervención del Estado. Consideraremos cuatro períodos: el primero, entre los años 1972-1976; el segundo: 1976-1983; el tercero: 1983-2002 y el cuarto: 2003-2012. Este ordenamiento remite a los diferentes tipos de intervención, expresando a través del Consejo Federal de Educación, la lógica estatal presente en los diferentes gobiernos del período estudiado. De esta manera, la crisis del Estado benefactor que se inicia a mediados de los años setenta, el surgimiento y despliegue de las políticas neoliberales en las décadas siguientes, se manifiestan en las preocupaciones de los actores de ese organismo y las decisiones que toman en materia educativa y, especialmente, en la formación docente. No se trata de constituir una agenda de las preocupaciones e intereses sino de identificar de qué manera el Estado intervino según se trate de posiciones que recuperan su centralidad o no en la definición de prioridades de las políticas públicas.

Las líneas precedentes anticipan la orientación del trabajo. Los documentos oficiales producidos en el ámbito del CFE expresan la concertación de la política educativa entre el gobierno nacional y las jurisdicciones. Además de definir la regulación del funcionamiento del sistema, tienen por finalidad establecer el marco conceptual desde el que se diseñan e implementan las acciones, como también contribuir a la construcción simbólica de las concepciones desde las cuales se sostiene la praxis educativa. Las normas expresan nociones de alto valor político-pedagógico cuya emergencia, uso y significado expresan acuerdos y diferencias producto de los contextos sociohistóricos, y definiciones organizacionales adoptadas en cada época para establecer su funcionamiento. Desde su creación, el CFE ha producido un corpus normativo destinado a la formación de docentes con la finalidad de incidir en el gobierno y la administración del sistema formador, así como también pautar la gestión institucional y las prácticas de los actores involucrados. Para ello, generalmente ha recuperado distintos desarrollos teóricos del campo académico de la Didáctica según la época. En los últimos años, la teorización sobre la formación docente, el curriculum y las prácticas de enseñanza ha cobrado centralidad tanto en la investigación como en las orientaciones para la organización del sistema. En este sentido, los aportes del Instituto Nacional de Formación Docente (INFD) han incidido no solo por ser un organismo de definición de políticas sino también por el desarrollo de líneas de investigación, capacitación y generación de contenidos que tienen, entre sus ejes prioritarios, las prácticas de enseñanza de los maestros y profesores. Para cumplir esta tarea, conformó sus equipos con cuadros técnicos del mundo académico quienes además de ser referentes de la investigación que se produce en esa materia, son artífices de las definiciones conceptuales de los lineamientos para el sector. Estas líneas, pues, anticipan nuestro propósito: compartir una obra que indaga las continuidades y las rupturas en las concepciones sostenidas por las políticas expresadas en las normas.

CAPÍTULO 1

La formación docente

La sistematización de la literatura sobre formación docente y curriculum es muy amplia, por ese motivo nos centramos en un recorte que nos permita avanzar en nuestro análisis de las definiciones que presenta la normativa sobre qué docentes formar, para qué tipo de prácticas, con qué finalidad y qué sociedad está en ciernes cuando se definen las políticas para la formación docente. La confluencia de todas estas temáticas bajo nuestra mirada desde la Didáctica nos ayuda a construir una nueva posición sostenida desde este trabajo, que presente la expresión política y académica del organismo sobre la formación docente, entendiendo que en tanto normas jurídicas se trata de regulaciones que prescriben comportamientos y se comportan como prácticas de construcción de significados de gran importancia para la vida social. Cabe señalar que hay muchos estudios valiosos que aportan un análisis detallado en varias de las dimensiones que presentamos a continuación.

1. La docencia y las políticas públicas

1.1. La docencia como vocación del cumplimiento de una misión

Una mirada desde la Didáctica nos permite reconocer los núcleos de sentido de las políticas educativas destinadas a la formación docente a partir de la identificación de los principios formalmente declarados, las prioridades establecidas en los programas de gobierno o también a partir de las ausencias o mutaciones de aquello que no se considera relevante definir o implementar, o lo que definitivamente es excluido del conjunto de definiciones que las normas reúnen.

La formación docente en tanto proceso de conformación del pensamiento y del comportamiento socioprofesional, es un producto social de una historia en la que el Estado expresa la finalidad política a través del curriculum y de los lineamientos que ordenan su trabajo y formación permanente. Como señalamos en apartados anteriores, se trata de un proyecto de largo plazo a través del cual se interviene en la matriz cultural de una sociedad, no sólo por participar de un modo particular en la construcción simbólica, sino porque sus efectos continúan en el sistema educativo. Por ese motivo, las políticas y programas expresados en las normas pueden analizarse desde estos interrogantes: ¿Qué docente se pretende formar? ¿Cuáles son los atributos como personas y de su quehacer? ¿Para qué sociedad? Estas preguntas tal vez resulten muy amplias y hayan sido respondidas en varios estudios del campo, sin embargo, en el contexto de este trabajo remiten a la búsqueda de las posiciones asumidas por el CFE y entendidas como expresiones políticas de las jurisdicciones y el Estado Nacional. Además de su expresión en las normas, las respuestas están contenidas en la selección de contenidos para su formación que enuncian la finalidad de ese proceso.

La definición de la escuela como institución social estuvo asociada al origen de la educación obligatoria a mediados del siglo XIX, cuando el Estado asumió la responsabilidad sobre la educación que hasta el momento era exclusiva de algunos grupos sociales. Este proceso estuvo ligado a las transformaciones del orden económico y la consiguiente modificación de la estructura social, cuya complejidad trajo aparejada las modificaciones en las formas y contenidos de enseñanza. La inculcación mecánica de normas y reglas manifestaba limitaciones necesitando la instalación del sentido común bajo la forma de código moral.

En nuestro país, la formación docente tuvo desde sus inicios una fuerte tendencia a definir modelos disciplinadores, socioculturales y pedagógicos, para delinear su actuación conforme al proyecto político del país que fue resignificándose en las sucesivas reformas del sistema educativo. Esta matriz, generalmente prescriptiva, recoge legados de la Escuela Normal que se recuperan en las diferentes dimensiones de la actuación del Consejo Federal de Educación.

En sus inicios, la formación de docentes para el sistema educativo estuvo asociada al proceso impulsado y conducido por el Estado caracterizado por la implementación de políticas de intervención en la conformación y desarrollo de las instituciones de la sociedad civil. Alliaud (2007), en su estudio sobre los orígenes de la profesión docente, afirma que es una característica de las sociedades latinoamericanas en las que "(…) la Nación se consolida a través y por el Estado y no a la inversa, tal como ocurrió en sociedades capitalistas avanzadas" (p. 44). La autora señala que para llevar a cabo el proceso de modernización iniciado a fines del siglo XIX y principios del XX, fue imprescindible lograr estabilidad y orden interno. Para ello, fue necesaria la instauración de un nuevo orden social que pudiera integrar la mano de obra y los capitales extranjeros. Este proceso requirió la formación de "hombres nuevos" que adhirieron a la "Patria" en tanto asociación de carácter general que permitía superar la heterogeneidad de conflictos y de intereses puestos en juego en esa etapa de pasaje de una sociedad tradicional a una sociedad moderna. El Estado organizó un sistema de educación pública, el aparato burocrático y las normas para su funcionamiento, en torno al carácter homogeneizador de la escuela que cumpliera con la misión planteada. En esa tarea, el carácter *igualador* estuvo por sobre el carácter *liberador* asignado a la educación en los Estados burgueses: "La instrucción general, destinada a las clases más bajas de la población, tuvo un objetivo claro: transformar, convertir, antes que formar; moralizar, antes que a instruir" (Alliaud, 2007, p. 62).

La formación de maestros fue un factor clave ya que integrarán el grupo social encargado de realizar la tarea encomendada a la educación pública. Por este motivo, la institucionalización de su formación fue un proyecto político en sí mismo por parte del Estado, que completaría el proyecto de la educación popular puesto en marcha. A partir de la creación de la Escuela Normal de Paraná en 1870[5] se inicia la institucionalización de la formación de maestros preparados y competentes para realizar la tarea requerida por el Estado. El modelo de la Escuela Normal se consolida a partir de la creación de las condiciones materiales y simbólicas para la formación de un cuerpo de maestros "eficaces" en su tarea:

> Esta escuela nace, pues, con un sentido misional, destinada a la inculcación de un "nuevo mensaje" que debía contrarrestar la influencia de la educación familiar de los sectores sociales más desposeídos. Los maestros serán los responsables directos de lograr tal cometido, de allí que serán definidos como los apóstoles laicos de la "gran cruzada" para combatir la ignorancia. (Alliaud, 2007, p. 85)

Las características que la autora reconoce en la conformación y consolidación de ese cuerpo magisterial como grupo social conformaron una matriz de definiciones políticas y pedagógicas cuyo alcance lo podemos reconocer

---

5. Decreto del 6 de octubre de 1869 firmado por el presidente de la nación Domingo Faustino Sarmiento.

en la vigencia de sus postulados durante más de un siglo: la *modelización de la formación* a partir de la creación de las Escuelas Normales y las características de la profesión docente.

El modelo de la Escuela Normal en Argentina refiere a experiencias internacionales destinadas a la formación de maestros que se desplegaron en torno a la creación de los Estados nacionales en diversas partes del mundo.[6] La Escuela Normal de Paraná y la expansión de su modelo en todo el país definieron los programas de estudio, los horarios y las modalidades de trabajo en los departamentos de aplicación[7] constituyéndose en la institución responsable de reemplazar a los maestros idóneos por maestros con formación específica.

Alliaud (2007) sostiene que se trató de una acción pedagógica que no queda librada a la subjetividad de personas individuales sino que tuvo un carácter tipificado. La *tipificación* se despliega en dos dimensiones de su actuación: una dimensión de "*idoneidad pedagógica*" dotada de los métodos apropiados para garantizar la efectividad en la enseñanza; y la segunda, una dimensión de "*idoneidad moral*",[8] indispensable para el ejercicio de la docencia. La *idoneidad pedagógica* tuvo sus bases en la filosofía positivista y el espiritualismo pedagógico, los principales cuerpos teóricos de los saberes específicos que ordenaron el trabajo en las aulas. Alliaud (2007) señala que se realiza una acción de sustitución y conservación al mismo tiempo, ya que la escuela se convierte en el "templo del saber" y el maestro sustituye al sacerdote, pero conserva a la vez una función sagrada en su lucha contra la ignorancia, sosteniendo las características de un predicador laico en las formas en las que ejerce su oficio. En tanto que la *idoneidad moral*, asociada a la acción civilizadora de la enseñanza, garantizaba al Estado que los maestros llevarían a cabo la lucha contra la ignorancia de la mayoría de la población, a partir de ser los difusores de la cultura. La acción pedagógica asegura el proceso de socialización o, como lo presenta Davini (1995), de endoculturación, en

---

6. Ver Eced (1988).

7. Los departamentos de aplicación de las Escuelas Normales eran cursos de educación primaria en los cuales se realizaban los procesos de modelización. Las clases eran tomadas como ejemplo para los futuros maestros, tanto en el quehacer de su profesión como en el rol moral de su tarea.

8. Hay dos artículos de la Constitución Nacional que refieren al carácter "moral". En su artículo 19 afirma: "Las acciones privadas de los hombres que de ningún modo ofendan al orden y a la moral pública, ni perjudiquen a un tercero, están sólo reservadas a Dios, y exentas de la autoridad de los magistrados. Ningún habitante de la Nación será obligado a hacer lo que no manda la ley, ni privado de lo que ella no prohíbe". El artículo 66 refiere a la "inhabilidad moral de los legisladores" como condición para su remoción del cargo.

CAPÍTULO 1

la transmisión de patrones de comportamiento, pensamiento y valoración en los que la escuela es capaz de consolidar matrices ideológicas sin gran consistencia lógica, pero con una gran carga afectiva y moral. Alliaud (2007) presenta con claridad esa mixtura de la acción pedagógica al sostener que, si bien de base positivista, este proceso con pretensiones de cientificidad y racionalidad no excluyó finalidades morales.

La necesidad de contar con los ejecutores de esa acción socializadora, los maestros, requirió de los modelos institucionales que proporcionaban las Escuelas Normales para formar a una maestra *modelo* en torno a un conjunto de características básicas: mujeres preparadas que difundirán la cultura nacional y un conjunto de saberes básicos portando el saber instrumental para ello. Alliaud (2007) señala que la mayor parte de las escuelas fundadas hasta 1885 fueron "normales de maestras"; sólo se crearon dos normales de varones en aquellas provincias donde ya existía una escuela para maestras. Sin embargo, a partir de la creación de las Escuelas Normales mixtas, se privilegió a las mujeres por su obediencia, orden y eficiencia como parte de un proceso en el que el ejercicio de la profesión fue a su vez definiendo las características de la formación. La autora explica que el deseo de hacer el bien aparece expresado, en esta concepción, como "el móvil puro y verdadero de abrazar la vocación docente". Las condiciones de un trabajo escasamente remunerado y de tiempo parcial fortalecen la tendencia de la feminización. La valoración estuvo fuertemente asociada a la figura del maestro como difusor de la cultura, que se definió fuertemente por la inculcación de formas de comportamiento y un conjunto de saberes básicos, útiles y posibles de ser enseñados a todas las grandes mayorías de la población. Davini (1995) afirma que la utopía sostenida por los proyectos escolares de los maestros normales en pos de un progreso para la población, la creencia de un mundo mejor y la entrega a su tarea a pesar de la escasa compensación material, tuvo un reconocimiento simbólico por parte de la sociedad.

La formación de la Escuela Normal privilegió la transmisión de los saberes específicos relacionados con la metodología de la enseñanza por sobre el saber general. Alliaud (2007) señala que fue precisamente el saber instrumental, "el arte de saber transmitir los conocimientos al niño", el que sustentó el surgimiento de la profesión docente. El título de maestro legitimó ese saber dando cuenta de los formatos propuestos en la formación, especialmente las experiencias en las clases modelos del departamento de aplicación y las teorías pedagógicas del campo académico en formación al mismo tiempo que se constituía el sistema educativo. De esta forma, las Escuelas Normales ubicadas en todo el país serán las instituciones que formarán a los docentes con dispositivos de formación y acción también modélicos, que garantizarán el poder normalizador de la educación pública. Davini (1995) afirma que esta tradición ha marcado el disciplinamiento de maestros y profesores respecto de las normas generadas por el Estado, aportando a la imagen de los docentes como funcionarios del Estado más que una categoría profesional.

Esa matriz constituyó un legado que se corresponde con la responsabilidad que le cabe al docente de ser el modelo de comportamiento, intelectual y moral, para lograr la misión a la que fue llamado a cumplir en la sociedad. Conforme el paso del tiempo, aun mediando los aportes del campo académico sobre los contenidos y propuestas formativas para la docencia, estos rasgos se sostuvieron y resignificaron en las políticas implementadas por las sucesivas reformas que, desde lo formal, propusieron otros marcos conceptuales que mantuvieron el núcleo duro de la *prescripción* alojado en su interior. Esta característica es, tal vez, la que ha logrado mayor permanencia en las propuestas curriculares para la formación docente. Los aportes de la autora nos permiten focalizar en algunas de las principales características institucionales de la Escuela Normal. Ella sostiene que los problemas más relevantes en el funcionamiento político-institucional de la formación docente remiten a los procesos de *endogamia e isomorfismo*, los efectos del *deterioro del desprestigio* y las *condiciones laborales* de la docencia que las sucesivas reformas no pudieron revertir de manera integral. Los procesos de formación basados en la autorregulación de las instituciones, cercanos a la lógica de las escuelas en las que trabajarán los futuros docentes, en condiciones de deterioro, ocasionan escasas posibilidades de generar cambios sustantivos en las prácticas de los sujetos. Por ese motivo, estas características fueron objeto de transformación de las sucesivas reformas de la formación docente al incorporar contenidos y procedimientos institucionales que disminuyeron los efectos de la autorregulación de las Escuelas Normales y la escasa distancia entre la institución formadora y la escuela destinataria de la formación. Los motivos de la jerarquización de la docencia están vinculados a la necesidad de mejorar el sistema educativo y desde allí, la función clave que la educación cumple en la sociedad.

Los fundamentos del pasaje del magisterio al nivel superior correspondieron con demandas propias de un proceso de modernización integral del sistema educativo promovido por el gobierno militar de la Revolución Argentina como también por un movimiento regional en este sentido (Draghi *et al.*, 2015). El gobierno fracasó en la implementación de la reforma global[9] que

---

9. La primera presentación de la reforma del sistema educativo se presenta en la Res. N° 994 del 10 de octubre de 1968. El nivel preescolar de dos años de duración (4 y 5 años

tuvo como fundamentos el bajo rendimiento interno y externo, cuantitativo y cualitativo del sistema educativo argentino; la obsolescencia e inadecuación de su estructura y la necesidad de responder a los requerimientos personales de los sujetos, y las exigencias del desarrollo nacional. Sin embargo, hubo una medida que perduró en el tiempo: la supresión del ciclo del magisterio en las Escuelas Normales a partir de 1969.[10] Sus características principales procuraban revertir las críticas realizadas a la Escuela Normal; la formación de maestros será de nivel superior, con una revisión de planes de estudio sujetos a las orientaciones de los encargados de la reforma estructural de la educación bajo principios de racionalidad, eficiencia y modernización, responsabilizando a los docentes de los resultados de la educación.

1.2. La docencia como trabajo: el rol, el oficio, la profesión

Los estudios sobre la construcción de la identidad de la docencia (Davini, 1995; Tenti Fanfani, 2007; 2010a; Diker y Terigi, 2003) señalan de qué manera han impactado en su definición como vocación o trabajo, los cambios sociales y culturales como también la modificación de la dinámica interna del sistema educativo y sus mecanismos de control (Lang, 2006). No es la finalidad de este apartado dilucidar estas cuestiones, sino ubicar algunos de los rasgos básicos de la *profesión*, el *oficio* y el *rol* docente por estar mencionados en las normas de manera profusa, y vinculados a una nueva forma de "hacer docencia". Su ejercicio y las características atribuidas a esta práctica señalan el tipo de intervención que el Estado espera de los docentes, así como también el grado de autonomía conferido para indicar el sentido de esa intervención.

Un estudio de Dubet (2006) que recoge aportes de la sociología del trabajo para analizar los procesos de socialización profesional, establece una clara diferenciación entre las nociones de *rol* y *oficio*. El autor afirma que el oficio es una calificación social sustancial perteneciente a las personas al término de un aprendizaje metódico y completo. El oficio puede o no ser una profesión dependiendo del grado de reconocimiento institucional y autonomía que se le otorgue a la persona y su poder de transferencia al ámbito laboral. Quien tiene un oficio es capaz de producir un trabajo autónomo y previsible en un contexto concreto. En cambio, el rol no pertenece

---

de edad); el nivel elemental con cinco años de duración (6 a 10 años de edad), el nivel intermedio de cuatro años de duración (11 a 14 años de edad) y el nivel medio de tres años de duración (15 a 17 años de edad).

10. Decreto N° 8051 del 16/12/1968.

a la persona, es un concepto relacional ya que depende de la posición del individuo en la organización (Dubet, 2006).

De este modo, la profesionalización de la docencia asociada al cumplimiento de un rol debe comprenderse según las demandas de la organización escolar.[11] Los nuevos funcionamientos institucionales requieren que la docencia reúna algunas características con sesgo "profesionalizante" para su ejercicio, además, establece para el rol docente las demandas sociales que el nuevo espíritu del capitalismo solicita a todos los sujetos: el carácter multifacético, el poder de adaptación, mayores niveles de exigencia en un proceso de formación continua. El análisis de las demandas al rol docente que incorpora la normativa nos permite conocer cómo se manifiesta la institución formadora en la experiencia real. Al decir de Berger y Luckmann (2006), representan el orden institucional en dos niveles, el de los sujetos –el docente que no actúa por sí mismo sino desde las funciones que debe cumplir– y el de las instituciones en las que se desempeña el rol –los Institutos y Escuelas Normales que forman para un tipo específico de comportamiento–. Detenernos en las características del rol docente previsto en la normativa, es ampliar la mirada al universo simbólico en el que se inscriben esas prácticas y reconocer de qué manera la organización de la vida institucional contribuye a su mantenimiento.

Las normas sostienen discursos que operan en una red simbólica que es necesario analizar en particular para encontrar en ella los facilitadores u obstaculizadores del cambio. La cultura instalada desde las primeras políticas para la formación de docentes se asentó en la endogamia y el isomorfismo, y se resignificó a partir de considerar un nuevo conjunto de características asentadas sobre las tradiciones existentes. Como lo afirma Garay (2000), la acción institucional no es comprensible fuera de la red simbólica que lo genera y del universo imaginario se crea. La red de significados que sostiene a la docencia como trabajo está construida a partir de la existencia eficaz del orden simbólico generado por el normalismo. El pasaje de la docencia como vocación a esta nueva calificación se realiza por la presencia de normas legitimadas que construyen un nuevo orden simbólico propuesto por el Estado para las instituciones formadoras. Esta inclusión no supone una construcción alejada de lo existente sino que se despliega en el mismo universo simbólico, en tanto "(…) matriz de todos los significados objetivados socialmente y subjetivamente reales" (Berger y Luckmann, 2006, p.

---

11. Empleamos el término *escolar* de manera genérica para referirnos a instituciones educativas.

123). Al decir de los autores, lo que sucede en los márgenes, lo que recién se considera en la vida cotidiana de los sujetos, también pertenece a ese universo simbólico que se pretende modificar.

En relación con las modificaciones, en un estudio realizado en el marco del Proyecto Nacional de Cooperación para el fortalecimiento institucional y el mejoramiento de la planificación y gestión del desarrollo educativo regional auspiciado por la Organización de los Estados Americanos, Diker y Terigi (2003) señalan que resulta paradójico que la institución formadora de maestros por excelencia, la Escuela Normal, carezca de una normativa adecuada a los requerimientos de un establecimiento de formación docente de nivel superior y que, como contrapartida, la repartición ministerial que tuvo a su cargo hasta 1992 las instituciones de nivel superior haya concentrado sus esfuerzos de reglamentación más en el resto de los niveles, que en el nivel superior. Esta situación aseguró cierta inercia institucional que garantizó la vigencia del normalismo en la mayoría de las instituciones formadoras.

Las instituciones suponen historicidad y control, se construyen en el curso de una historia compartida, nada se crea en el instante y se desarrolla ajeno a los procesos específicos del control social. Berger y Luckman (2006) sostienen que la integración del orden institucional está basada en el conocimiento que los miembros tienen de él, pero no se refiere solamente al conocimiento como un complejo cuerpo de teorías sino como la suma de lo que se sabe sobre el mundo social, mitos, creencias, valores, cuya integración teórica exige habilidad para la conformación del conocimiento práctico. Esto explica que el proceso de socialización que se da en la institución formadora comienza antes del ingreso a la misma, sin embargo, en el tránsito de la formación académica, el espacio y tiempo de la regla, la norma, lo instituido, como también el lugar del acontecer, del movimiento, de lo singular, lo instituyente, son elementos claves para comprender las tramas existentes en la vida institucional de la formación de docentes. Este señalamiento es clave para comprender de qué manera las definiciones políticas que establecen las normativas cobran sentido en las prácticas que los sujetos realizan en las instituciones, en un despliegue singular reconocible en la matriz de significados que las políticas promueven.

Desde la década de 1980, los aportes provenientes de la sociología del trabajo han realizado estudios sobre la profesionalización de la docencia indagando, en perspectiva histórica, de qué manera se instaló en el campo de la educación la demanda de la formación de docentes profesionales y cuáles son las características que los definen como tales (Davini, 1995; Ginsburg *et al.*, 1988; Popkewitz, 1994). Dentro de ese grupo de trabajos se destaca una línea de investigación sobre la profesionalidad de la docencia de la Universidad Humboldt de Berlín. Tenorth (1988) señala un número de características de la profesión que, si bien no pretenden conformar una lista exhaustiva, se constituyen en un conjunto de dimensiones que permiten clarificar su reconocimiento en la actividad de la docencia:

a) Ocupación: las profesiones son actividades de jornada completa que constituyen la principal fuente de ingresos del sujeto.
b) Motivación: las profesiones se guían por una serie de expectativas de conducta que se van reforzando durante la formación y que se superponen y acaban por imponerse a otras motivaciones de la actividad.
c) Organización: las profesiones favorecen formas específicas de organización de sus miembros y las delimita frente a otras actividades profesionales. Las organizaciones basadas en la actividad profesional confían su control y organización al conjunto del grupo profesional. Defienden a sus miembros de todo control ajeno al grupo considerado profano.
d) Formación: las profesiones se ejercen sobre la base de un saber especializado, adquirido sistemáticamente, conformado por un saber doctrinal, institucional o científico, por una parte, y el saber práctico, sin permitir la clara delimitación de estos tipos del saber.
e) Orientación del servicio: Las profesiones difieren de otra actividad por el objeto de su quehacer laboral. Orientan su actividad hacia un destinatario y resuelven problemas de gran relevancia para los valores sustanciales de la sociedad.
f) Autonomía: la profesión, apoyada en el saber específico, define la manera en que el destinatario recibe su servicio. El profesional está protegido, como experto, contra las objeciones del destinatario.
g) Los márgenes de acción permiten la estructuración de la actividad laboral sobre la base de la competencia profesional y su organización puede fijar las condiciones marco de la actividad.

Si tomamos como referencia estas características, podemos advertir que las condiciones materiales del trabajo de los docentes, la estabilidad y rotación en los cargos, los bajos salarios, las condiciones en las que se despliega el desarrollo profesional no dan cuenta de esta característica, sino que se trataría de un proceso de intensificación del trabajo (Birgin, 1999). El control de su tarea no está dado por el grupo profesional sino por las estructuras burocráticas propuestas por el empleador –el Estado– como también sus reglas, en tanto la educación es "cosa pública" (Davini, 1995) y está prevista la supervisión jerárquica de las tareas encomendadas.

Por otro lado, las características de una profesión descriptas por Tenorth (1988) que se presentan con mayor claridad en la docencia refieren a las *expectativas de conducta* que presenta la docencia, la *formación sistemática* que integra *saberes conceptuales y prácticos* y la *orientación de la actividad* a intervenir en problemas de relevancia para la sociedad. De este modo, podemos identificar un subconjunto de condiciones y disposiciones de la docencia dentro del orden de la profesionalización propuesto por los estudios sociológicos más generales.

Del discurso de la *misión* del docente (asociadas a un deber ser de humildad y de dedicación) al de *responsabilidad* de la *profesión*, se constituyeron en conceptos claves que permiten internalizar diferentes procedimientos de control impuestos por el marco regulatorio (saberes actualizados, actuación acorde a las demandas sociales, del mundo productivo, de la formulación de los proyectos institucionales, de la reconstrucción de los saberes propios, la responsabilidad a través de la propia actuación, entre otros). En el caso de la profesionalización que promovieron las sucesivas reformas, implica una equiparación de la docencia con el concepto de profesión liberal. Lang (2007) sostiene que, al imponer la profesionalización de la docencia sin el consentimiento de los actores, puede ponerse en tela de juicio la propia índole del trabajo, la elección y la naturaleza de las acciones profesionales y la actitud frente al oficio, elementos primordiales de la autonomía de un grupo profesional.

Los aportes de Tenti Fanfani (2007) citando a Boltanski y Chiappello (1999) son esclarecedores. Para analizar ese atributo, el autor sostiene que el capitalismo en su fase actual de desarrollo pareciera haber encontrado un "nuevo espíritu" que actúa como elemento motivador que induce a los individuos a implicarse "en cuerpo y alma" en las organizaciones de la producción capitalistas. En este modelo de organización emergente los productores se apropian de una parte del sentido de su trabajo, pasando de ser ejecutores de órdenes a trabajar en equipo y tienen la responsabilidad de trabajar con base en proyectos. La flexibilidad y la inestabilidad (en el lugar de trabajo y en el mercado de trabajo), la polivalencia, el pago por rendimiento, se convierten en rasgos que reemplazan las estructuras de cargos jerárquicamente ordenados y asociados con diplomas o certificaciones. Tenti Fanfani (2007) afirma: "En este sentido, el programa de profesionalización docente no sería más que la transferencia (con las necesarias adaptaciones) de los modelos de organización y gestión del capitalismo postfordista al campo de la educación pública" (p. 134).

Todas las referencias a la *profesión* docente, entendida como tal o en el ejercicio de un *rol profesional*, señalan un cambio en la concepción de la docencia con la pretensión de ser legitimada a partir de la norma que regula la vida cotidiana y, por ende, los procesos de habituación. La sociedad es una realidad objetiva que se constituye por el proceso de institucionalización. Al decir de Berger y Luckman (2006), toda actividad humana está sujeta a la habituación, proceso que antecede a la institucionalización. Esta aparece cada vez que se da una tipificación recíproca de acciones habitualizadas, es decir "constituyen las instituciones, son accesibles a todos los integrantes de un determinado grupo social, y la institución misma tipifica tanto a los actores individuales como a las acciones individuales" (Berger y Luckman, 2006, p. 74). Las características particulares de la profesión atribuidas a la docencia, implican reconocer el despliegue de nuevos procesos de tipificación en torno a la autonomía de los sujetos, a la sistematicidad de la formación que se suman a los existentes en las tradiciones formadoras, especialmente aquellos sostenidos por las matrices prescriptivas.

1.3. La docencia como trabajo intelectual

Los estudios sobre los ámbitos de formación docente han señalado que los problemas sobre su funcionamiento, las relaciones con otras instituciones y los circuitos de formación, tienen su origen en las características fundacionales de las instituciones y en los modos en que las sucesivas políticas han intervenido sobre ellos (Davini, 1995; Diker, 2005; Diker y Terigi, 2003; Edelstein y Aguiar, 2004).

Como señalamos en el apartado anterior, los estudios sobre la profesionalización indican que varias de las características atribuidas a las profesiones cobran una forma diferenciada en la docencia. Davini (1995) señala que las investigaciones sobre la "semi profesionalidad" de los docentes no llegan a explicar la diferencia existente con otras profesiones que también sostienen prácticas asentadas en tradiciones, con pérdida de los niveles de autonomía y control de su trabajo producto de desempeños en organizaciones complejas en los que el vínculo con sus empleadores es más fuerte que con sus propios pares. Según la autora, la dependencia de políticas públicas que restringen posibilidades de desarrollo y mejora en las condiciones de trabajo, como también la producción y circulación fragmentada del conocimiento especializado, han contribuido al alejamiento de la docencia de la condición de profesión. La noción de autonomía es clave en este análisis en el que debe considerarse al curriculum en acción ya que, a pesar de los condicionantes normativos, es el docente quien ejerce las mediaciones para la construcción de las instituciones reales (Davini, 1995). En este punto, la formación docente prepara para intervenciones dotadas de intencionalidad, se trata de acciones humanas que, aun siendo pautadas, los sujetos no dejan de establecer mediaciones y de dotar de sentido a su propio trabajo. La docencia no es un asunto privado, forma parte de lo que Davini llama "educación, cosa pública" que se desarrolla en instituciones especialmente creadas y que, a pesar de las contradicciones, son una conquista de las sociedades democráticas y producen efectos de naturaleza pública. En este sentido, los controles que se realicen sobre la docencia que de algún modo intervienen en su autonomía, en su proceso formativo y en el ejercicio del trabajo, deben definirse y respetar la naturaleza democrática de la educación.

En este contexto, la formación docente está pensada para una actuación en escuelas concebidas como instituciones claves para la vida democrática. Los aportes de Giroux y McLaren (1998) en torno a la definición de las escuelas como esferas democráticas públicas, nos permiten comprender qué características de la formación pueden formar ciudadanos sumisos o críticos. Sus trabajos señalan que concebir a las escuelas como esferas democráticas públicas provee una racionalidad para su defensa, junto con formas progresistas de pedagogía y trabajo docente, como agencias de reforma social. La docencia, entendida como una práctica de mediación cultural reflexiva y crítica, nos interroga sobre la finalidad del proceso de formación y, puntualmente, para qué tipo de prácticas deben preparar las instituciones a los futuros docentes. La inclusión protagónica de los docentes en su trabajo y, por ende, en su proceso de formación, implica generar un marco conceptual y dispositivos de formación en los que los propios sujetos participen activamente en la construcción y análisis de su saber. En palabras de Giroux (1990), se trata de formar intelectuales transformativos para recuperar su papel mediador y político en la vida social.

Para Giroux (1990), quien retoma la noción de intelectual orgánico de Gramsci (1967), los profesores son intelectuales transformativos porque pueden ejercer el liderazgo moral, político y pedagógico en favor de aquellos grupos que toman como punto de partida la crítica orientada a transformar las condiciones sociales. En la formación, se trata de oponer la reducción otorgada por las corrientes tecnocráticas a los docentes, entendidos como ejecutores eficaces del curriculum, para pasar a concebirlos como sujetos mediadores, críticos y reflexivos sobre sus propias prácticas. Para el autor, la categoría intelectual resulta útil porque ofrece una base teórica para examinar el trabajo de los docentes como una forma de tarea intelectual, por oposición a una definición puramente instrumental o técnica. Además, reconoce las condiciones ideológicas y prácticas necesarias para que los profesores actúen como intelectuales. Por último, contribuye a aclarar el papel que desempeñan los profesores en la producción y legitimación de diversos intereses políticos, económicos y sociales a través de las prácticas que ellos mismos aprueban y utilizan (Giroux, 1990).

Las políticas capaces de sostener la formación de intelectuales transformativos para trabajar en escuelas como esferas democráticas públicas, implican reconocerlas como lugares económicos, culturales y sociales inseparablemente ligados a los temas del poder y el control. De esta forma, la neutralidad como atributo de la acción educativa requiere ser revisada en el proceso de formación y devenido de ello, centrar el trabajo en el sentido de las intencionalidades subyacentes y manifiestas que allí se ponen en juego. Retomando las palabras de Davini (1995), se trata de sostener una formación que garantice la participación de los docentes en las decisiones que les corresponda por ser los agentes mediadores del curriculum y en esa tarea, la reflexión sobre la naturaleza y sentido de sus prácticas es ineludible como también lo es incluir el análisis de las condiciones de posibilidad.

Los diversos enfoques teóricos que concibieron a la escuela como una organización fabril o burocrática, sin advertir su peculiar naturaleza dada por la especificidad de su función, son restrictivos para realizar un análisis de mayor complejidad. Ball (2012) afirma que las escuelas ocupan un lugar intermedio entre las organizaciones laborales jerárquicas y las organizaciones controladas por sus miembros, ya que el profesor conserva algún grado de control sobre la organización y la dirección de su trabajo en ella. Al respecto de ese trabajo, Ball presenta una serie de conceptos como el control, la diversidad de metas, la disputa ideológica, el conflicto, los intereses en juego y la actividad política como características fundamentales de las instituciones educativas. En este sentido, albergan estrategias de control diversas y contradictorias, donde el profesor tiene algún dominio sobre la organización, sin desconocer que en ocasiones las instituciones funcionan bajo la lógica del "como sí" se participara, se controlara, se colaborara. El autor sostiene que la estructura de las escuelas sostiene la existencia de múltiples ámbitos de interés y complejos procesos de tomas de decisiones.

Los estudios sobre los ámbitos de formación docente han señalado que los problemas sobre su funcionamiento, las relaciones con otras instituciones y los circuitos de formación, tienen su origen en las características fundacionales de las instituciones y en los modos en que las sucesivas políticas han intervenido sobre ellos (Davini, 1995; Diker, 2005; Diker y Terigi, 2003; Edelstein y Aguiar, 2004). La concepción del docente como trabajador intelectual que decide sobre el sentido de su trabajo, participa activamente en todos los ámbitos que corresponda, se despliega en instituciones que no son conglomerados monolíticos sino espacios, que aun de manera contradictoria y compleja, pueden albergar acciones de transformación de los procesos formativos en sus dimensiones materiales y simbólicas.

Las sucesivas reformas de la formación docente han considerado estas posibilidades. Los marcos legales ampliaron las funciones de la formación inicial en torno a la formación permanente, la investigación, la extensión, entre otras tantas. En ocasiones, los cambios formalizan las tareas existentes y en otras, hay nuevos cometidos para la formación docente. En todos los casos, se explicita la finalidad de la formación docente conforme a las políticas públicas sostenidas por el Estado. En ellas hay un núcleo de sentido que se resignifica en los valores que se sostienen. Popkewitz (1994) señala en sus estudios sobre las reformas educativas, que las mismas implican cuestiones de producción social y de regulación estatal que necesitan ser comprendidas en el contexto de las estrategias desarrolladas para producir mejoras sociales. La reforma se usa como una categoría teórica para describir los fenómenos escolares, y cómo los contextos sociales de la formación de los docentes y de la escuela interactúan en tanto que prácticas de gobierno que producen valores sociales y relaciones de poder. Además, señala que estudiar la reforma escolar es interpretar cómo las categorías y los propósitos políticos van disciplinando y configurando nuestros sentidos de la elección y la posibilidad como también entender las formas en que se presenta qué es un docente, qué es un estudiante, qué es el aprendizaje, qué es enseñar, entre otros conceptos. De este modo, las reformas responden a asuntos y problemas que, tal y como son percibidos directamente, no están claramente definidos ni tienen resultados lineales. La evaluación que se hace de ellas tiene en cuenta las tensiones, luchas y ambigüedades que surgen del proceso de su desarrollo y de las prácticas sociales que se ponen en juego.

En los términos de Popkewitz (1994), esta situación contradictoria –pretendida jerarquización y pauperización laboral– impactan en la vida institucional cotidiana como parte de la reforma que se despliega. Los procesos de habituación en contextos de deterioro no producen cambios en el sentido que las normas establecen, sino cierto escepticismo respecto de su efectividad. Esta característica de la reforma de la década del noventa propuesta para la formación docente fue sostenida por las instituciones formadoras confiriendo sentido y legitimidad a las posiciones que las personas cumplen en ella. Es posible pensar que las condiciones materiales del ejercicio de la profesión, los procesos de construcción de la identidad profesional, el impacto del deterioro de la valoración social, entre otros, son construidos por definiciones políticas, las normas que los legitiman y la acción cotidiana de los sujetos con finales no cercanos a los esperados. En palabras de Terigi (2005), constituyen un saldo "menos visible" de la reforma de los años 1990, consistente en amenaza y desautorización que condicionó la receptividad de las políticas por parte de las instituciones y los sujetos que actuó en escalas institucionales y áulicas.

CAPÍTULO 2

El curriculum

Las investigaciones que se despliegan a nivel internacional en el campo del curriculum son numerosas, valiosas y diversas. Esta diferencia se da por la definición de sus objetos de estudios como también por los enfoques teóricos metodológicos empleados en los trabajos. Los aportes de Feeney (2007) nos permiten sintetizar esos agrupamientos: un primer grupo está formado por los trabajos que concentran la crítica a los enfoques técnicos y los aportes anglosajones de la sociología de la educación; un segundo grupo incluye los estudios del eje hispanoamericano que sostienen que toda teoría curricular debe definirse en relación con la concepción del conocimiento, la enseñanza y el papel de la escuela en la sociedad; y por último, los aportes de las corrientes brasileñas que incluyen las investigaciones pioneras en la temática de Da Silva (1998) sobre las relaciones entre curriculum, reproducción social, poder, educación y control. Alejados de la ambición de establecer con nitidez los límites entre los grupos señalados, entendemos que varios aportes teóricos de esos tres agrupamientos nos permiten analizar las definiciones curriculares para la formación docente en el entendimiento de que se trata del estudio de una "realidad interactiva" (Angulo-Rasco y Blanco, 1994). A los efectos de centrar nuestra mirada en las definiciones curriculares del CFE, cabe señalar que se trata de *normas* que establecen contenidos y planificaciones, pero fundamentalmente refiere al curriculum en acción. Angulo-Rasco (1994) señala que la normatividad educativa que refleja el curriculum no puede plantearse a espaldas de los intercambios que esas reglas generan y de las interacciones propias como espacio de organización social.

Antes de avanzar en el análisis, cabe aclarar que tomamos las ideas de tres investigadores destacados del campo: Lundgren, De Alba y Goodson. Los aportes de Lundgren (1992) para caracterizar el lugar del curriculum en los procesos sociales, nos permiten comprender el valor que adquiere una propuesta curricular de formación docente para una sociedad, señaladas históricamente como políticas claves en el conjunto de la política educativa en general. Los estudios del curriculum de De Alba (1995) evidencian la complejidad de su conformación en tanto "síntesis de elementos culturales" de la formación docente que expresan las prioridades curriculares y qué lugar ocupó la práctica en esa configuración de contenidos. Por último, el marco propuesto por Goodson (1995) nos permitirá comprender de qué manera el surgimiento de las disciplinas está asociado a los procesos sociales y el lugar del cambio en materia.

1. El lugar del curriculum en los procesos sociales

Los procesos de institucionalización que se dan en las sociedades están indefectiblemente asociados al surgimiento del curriculum. Sin la pretensión de realizar una genealogía del currículum, resulta importante revisar aquellos marcos conceptuales que aportan elementos de análisis construyendo de alguna manera señales de su genealogía. En este sentido, determinar el punto de partida resulta complejo por el vasto desarrollo de su campo que, lejos de tender a su mejor comprensión, genera un virtual vaciamiento de significados esclarecedores. Terigi (1996) sostiene que resulta compleja la tarea de análisis del currículum, al tiempo que por su pretensión de abarcar casi todo, ha perdido su capacidad discriminativa. Coincidiendo con esa posición, recuperamos los siguientes marcos de referencias teóricas.

Los aportes de Lundgren (1992) señalan que los procesos sociales, económicos y culturales de todas las épocas y los fenómenos que se crean a partir de ellos favorecen el reconocimiento de la compleja relación existente entre los modos de producción y el pensamiento humano, ya que son éstos los que crean las condiciones sociales para su reproducción. ¿Qué lugar ocupa el currículum en esta relación? El autor afirma que es el texto producido para solucionar el problema de la representación de los miembros de una sociedad, teniendo en cuenta dos aspectos: el primero, las transformaciones de la sociedad y sus modos de producción y el segundo, las condiciones del contexto social. De este modo, el surgimiento de la educación pública ha de entenderse como una consecuencia de los procesos de producción y reproducción social que al separarse implica que lo que ha de aprenderse y de enseñarse se convierte en un problema pedagógico para todos los ciudadanos. Las respuestas a este proceso se han convertido en una abstracción que debe ser conceptualizada por separado; la selección de lo que ha de enseñarse tiene que ser organizada ya que, al decir de Lundgren, la teoría y la práctica de la educación se convierte en una necesidad y este desarrollo requiere un lenguaje sobre educación.

De esta forma el concepto curriculum cubre los textos producidos para solucionar el problema de la representación y ésta es objeto del discurso pedagógico. El autor afirma que esta explicación es insuficiente para explicar cómo se forma el currículum, ya que, al formar parte de la escuela como institución, es necesario también detenerse en algunos aspectos de su formación. Como ya sostuvimos en el capítulo anterior, la definición de la escuela como institución social estuvo asociada al origen de la educación obligatoria a mediados del siglo XIX, cuando el Estado asumió la responsabilidad sobre la educación que hasta el momento era exclusiva de algunos grupos sociales. Este proceso estuvo ligado a las transformaciones del orden económico y la consiguiente modificación de la estructura social, cuya complejidad trajo aparejada las modificaciones en las formas y contenidos de enseñanza.

Lundgren (1992) sostiene que la estratificación de la burguesía tradicional en nuevos grupos que se basaban en las calificaciones educacionales, los cambios en las ideologías y las demandas políticas, modificaron las relaciones entre el Estado y la sociedad, generando otras necesidades a la educación pública. La sociedad cambiante necesita de personas que puedan cumplir una diversidad de tareas. Es aquí donde el curriculum como texto da respuesta a un trabajo de abstracción de conocimientos que no surgen del contexto inmediato, es necesario efectuar una selección organizada de lo que ha de enseñarse.

Al vincular el curriculum con los procesos sociales, Beyer y Liston (2001) sostienen que el discurso y la práctica curricular estuvieron históricamente inspirados en los intereses dominantes estableciendo una fuerte relación con los movimientos económicos y sociales más amplios. El análisis que realizan a partir de los cambios de urbanización e industrialización de la sociedad norteamericana de principios del siglo XX, evidencian que el campo curricular fue una pieza clave de la política educativa con fuertes vinculaciones con las corrientes ideológicas, políticas y sociales de la época. De este modo, no sólo las preocupaciones giraban en torno a los intereses económicos, también el control de las clases sociales formaba parte de la preocupación. En esta línea de controlar a través del curriculum, los autores afirman que el surgimiento de los tests de inteligencia después de la Primera

Guerra Mundial posibilitaron la clasificación de los estudiantes y de los curriculum, permitiendo *culturizar* a los alumnos de acuerdo con los fines establecidos, organizar instituciones educativas eficientes a partir de criterios de la organización científica del trabajo, contener la expansión del orden político que resguardara el orden social establecido e instaurar curriculum diferenciados conservando la apariencia de la meritocracia.

De esta forma, el surgimiento de los Estados Nacionales, la organización de los sistemas de educación pública que supusieron procesos de selección, organización y prescripción de contenidos para la formación de ciudadanos de una sociedad particular, generan la construcción de diversos sentidos del currículum a través del tiempo. La modelización de la formación docente ya sea por el control moral, ideológico o técnico estuvo asociada a esos fines, expresamente señalados en las normas y en los planes de estudio. La definición de nuevas concepciones de contenidos impulsadas por las reformas del sistema significaron una ruptura de las formas, pero no de las finalidades políticas. Siempre la formación docente fue identificada como un eje clave para las modificaciones en el sistema educativo y en la sociedad. Las políticas educativas identificadas en los capítulos anteriores se expresaron en las propuestas curriculares, con la finalidad de orientar y/o prescribir a través de los documentos y las normas, las acciones de los sujetos y los sentidos de la docencia.

2. La compleja conformación del curriculum

Los estudios sobre el curriculum desarrollados por De Alba (1995) lo definen como proyecto político pedagógico combinando aspectos estructurales-formales y procesales-prácticos, productos de mecanismos de imposición-negociación. Esta concepción expresa la complejidad tanto de su formulación como de su implementación. Asimismo, la definición genera una apertura a la conceptualización de sus aspectos centrales identificándolos en las propuestas curriculares de la formación docente. La autora afirma:

> Por curriculum se entiende a la síntesis de elementos culturales (conocimientos, valores, costumbres, creencias, hábitos) que conforman una propuesta político-educativa pensada e impulsada por diversos grupos y sectores sociales cuyos intereses son diversos y contradictorios, aunque algunos tiendan a ser dominantes o hegemónicos, y otros tiendan a oponerse y resistirse a tal dominación o hegemonía. Síntesis a la cual se arriba a través de diversos mecanismos de negociación e imposición social. Propuesta conformada por aspectos estructurales-formales y

procesales-prácticos, así como por dimensiones generales y particulares que interactúan en el devenir de los currícula en las instituciones sociales educativas. Devenir curricular cuyo carácter es profundamente histórico y no mecánico y lineal. Estructura y devenir que conforman y expresan a través de distintos niveles de significación. (De Alba, 1995, pp. 59-60)

La definición nos ofrece multiplicidad de análisis que exceden este trabajo, por ese motivo decidimos profundizar en algunos aspectos: las prioridades de la "síntesis" conformada, los aspectos estructurales-formales y procesales-prácticos y, por último, la particularidad de los mecanismos de legitimación. Para ello, es necesario ponerlo en diálogo con el entramado de concepciones sobre las cuales se desplegó la formación docente en el país expresando los elementos culturales que sostuvieron la idoneidad moral, técnica, la profesionalización, entre otros rasgos y que, a su vez, fueron impulsados y negociados por los diferentes grupos y sectores sociales. Además, las normas expresan la significatividad –política y epistemológica– de los contenidos de la formación docente. La significatividad política se reconoce a través de las preocupaciones de las políticas públicas, y la significatividad epistemológica está dada a través de su vínculo con los diferentes procedimientos de validación generados por los especialistas del campo incluidos en las normas, como también por los aportes teóricos que constituyeron las referencias conceptuales de los marcos normativos.

Si bien esta última característica tiene efectos sobre todos los contenidos del curriculum, tanto por su distribución como por los formatos organizativos, nos interesa focalizar en la posición que ocupó la práctica en los planes de formación y las diferentes concepciones de "práctica" que las normas del CFE introdujeron en los períodos estudiados. Cabe aclarar que nos referimos a la "práctica" como espacio curricular y también a los conceptos empleados en las normas para las referencias generales. Para conocer cómo fue la vinculación de las decisiones políticas y epistemológicas, la evolución del objeto de estudio de la Didáctica –las prácticas de enseñanza– nos permite comprender el diálogo entre las posiciones teóricas del campo que fueron recuperadas o no, por las normas del CFE. Por último, la definición propuesta por De Alba (1995) señala el carácter *profundamente histórico y no mecánico y lineal* del curriculum, una distinción que cobra valor en la formación docente al tener consolidadas tradiciones configuradoras de pensamiento y acción y, a la vez, atravesar procesos de reformas que modifican los significados consolidados en la formación.

3. La construcción social de las disciplinas

Los trabajos de Goodson (1995) sobre la historia de las disciplinas escolares, nos permiten comprender cómo se configuraron en el curriculum y de qué manera incide la influencia de las organizaciones de grupos profesionales y académicos para legitimar su inclusión en los programas escolares. Además, señala que el curriculum escrito es una fuente fundamental para la comprensión histórica de la naturaleza interna de la enseñanza ya que de esta forma se pueden comprender las invenciones que se dan en el marco de las tradiciones disciplinares.

El autor retoma de Williams (1961) la idea de que la cultura de una sociedad siempre se corresponde con su sistema contemporáneo de intereses y valores, pero no resulta de un cuerpo absoluto de trabajo sino de una selección e interpretación continua. Sostiene que las escuelas tienen una autonomía relativa para resolver su relación con los intereses de la economía y la sociedad, lo que permite comprender la fuerza de las tradiciones en el cambio del curriculum, ya que hay un tipo de intervención asociada a la especificidad de la enseñanza que adquiere prioritariamente su valor en la escuela. En este proceso de creación-innovación la originalidad siempre funciona dentro de la estructura de la tradición, por ello una tradición totalmente nueva es un acontecimiento improbable. Para Goodson (1995) el vínculo histórico es importante porque las designaciones e interpretaciones a través de las cuales la gente forma y mantiene sus relaciones, están organizadas para transmitir algo de su pasado. En este sentido, los legados internos del curriculum son más intensos que los cambios generados en torno a sus contenidos, ya sea por desplegarse dentro de la tradición o por el valor que adquiere para la institución.

Un estudio de Goodson (1995) sobre la historia de la enseñanza de la Biología y ciencias a finales del siglo XIX y principios del siglo XX en Inglaterra, le permite sostener tres conclusiones generales sobre el proceso mediante el cual se convirtieron en disciplina, postulados que nos ayudan a comprender la evolución de las prácticas en las diferentes propuestas curriculares. La primera de ellas señala que las disciplinas no son entidades monolíticas, sino amalgamas cambiantes de subgrupos y tradiciones que influyen sobre la dirección del cambio. La segunda afirma que el proceso de convertirse en una disciplina escolar caracteriza la evolución de la comunidad que la enseña, de una que promueve los propósitos pedagógicos a otra que define a una disciplina como disciplina académica y que mantiene vínculos con el mundo que produce esos conocimientos; la tercera conclusión señala que el debate sobre el curriculum puede comprenderse en términos de conflictos entre disciplinas por estatus, recursos y territorios. El autor afirma: "Lejos de ser un producto técnicamente racional y desapasionadamente sintetizador del conocimiento más valioso, el curriculum escolar puede verse como portador y distribuidor de prioridades sociales" (Goodson, 1995, p. 53). De esta forma, la construcción social del curriculum requiere una indagación histórica que permita conocer en profundidad la manera en que surgen las disciplinas –en este caso la práctica– y cómo se despliegan procedimientos de legitimación y disputas de posiciones refiriendo a las finalidades pedagógicas y utilitarias que ameritan su inclusión en el curriculum formal entendiendo que se trata de dar una respuesta a una prioridad.

La indagación histórica a la que hace referencia Goodson (1995) para conocer el origen de las disciplinas en el curriculum es una recurrencia en los procesos de cambio curricular. El autor señala que las fuerzas del cambio y las iniciativas de reestructuración son frecuentes desde fines de los años 1980 y que deben enfrentarse con los patrones existentes y las creencias de las personas de que las escuelas son grandes áreas de interacción colectiva en las que la memoria social está profundamente arraigada. El autor, en un ejercicio de revisión de su análisis sobre cómo se despliegan los procesos de cambios curriculares atendiendo a las lógicas internas y las relaciones externas de los sistemas educativos, señala que hay un conjunto de etapas reconocibles que operan de manera diferenciada según se trate de cambios internos o externos.

Cambios internos. Fases

1. Invención del cambio.
   Se trata de una propuesta de los educadores, de los estudiantes o de climas de opinión sobre los cuales se asientan los cambios internos. Puede ser vista como la formulación del cambio.
2. Fomento.
   El fomento del cambio está dado por el interés de las personas en sostener nuevas ideas. Es habitual que las producciones de disciplinas afines traccionen cambios entre sí. Se produce la implementación del cambio.
3. Legislación.
   Se establece una política que legitima el cambio. Si se trata de un cambio exitoso se incorporan nuevas áreas en el curriculum o abordajes metodológicos diferentes a los existentes.
4. Mitificación.
   Se despliega una acción de afianzamiento de la política curricular que consolida el cambio de manera permanente.

1. Formulación del cambio.
   Los cambios educativos se gestan en escenarios externos a cargo de especialistas y/o grupos empresarios o corporaciones.
2. Fomento del cambio.
   El fomento del cambio está a cargo de grupos externos con distintos niveles de relación interna.
3. Legislación.
   La legislación del cambio produce el estímulo jurídico para que las instituciones realicen los cambios que se les ordenan desde el exterior. Esta legislación conduce a un nuevo régimen en el que los docentes pueden formular algunas de sus propias propuestas pedagógicas, con espacios de autonomía, aunque en general.
4. Establecimiento del cambio.
   Si bien el cambio se establece de manera sistemática y jurídica, su poder reside en la nueva comprensión categórica del funcionamiento de las escuelas.

El cambio se inventa y se origina en el seno de una comunidad externa. Los agentes del cambio interno se encuentran en una situación de responder a ellos, pero no de iniciarlos, por lo tanto, en lugar de ser agentes progresistas del cambio responden de manera conservadora a los cambios iniciados desde afuera. Por este motivo, se lo considera innecesario, hostil y ajeno.

Los aportes de Goodson (2008) para analizar la sustentabilidad del cambio señalan que debemos comprender las condiciones del cambio para conocer de qué manera los cambios ordenados desde afuera establecen vínculos con las creencias de los profesionales y sus propósitos personales. El autor afirma que en el modelo del cambio ordenado desde afuera esto se da por supuesto y, en general, son suposiciones falsas.

4. El curriculum de la formación docente

4.1. Los planes de estudio

Desde el punto de vista institucional, la inclusión del magisterio en el nivel superior implicó para las Escuelas Normales una modificación del funcionamiento de la institución porque ingresaron nuevos profesores, se modificaron las lógicas de trabajo sujetas a las improntas de las propuestas curriculares de la época. Sin embargo, sus departamentos de aplicación continúan siendo valorados como espacios para la formación en la práctica profesional.

Se trata entonces de una reforma curricular que más allá de ubicar a la docencia en el nivel superior, requiere la definición de contenidos para la formación de una docencia "humana y científica" que pueda llevar a cabo la renovación de la escuela pública. Sin embargo, la valoración del rol formador de las Escuelas Normales mantenía su prestigio asentado en el peso de su tradición más que en los cambios realizados. Davini (1998) lleva a cabo una investigación en torno a la evolución histórica del currículum de magisterio en el que procura reconstruir, en palabras de la autora, "el juego entre los textos curriculares y el contexto social e institucional" (p. 12). En el análisis que nos proponemos, ese juego es indispensable para reconocer en los planes de estudio los lineamientos del contexto sociopolítico, caracterizar la organización interna de los planes de estudio y allí, el lugar que ocupa la práctica y las concepciones que se sostienen. La autora identifica un cambio doctrinario en la formación, un pasaje de una concepción ligada a la filosofía a otra ligada a un modelo tecnocrático-eficientista, que se desplegó entre las décadas del sesenta y del setenta. En el marco de ese trabajo centrado en el período 1970-1996, busca analizar qué cambia y qué se estabiliza en la formación del magisterio. Los estudios señalan que las materias de formación profesional ocupan la mayor parte de los planes del período 1970-1973, quedando relegadas las materias de formación general.

De este modo, la formación docente es una formación profesional de corta duración con un mayor peso relativo de las materias técnicas sobre las teóricas, expresándose el perfil tecnicista de la enseñanza. El curriculum así diseñado enfatiza una formación de docentes capaces de enseñar todos los contenidos, desde la matemática hasta las artes plásticas o la música, ya que la diferencia es una cuestión de técnicas, expresadas en las Didácticas específicas. En estos diseños, la práctica es un espacio curricular de formación. En los planes de este período cambian las materias de la formación teórica profesional desplazando el eje puesto en los sujetos del aprendizaje –Teoría del aprendizaje, Psicología educacional, Psicología evolutiva– a la dimensión social con la inclusión de Historia de la Educación y política educacional argentina.

Davini (1998) sostiene que estos planes de estudio son listados de cursos con la descripción de la carga horaria, con breves descripciones que enmarcan los propósitos de la formación. Representan las tendencias de la época tanto en su formulación como en los supuestos que lo organizan, ya que el peso sigue estando en el desempeño del docente más que en los contenidos de su formación y para ello, la secuencia de las materias lo señalan, primero aquellas que proporcionan los conceptos, las teorías como Pedagogía o Teorías de la Educación y luego las prácticas y residencia. La autora señala que esta organización no implica una ruptura con los principios normalistas, aunque la reforma haya promovido el control instrumental, no abandonó la orientación idealista fundacional de la formación docente.

Hacia fines de la década de los años ochenta, los dos intentos de cambios curriculares, el Magisterio de Educación Básica (MEB) y el Programa de Transformación de la Formación Docente (PTFD) proponen una ruptura conceptual y metodológica. El análisis de Davini (1998) señala que significaron una ruptura importante con las propuestas vigentes hasta ese momento y presentan una creciente tendencia a la regulación explícita de la enseñanza y de las prácticas docentes. El MEB presenta el primer documento curricular "texto" que supera la clásica organización de materias mediante una grilla; allí se incluyen las ideas ejes y los fundamentos de los componentes curriculares. Para la autora, esta propuesta inaugura una nueva forma de regulación originada desde el aparato de gobierno a través del control simbólico que los "expertos" realizarán en el campo del curriculum de manera diferenciada a la conocida hasta el momento por el trabajo de los "técnicos planificadores". Ambos proyectos comparten una definición conceptual que significa una ruptura con las propuestas de formación docente vigentes: la integración de la teoría y la práctica y la incorporación de enfoques críticos del pensamiento pedagógico vigente.

4.2. Los contenidos mínimos y lineamientos curriculares

La política curricular de la década de 1990 se constituyó a partir de la formulación de un conjunto de Contenidos Básicos Comunes (CBC) con el propósito de garantizar la unidad del proyecto educativo nacional en el que las jurisdicciones y las instituciones contribuyeran a la formulación de sus diseños curriculares y proyectos institucionales. Numerosos estudios sobre la política curricular de los años 1990 (Batiuk, 2007; Coria, 2009; Terigi, 2005; Ziegler, 2003) señalan que el proceso tuvo efectos contrarios, generando mayor fragmentación y desigualdad en el sistema educativo en un desplazamiento al ámbito de lo técnico de aquellas decisiones políticas necesarias para consolidar el proceso democratizador de la educación iniciados en la década anterior. El acento puesto en los contenidos se asienta en las premisas de que "la escuela está vacía de contenidos socialmente significativos" y que la principal contribución de la escuela a la democratización de la sociedad, es la formación cultural y científica (Libâneo, 2002).

En el marco de un trabajo que analiza las modificaciones ocurridas a partir de la centralidad del conocimiento y la información en las estrategias de desarrollo en las agendas educativas de la región, Terigi (2005) afirma que la reforma educativa de los años noventa produjo una separación entre lo político y lo técnico y que, en ese escenario, las políticas curriculares afianzaron esta característica. Los efectos de esta separación se encuentran en el seno de la política curricular; la autora señala que los CBC operaron como un mega dispositivo del cual se esperaba se desprendiesen los procesos subsiguientes de diseño curricular en cada jurisdicción, en cada institución, en cada clase. El nivel de exhaustividad pretendido a nivel nacional descuidó sostener acciones de igual tenor en el resto de los niveles de especificación. Además de señalar que el vaciamiento de contenidos no se soluciona con mayores niveles de prescripción curricular, Terigi afirma que se crearon "artificios técnicos" provenientes de diferentes tradiciones como "expectativas de logro", "espacio curricular", "capítulos", entre otros.

Dentro de los rasgos centrales de la reforma curricular, la autora señala que la prescripción que promueve la definición de los CBC no resuelve lo que debe hacerse a través del fortalecimiento de las prácticas. Bajo el supuesto de la fidelidad del curriculum al saber, es decir, "pensar que los contenidos escolares guardan referencia completa con respecto al saber experto", Terigi (2004) afirma que existen dos dificultades para creer en esa ilusión: primero, las proporcionadas por los criterios de selección ya que como consecuencia de estas prácticas se construye el curriculum nulo; se cuestiona la legitimidad del curriculum en tanto que incluye procesos de selección que no son desinteresados por las relaciones de poder que estos procesos encubren; se desestima la neutralidad curricular y se analiza la justicia/injusticia curricular. Segundo, las proporcionadas por la fabricación del contenido escolar como objeto didáctico. En este punto cabe un señalamiento. Los procesos de fabricación requieren profundizar en la noción de transposición didáctica aportada por Chevallard (1997). Esta teoría implica una "acción de infidelidad" ya que el saber erudito se interpela con una cierta originalidad que supone un trabajo de fabricación del saber enseñado a partir del saber erudito. En esta concepción se omite a los docentes en ese proceso, producto de extrapolar las condiciones de producción de saberes de la Didáctica de la Matemática al resto de los saberes y, en el caso de la formación docente, la exclusión del conocimiento práctico distintivo del saber didáctico (Steiman, 2018). Lo que se pone en juego en esta reforma es una cosmovisión que pretende actualizar y democratizar los procesos de distribución del conocimiento, sin embargo, sostiene el carácter homogeneizador.

Después de la sanción de la Ley de Educación Nacional (2006), el CFE inicia la definición integral de una propuesta curricular para la formación docente. Los nuevos "Lineamientos curriculares nacionales para la formación docente inicial" propuestos mediante la Resolución CFE N° 24/07 no son una propuesta fundacional en materia curricular, sino que incorpora los avances y los logros que se evidenciaron en los diferentes diseños jurisdiccionales, para "potenciar los logros, dar respuestas a los nuevos escenarios y mejorar algunas de sus debilidades o vacíos aún presentes" (Resolución CFE N° 24, 2007). Dado su carácter general por tratarse de "lineamientos", su formulación refiere al curriculum en acción presentando definiciones conceptuales que hasta entonces no formaron parte de las propuestas curriculares.

CAPÍTULO 3

Las prácticas de enseñanza

1. La teoría Didáctica para las prácticas de enseñanza: de la prescripción a la comprensión

La historia de la Didáctica tiene sus raíces en el conjunto de procesos que se desplegaron en Europa en el siglo XVI y XVII, cuando se consolidaron los programas de estudio en tanto contenidos, se organizó la instrucción según trayectos de formación y se orientó la enseñanza en torno a la idea del método. Los movimientos de la Reforma y la Contrarreforma fueron el escenario político y cultural donde se desplegó el verdadero "giro instructivo" (como se citó en Camilloni *et al.*, 2007, p. 75) que permitió a los primeros didactas abocarse abiertamente a la cuestión de la enseñanza. La obra destacada de este período es la Didáctica magna, publicada en latín en el año 1657 por Juan Amós Comenio, un clérigo checo preocupado por la universalización del mensaje divino, por la lectura de la Biblia y por la moralización de importantes sectores de la sociedad.

La Didáctica, concebida como un artificio al servicio del ideal de "enseñar todo a todos", atendía la necesidad de enseñar rápido y eficazmente a través de la búsqueda de un método. Comenio (1657) sostiene que para enseñar había que respetar el orden natural, considerado como parte de la creación divina: era la naturaleza quien proveía el camino, y a través de su imitación se podrían llegar a implementar las leyes de esta creación y alcanzar su perfección. Al igual que en la naturaleza, el trabajo en el aula comienza desde el interior, respetando ciertos grados de complejidad y con finalidades determinadas. Tal vez algunos de estos principios pensados en el siglo XVII hoy se puedan encontrar en las aulas como organizadores fundamentales de la tarea docente. Los aportes de Comenio fueron importantes a la hora de pensar la organización del aula, pero resulta necesario aclarar algunas cuestiones. La primera, referida a las discusiones sobre la normatividad que aún hoy persisten en la Didáctica, teniendo en cuenta la tradición centroeuropea que recupera ese carácter y en la que se inscribe la producción teórica en América Latina.

Ese legado recibido en torno a su carácter normativo, Camilloni (2007) no lo separa de los fines que persigue un proyecto social de política educativa. Sostiene que una Didáctica normativa es aquella que no prescinde de la reflexión sobre las finalidades, sino que intenta buscar las mejores soluciones para una buena enseñanza. De esta forma, la Didáctica nace con la determinación de establecer normas o procedimientos para la acción de enseñar asociados a determinadas finalidades. Otros de los aspectos a señalar tienen que ver con la continuidad. Los estudios de Steiman (2004) sobre la permanencia y cambio del objeto de estudio de la Didáctica señalan que, hasta la década del ochenta, la producción teórica del campo se produjo en el marco de un paradigma prescriptivo normativo que imprimió ese carácter en las preguntas y respuestas sobre la enseñanza, ubicándolas en torno a las preguntas instrumentales o de procedimientos. De esta forma, la preocupación por las reglas que rigen la acción de enseñar se mantuvo durante más de tres siglos a pesar de los cambios propiciados por las diferentes corrientes pedagógicas.

1.1. Las prácticas de enseñanza como amaestramiento

En un trabajo sobre las Escuelas Normales, Mercante (1918) presenta los orígenes de la creación de los departamentos de aplicación y expresa claramente los principios de la normatividad. Señala que años antes de la creación de las Escuelas Normales, la provincia de Buenos Aires estableció una "escuela primaria anexa" para que los futuros maestros pudieran hacer prácticas de enseñanza al tiempo que cursan sus materias teóricas en el Colegio Nacional. La creación de la Escuela Normal de Paraná oficializó su incorporación de manera estable en las instituciones formadoras superando las dificultades que implicaba tener un "alumno maestro" bajo las órdenes del director de la escuela primaria y del rector del Colegio. Mercante afirma que los cursos teóricos no contribuyen a perfeccionar las aptitudes didácticas del enseñante "(…) que la maestría profesional es el resultado del ejercicio, bajo una dirección experta, de la enseñanza en la escuela primaria" (p. 201).

Esta asociación directa y casi imperativa de la formación bajo la experticia de quien ya se encuentra realizando la tarea, garantiza el pasaje de los saberes de la práctica a través de la réplica de los comportamientos observados.

Las Escuelas Normales siguieron las directrices de la formación general de los Colegios Nacionales pero la formación especial destinada a los maestros requería un régimen respecto a los horarios y a la disciplina, impuesto por la práctica de la enseñanza y por el fin profesional: el departamento de aplicación es el ámbito para tales fines. Estuvo pensado como una escuela con sus programas, sus horarios, sus enseñanzas en la que los *alumnos maestros* observan y practican para adquirir la aptitud para enseñar en una escuela primaria. Siempre se trató que fuera un modelo de escuela, con maestros modelos encargados de dirigir al aprendiz con estas características. Mercante sostiene que la práctica en la escuela de aplicación tiene como finalidad preparar maestros para educar en las escuelas primarias y que la *"práctica o amaestramiento"* debe realizarse en una escuela primaria; esta consideración justifica, sin mayores argumentos, la naturaleza primaria del anexo para *"amaestrar a los alumnos del curso normal en la práctica de los buenos métodos y en el manejo de las escuelas"* (Mercante, 1918).

La asociación de la práctica a una tarea de amaestramiento prioriza la adquisición de habilidades por sobre otro aprendizaje y en el caso del normalismo, refieren habilidades para modelizar los buenos métodos provenientes de los comportamientos de los sujetos en un contexto social socializador y disciplinario. Esos aprendizajes sucedían en los departamentos de aplicación, en las prácticas que allí desarrollaban los estudiantes. Durante toda su existencia, estas características de modelización de las prácticas estuvieron vigentes.

A principios del siglo XX, con el surgimiento del movimiento conocido como Escuela Nueva y los aportes provenientes del campo de la psicología, el eje en la enseñanza estuvo puesto en la actividad del alumno en el aula, en la necesidad de revertir una educación libresca y verbalista, donde ni los contenidos ni las actividades que se realizaban en la escuela partían del interés de los niños. A pesar de la renovación del centro de interés de la disciplina, las preocupaciones de la Didáctica siguieron focalizadas en los mejores métodos para lograr la escuela activa. Este cambio en la orientación de la enseñanza se forjó también en los departamentos de aplicación, del mismo modo en el que se fueron incorporando nuevas perspectivas sin que esto suponga abandonar su fundacional carácter de amaestramiento.

Dentro de los aportes que realizaron los programas de investigación científica conductistas, el campo de la Didáctica avanzó en el terreno de la psicología de la educación. Durante mucho tiempo, las preocupaciones relacionadas con la enseñanza fueron respondidas desde las teorías del aprendizaje pues los postulados afirmaban que era necesario conocer las características del aprendizaje para lograr una enseñanza eficaz. La producción teórica normativo-instrumental de la Didáctica continúa durante toda la década de 1950 y desde allí se ha conformado un campo de conocimiento que organiza la tarea en el aula con el establecimiento de principios ordenadores y reguladores. A partir de la década de 1960 se confirma el carácter antes descrito, focalizando aquellos aspectos referidos a las técnicas y métodos para una enseñanza eficaz en el contexto de una disciplina doctrinal.

Pasaron más de tres siglos y la Didáctica parece no haber sufrido mayores modificaciones en torno al carácter prescriptivo de sus postulados. Sin embargo, la sociedad sí cambió. Movimientos sociales, culturales, políticos, económicos, generaron nuevas formas de entender el mundo, pero las teorías acerca de la enseñanza no variaron su carácter doctrinal. La racionalidad imperante contenida en los postulados teóricos que le dieron sentido a la actividad escolar se sostuvo en las propuestas educativas de la década del setenta que se gestaron en torno a los principios de la llamada "educación tecnológica" o "pedagogía tecnicista", que concebían al proceso educativo bajo los parámetros del mundo de la producción. Steiman (2004) señala: "La base normativa llega a un punto de exacerbación y las utopías democráticas escolanovistas mueren en una Didáctica que ahora se presenta como políticamente neutra e ideológicamente aséptica" (p. 23).

Eficiencia, eficacia, planificación y control eran conceptos cotidianos y circularon por el ámbito escolar de la mano de la programación por objetivos, la racionalización del proceso de enseñanza, evaluación de los resultados, técnicas de enseñanza, etc. El docente ocupa un rol de ejecución de las decisiones del curriculum y sólo le compete organizar propuestas de trabajo eficaces y comprobar los resultados de aprendizajes establecidos por los objetivos. En este contexto, la Didáctica fortalece su carácter prescriptivo, y se reconoce "ideológicamente correcta" al amparo del concepto positivista de la ciencia donde "(...) ella tiene como meta alcanzar la verdad y postula como ideal el logro de un conocimiento absoluto de la realidad en sí misma" (Camilloni, 1994, p. 28).

Esta producción teórica es el marco de referencias que legitima las intervenciones de enseñanza en las prácticas y residencias de la formación docente hasta ya avanzada la década. Conjuntamente a los estudios indicados sobre las características del pensamiento didáctico, los aportes de uno de los teóricos del campo más reconocidos de la época, Imideo Nérici (1969), señalan con claridad la correspondencia entre la producción teórica del campo de la Didáctica y el curriculum en la formación docente, incorporando no sólo las características de la enseñanza sino también las finalidades que orientan su acción al reconocer la importancia de su "actuar eficiente y responsable" (p. 62) y su "capacidad de comprensión de lo general, espíritu de justicia, disposición y mensaje" (p. 98).

En estas ideas se sintetizan los principios que sustentan la concepción de la enseñanza en las prácticas: un hacer eficiente con fundamento científico que garantiza el logro de los objetivos previstos en el curriculum. Para ello se necesita un docente que reconozca el carácter misional de su tarea y se constituya en el ejemplo de los valores éticos y morales valiosos para la sociedad.

1.2. Las prácticas de enseñanza como prácticas sociales

Durante la década de los años ochenta la influencia de la sociología crítica y los importantes aportes de pedagogos latinoamericanos –como Paulo Freire e Iván Illich, entre otros– generaron al interior del pensamiento didáctico latinoamericano una corriente que reconoce la crisis de identidad que se produjo en la disciplina, cuestionando en principio el carácter prescriptivo de sus postulados y su escasa solidez teórica para dar respuesta a lo que sucede realmente en las aulas. Son expresiones de esta corriente Barco de Surghi (1989) en Argentina y Becker-Soares (1985) en Brasil. Esta última autora plantea la necesidad de revisión de la Didáctica, partiendo del reconocimiento del carácter ideológico de la práctica pedagógica como consecuencia de su contextualización histórica y político-social. Desde esa posición, sostiene que el aula es el objeto de estudio de la Didáctica por las relaciones simbólicas que allí se despliegan en torno del saber, del poder, de las concepciones de mundo que los sujetos sostienen en las situaciones de enseñanza. Becker-Soares (1985) afirma que el aula es el fenómeno específicamente didáctico y que no es posible definir que existe un único proceso que supone enseñanza-aprendizaje, cualquiera sea el contenido, ya que significa desconocer el carácter social y la intención de la acción educativa, como también la complejidad de los procesos que se llevan a cabo en las prácticas de aprender y de enseñar. La autora marca un principio de ruptura con la tradición normativa de la Didáctica, dirigiendo la mirada a los procesos que se dan en el aula y permiten conocer el sentido que le son atribuidos por los sujetos implicados en la tarea. Esta producción teórica inaugura un nuevo paradigma en la didáctica que se centra en un interés práctico de tipo comprensivo-interpretativo (Steiman, 2004) que aloja producciones que permitirán comprender lo que sucede en las aulas para intervenir desde la enseñanza, entendiendo que se trata de una práctica social con características específicas que la distinguen del resto de las prácticas sociales.

Desde los aportes de Bourdieu (2007) las *prácticas sociales* se definen en términos relacionales, es decir, se despliegan en el juego de la vida social donde *campo* y *habitus* se construyen uno en relación con el otro. El primero por ser el conjunto de relaciones objetivas entre posiciones históricamente construidas y el segundo, por manifestarse en la forma de la incorporación de esas relaciones en forma de disposiciones, esquemas de percepción y valoraciones. De esta forma, las acciones de los sujetos son acciones construidas por la existencia de lo social en las condiciones objetivas (lo social hecho cosas) y en la subjetividad de los agentes (lo social incorporado). Es en el juego de lo social donde las prácticas cobran su significado, asociado muy especialmente a la noción de *interés* desarrollada por Bourdieu, que rompe con la idea de la neutralidad de las acciones de los agentes. Esta idea es muy significativa en el campo de la educación, en tanto desde los inicios de la configuración del sistema educativo, el Estado educador procuró de todas formas establecer la neutralidad de la acción educativa y de los docentes, vinculadas fuertemente a la promoción de intereses superiores a los de los propios sujetos, aun en detrimento de las buenas prácticas. La inclusión de la noción de "prácticas" aun en un sentido poco diferenciado, ofrece un marco de análisis para indagar sobre la resignificación de los imperativos de las tradiciones formadoras, que legaron la necesidad de modelización de los comportamientos de los sujetos, el carácter unívoco de la enseñanza que deviene en aprendizajes y la idea del único método para enseñar o la efectividad de las técnicas. Bourdieu (2007) señala cómo a través del poder organizador del habitus se construye la permanencia de los legados incorporados en las prácticas sociales, en nuestro caso, en la enseñanza bajo la forma de esquemas de percepción, de pensamientos y de acción que garantizan su constancia a través del tiempo.

De esta forma, las prácticas de enseñanza en tanto prácticas sociales obedecen a una lógica que las define y otorga singularidad, no subsumible a la lógica teórica que intenta explicarlas; están definidas por la incertidumbre y la vaguedad resultantes del hecho de que no tienen por principio unas reglas conscientes y constantes sino principios prácticos, y un sentido práctico, sujetos a variación según la lógica de la situación (Bourdieu, 2007). Edelstein y Coria (1995) afirman que los pasos de la lógica práctica raramente son coherentes por entero y raramente incoherentes por entero;

están desarrolladas en el tiempo, son "irreversibles", es decir, es un tiempo no lineal, con un ritmo particular que sucede vertiginoso o lento según las funciones que le confiere la acción que se lleva a cabo con él y aprehende el mundo social como dado por supuesto, como evidente. Las estructuras sociales incorporadas en los sujetos, los habitus, procuran la ilusión de la comprensión inmediata, por ello las prácticas sólo resultan explicables si se relacionan las condiciones sociales en las que el habitus se ha constituido con las circunstancias sociales en las que éstas se manifiestan. Asumir que las prácticas de enseñanza son un tipo de práctica social, implica un cambio de posicionamiento que toma de los estudios de corte socioantropológicos valiosos aportes para sostener categorías nuevas en el campo de la educación, con mayores niveles de explicación sobre cómo se configuran estas prácticas en las aulas.

1.3. Práctica docente, práctica pedagógica y prácticas de enseñanza

Uno de los estudios que realizó aportes sustantivos para avanzar en la caracterización de las prácticas que los docentes realizan en el aula, es el trabajo de Achilli (1988). En las conclusiones de una investigación caracterizada como Taller de Educadores que se realizó entre los años 1984 y 1985, se presentan dos conceptos claves que luego serán incluidos en definiciones curriculares: práctica docente y práctica pedagógica.

La autora concibe al Taller como un espacio donde un grupo de docentes se actualiza investigando su propia realidad y por otro, se desarrolla un proceso de construcción y apropiación de conocimientos por parte de los docentes como de los investigadores que organizan ese espacio. Esta modalidad de trabajo supone romper con ciertas tradiciones en investigación de corte positivista, para entender que el conocimiento científico puede construirse a partir de la reflexión de los propios sujetos de la investigación. En este sentido, los docentes poseen un vasto e interesante conocimiento sobre su práctica, por tal motivo las investigaciones de este tipo sostienen que esa es la fuente del conocimiento científico por responder a los intereses de los actores involucrados y por ser producto de una elaboración colectiva acerca de su realidad.

El objeto de análisis es la práctica docente y se realiza mediante la recuperación del propio discurso del docente. Esto lo expresa con claridad Elena Achilli (1988) al señalar la importancia de ese "decir" en tanto articula diferentes aspectos del trabajo en torno al conocimiento y supone para la autora, una forma de conocer la realidad. El discurso del docente encierra un "saber" que contiene representaciones, aspectos imaginarios, componentes ideológicos, utopías, etcétera, expresa una forma de saber que le permite reconocerse como docente y actuar en su campo profesional. La autora presenta la diferencia entre *práctica docente* y *práctica pedagógica*:

> Entendemos la *práctica docente* como el trabajo que el maestro desarrolla cotidianamente en determinadas y concretas condiciones sociales, históricas e institucionales, adquiriendo una significación tanto para la sociedad como para el propio maestro. Trabajo que, si bien está definido en su significación social y particular por la práctica pedagógica, va mucho más allá de ella al involucrar una compleja red de actividades y relaciones que la traspasa, las que no pueden dejar de considerarse si se intenta conocer la realidad objetiva vivida por el docente. Consideramos a la *práctica pedagógica* como el proceso que se desarrolla en el contexto del aula en el que se pone de manifiesto una determinada relación maestro-conocimiento-alumno, centrada en el "enseñar" y el "aprender". (Achilli, 1988, p. 12)

De esta forma, Achilli ubica a la práctica en el lugar del trabajo y surge una diferencia en dos sentidos, el trabajo amplio (la práctica docente, el trabajo docente) y el trabajo específico (la práctica pedagógica y el vínculo con el conocimiento). Steiman (2018) señala que, siguiendo una lógica inclusiva, las prácticas de enseñanza y las prácticas de aprendizaje son parte de las prácticas pedagógicas, en consecuencia, se integran en la práctica docente, y como tal es una práctica social. En el análisis propuesto, el autor considera a las prácticas de enseñanza de este modo: "(son) una intervención intencional desde el conocimiento, en el mundo de esos otros que se construyen como estudiantes en los sistemas escolarizados. No se dan en el vacío, sino que son parte de las prácticas sociales" (Steiman, 2018, p. 29).

Esa parte de la práctica docente que supone una intervención en el mundo personal de los alumnos, puede ser concebida como una instrucción o como guía u orientación. Davini (2008) señala que, desde esta posición, la enseñanza presenta una flexibilidad y dinamismo vital para definir las intervenciones. Además de las precisiones señaladas para las prácticas sociales en apartados anteriores, Steiman y Davini reúnen en sus trabajos un conjunto de características que han sido desarrolladas por varios autores y le otorgan una amplitud muy clara para comprender su naturaleza y sus alcances:

- La enseñanza siempre implica intenciones de transmisión cultural de una variada gama de contenidos y desafíos cognitivos a quienes aprenden (Davini, 2008).
- La enseñanza implica una secuencia metódica de acciones en la que quienes aprenden puedan elaborar su aprendizaje a través de la participación activa. Se desarrolla en un sistema de relaciones reguladas entre quienes aprenden, quienes enseñan los contenidos, el ambiente y sus intercambios (Davini, 2008).
- Siempre tiene implícita la dinámica entre autoridad y autonomía, sus resultados son previsibles pero variados y abiertos (Davini, 2008).
- Es una práctica contextualizada, no sólo con referencia a un contexto particular, sino un contexto cultural que le otorga sentido (como se cita en Steiman, 2018).
- Implican un posicionamiento epistemológico que hace que los docentes estructuren los campos de conocimiento de una manera particular expresando sus propias opciones personales en esas nuevas configuraciones (como se cita en Steiman, 2018).
- Promueven lo humano y construyen humanidad (como se cita en Steiman, 2018).

Las características anteriores presentan la complejidad de los estudios referidos a las prácticas de enseñanza que nos alejan de las miradas reduccionistas y neutrales, pero nos interroga sobre los criterios en los que se construye el sentido de las intervenciones en el aula.

2. Los aportes de la Didáctica para la construcción de orientaciones para la acción en el aula

En la década de 1990 las investigaciones en el campo de la Didáctica se posicionan en una perspectiva crítica y hermenéutica, intentando describir lo que sucede en las aulas, dando cuenta de las intervenciones docentes, el sentido que adquieren para sí y para los sujetos que participan de la vida cotidiana de las aulas. Un conjunto de estudios de esa época (Barco, 1996; Camilloni, 1996; Davini, 1995; 1998; Edelstein, 1995; 1997; Litwin, 1997) realizan un aporte sustancial para el devenir de la disciplina al iniciar un análisis crítico de la agenda clásica de la Didáctica que permitieron ampliar la mirada, no sólo en términos de nuevos temas a ser incluidos en el campo, sino fundamentalmente en la naturaleza de los interrogantes formulados, ahora bajo el nuevo paradigma hermenéutico crítico.

En ese contexto, Litwin (1997) propone una definición que condensa las preocupaciones teóricas que incorpora esa nueva agenda: "Entendemos a la Didáctica como teoría de las prácticas de enseñanza, significadas en los contextos sociohistóricos en que se inscriben" (p. 94). De esta forma, la autora señala que se trata de incluir tanto consideraciones epistemológicas como político-ideológicas ya que son las prácticas de los sujetos, los docentes, que se inscriben en la historia y son fruto de perspectivas teórico-políticas e intenciones valoradas socialmente.

Esta posición diluye el plano de las interpretaciones lineales, pues entenderla desde la complejidad supone todo un desafío para la racionalidad normativa que ordenó la producción en el campo. Litwin (1997) retoma de Fenstermacher (1989) el concepto de buena enseñanza, refiriéndose tanto al aspecto moral que encierra el término, como al sentido epistemológico, al decir del autor "(…) preguntar si lo que se enseña es racionalmente justificable y, en última instancia, digno de que el estudiante lo conozca, lo crea, lo entienda" (Fenstermacher, 1989, p. 158). De la misma manera se refiere a la enseñanza comprensiva, creyendo que esta debiera favorecer procesos reflexivos en torno al objeto de conocimiento, deteniéndose en un nivel de análisis epistemológico.

Es en el cruce de las dimensiones axiológica y epistemológica, donde se ubica la base de las tensiones entre la Didáctica General y las Didácticas específicas: la primera, renovando su producción teórica desde el paradigma hermenéutico crítico y las otras, generando aportes relativamente nuevos para enseñanza de las disciplinas. A pesar de una aparente complementariedad de los aportes, hay estudios que señalan fugas teóricas y metodológicas como también, tensiones entre académicos y sus producciones (Davini, 1995; Steiman, Misirlis y Montero, 2006) como evidencia de una complementariedad no lograda.

Con respecto a las fugas, Davini (1995) sostiene que en la evolución de la producción didáctica pueden distinguirse una fuga de dos órdenes: las *megateorías* y las *teorías diafragmáticas*. Las primeras, propias del campo de la Didáctica General que, comprometidas con un discurso interpretativo ambicioso de lograr un marco global comprensivo, tuvieron una pérdida de producción de "reglas de acción" para intervenir en la vida de las aulas. Este abandono de la prescripción, casi mesiánico, provocó un abandono de los temas de la agenda clásica o un abordaje de los mismos, desde una perspectiva integradora y holística que privaba al campo de orientaciones para la acción –la enseñanza–, un reclamo vigente de los docentes (Steiman, 2004). Un ejemplo de ello es el estudio de las prácticas de enseñanza desde las teorías curriculares, sociológicas, el análisis institucional y/o las teorías cognitivas.

La segunda fuga corresponde a las Didácticas específicas, por su elaboración de teorías diafragmáticas, que focalizando en un conjunto acotado de dimensiones, reducen las prácticas de enseñanza a una tarea formativa de las diferentes disciplinas, convirtiéndose en teorías autonomizadas y fragmentarias que recuperan aportes de otras disciplinas más que constituir un conjunto singular de la enseñanza de los contenidos. Los estudios de Chevallard (1997) y del grupo de Investigación de Enseñanza de la Matemática[12] de Francia, son un ejemplo de ello. Estas fugas se despliegan en el campo académico, donde "generalistas" y "contenidistas"[13] rivalizan y disputan fondos, mejores condiciones institucionales, posiciones hegemónicas para constituir a la propia producción como el legítimo saber para enseñar. De esta forma, la complementariedad se ve amenazada por los celos académicos, por compartir un objeto de estudio que se aborda desde diferentes tradiciones profesionales o simplemente por cuestiones de poder que contribuyen a la fragmentación de los aportes más que a su integración (Steiman, 2004).

Además de las otras dos fugas –megateorías y teorías diafragmáticas– y las condiciones del campo académico, las intervenciones de los docentes pierden jerarquía. Los aportes de Davini (1995) sostienen que el corrimiento de las funcionalidades teóricas y políticas y de acción práctica, generaron que las propuestas normativas quedaran en manos de las Didácticas específicas y desvinculadas de una propuesta didáctica global que se ocupase integralmente de las prácticas de enseñanza.

La producción teórica del campo de la Didáctica, contemporánea a la elaboración de los LCN, recuperó una parte de las tensiones entre la(s) didáctica(s) respecto de la inclusión-exclusión de la dimensión política de la enseñanza y el abandono de la base normativa y técnica de la disciplina. Esta preocupación es objeto de un conjunto de trabajos de la época[14] en los que se desarrollan contenidos sobre la gestión de la clase, los proyectos de cátedra, las prácticas de evaluación, la selección de los recursos, las formas básicas de las intervenciones de la enseñanza, entre otros. En esta línea y en

---

12. Ver Le portail des IREM. Instituts de recherche sur l'enseignement des mathématiques. Recuperado de: http://www.univ-irem.fr/

13. Estas expresiones se utilizan de manera genérica para identificar a los especialistas en Didáctica General (los generalistas) y los especialistas en Didácticas específicas (los contenidistas).

14. A modo de ejemplo mencionamos los trabajos: Davini (2002 y 2008); Camilloni *et al.* (2007); Trillo Alonso y Sanjurjo (2008); Steiman (2010).

el marco de una jornada de la Red de Cátedras de Didáctica General realizada en el año 2007, Davini (1995) describe el estado de situación señalando que los estudios se concentraron en la producción de teorías para la comprensión, en la discusión sobre los horizontes de sentido de la enseñanza y el abandono de la construcción normativa (si *hemos llegado a negarla*) del campo, una dimensión constitutiva de la disciplina. En el análisis identifica un conjunto de impactos que contribuyeron al estado de situación que incluyen desde la traslación casi directa del caudal teórico de las teorías críticas a las prácticas de enseñanza, hasta los discursos sobre el fin de las ideologías o el impacto de las megateorías del curriculum y el neotecnicismo que acentúan aspectos parciales de la enseñanza.

Desde esta posición, la Didáctica recupera la dimensión normativa incluyendo la definición de orientaciones y criterios para las prácticas de enseñanza, para la acción en el aula en el marco del paradigma interpretativo-propositivo (Steiman, 2011). Camilloni *et al.* (2007) sintetizan con claridad las características de la disciplina, su objeto de estudio y su relación con el resto de las ciencias sociales:

> La didáctica es una ciencia social pero no es una ciencia autónoma. No es desinteresada, porque está *comprometida con proyectos sociales* y con la instalación y el desarrollo de los valores de la humanidad en cada uno de los alumnos. Siendo la enseñanza una *acción social de intervención*, está fuertemente comprometida con la práctica social. Es el resultado del esfuerzo por *resolver problemas concretos* que se presentan en la práctica social de la educación. Es producto de esfuerzos analíticos de *teorización de las acciones y las situaciones de enseñanza* y sus relaciones con el aprendizaje de los alumnos y de los docentes. Se sustenta sobre investigación empírica. No es autónoma porque se relaciona con otras disciplinas con las que comparte, necesariamente, teorías. (…) Es descriptiva y explicativa. Es *hermenéutica*. Es *normativa*. Es *verificable*. Es factible. Es científica y es política. Tiene carácter proyectual. (Camilloni *et al.*, 2007, p. 58, cursivas propias)

2.1. Las prácticas de enseñanza como el buen obrar

Los aportes de Carr (2002) para analizar el concepto "prácticas" desde la filosofía de la educación nos permiten profundizar los significados otorgados a este concepto en el campo de la Didáctica. Como señalamos en los apartados anteriores, durante varias décadas la tendencia del campo intelectual fue explicar las prácticas de enseñanza en su relación con la teoría, ya sea por entenderla como aplicación o como fundamento indispensable de la acción, diluyendo la potencia de significados que tiene el concepto para la formación docente.

El autor afirma que definir a la práctica por su relación opuesta a la teoría, nos induce a un error ya que el significado de la práctica solo puede determinarse aclarando cuál es la forma en la que se establece esa oposición y la ausencia de vínculos entre ambas; de manera similar, definirla dependiente de la teoría, le otorga a la práctica de enseñanza una falsa estabilidad, como también incurrimos en un error si la definimos de manera independiente a la teoría. De esta forma, la relación entre la teoría y la práctica debe considerar que los cambios también se derivan del uso de los conceptos, señalando que las estructuras conceptuales no son independientes de la vida social y esa dependencia puede gozar de relativa estabilidad.

Para profundizar en el estudio de las continuidades, rupturas y convivencias de conceptos en torno a las prácticas de enseñanza, los aportes de Carr (2002) son esclarecedores. El autor retoma la obra de Aristóteles[15] señalando que la "práctica"[16] tiene sus raíces en la *bios praktikos*, una vida dedicada a la búsqueda del bien humano, diferente de la *bios theoretikos*, que sostiene una forma de vida dedicada a la teoría. En esta distinción, se reconocen dos formas diferenciadas de la acción humana: la *poiesis* y la *praxis*. Así como la *poiesis* es un tipo de acción material regida por la *téchne* que implica el conocimiento de reglas que anticipan la acción, la *praxis* también es una acción dirigida a lograr un fin, pero no se produce un objeto material sino un bien moralmente valioso. Esta distinción es la característica distintiva de la praxis ya que requiere un *discernimiento sobre ese bien que constituye su fin y es inseparable de su modo de expresión*. El bien sólo puede hacerse, solo existe en la acción misma. De esta forma la enseñanza como práctica es una acción moralmente comprometida, una praxis que persigue fines sometidos a revisión por parte de quienes la realizan. Los fines de la práctica no pueden fijarse de antemano a modo de una *techné* que orienta esa acción, sino que estarán dados por la posesión de una *phronesis*, "sabiduría práctica" que permitirá la deliberación sobre la naturaleza y orientación de los fines.

---

15. El autor refiere a la obra *Ética a Nicómaco* de Aristóteles como una obra ineludible para el estudio de la filosofía práctica.

16. Señalamos la referencia a las raíces griegas del estudio sobre la praxis sabiendo que es un concepto clave para el pensamiento filosófico de diversas corrientes teóricas contemporáneas. Cassin (2018) sostiene que la mayoría de las connotaciones que se vinculan al término praxis, devienen de los usos naturalizados provenientes del postmarxismo, del idealismo alemán o de otros pensamientos teóricos.

En este sentido, la enseñanza como práctica es un buen *obrar* que requiere ineludiblemente de un proceso de elección y deliberación sobre el sentido de la acción asentada sobre el juicio práctico para definir el "saber qué". Esta concepción señala una relación constitutiva con el conocimiento práctico, la deliberación y la búsqueda del bien del ser humano. Carr (2002) afirma:

> La práctica educativa no puede hacerse inteligible como una forma de poiesis regida por fines prefijados y gobernada por reglas determinadas. Solo puede hacerse inteligible como una forma de praxis regida por criterios éticos inmanentes a la misma práctica educativa; criterios que sirven para distinguir las prácticas educativas auténticas de las que no lo son y la buena práctica educativa de la indiferente o de la mala (p. 101).

Siguiendo las ideas del autor, podemos afirmar a las prácticas de enseñanza como una práctica social regida por fines éticos que se pueden dilucidar y modificar, a partir de la acción intencionada de quienes la llevan a cabo reconociendo que el núcleo de ese saber está constituido por la sabiduría práctica o el conocimiento práctico, la deliberación o el análisis de las prácticas. En esta posición, las reglas de la *téchne* son los componentes operativos de la acción que hacen posible las intervenciones específicas de la enseñanza. Por ese motivo, en la complejidad de las prácticas de enseñanza, las prioridades son establecidas por la intención humana del *buen obrar* que fundamentan las decisiones de intervención en relación con los fines político-pedagógicos, los sujetos, los contenidos, los recursos, el sentido que cobra en la formación, las posibilidades de transformación de las propias intervenciones, entre otros.

La enseñanza como el buen obrar requiere considerar al menos dos componentes constitutivos, la reflexión y el conocimiento práctico. Ambos, con características diferenciadas, forman parte de las prácticas de enseñanza y si bien no son excluyentes de cualquier otro tipo de acto intelectual y de saber, son irremplazables y necesariamente deben ser considerados en los procesos de formación.

El lugar de la reflexión en la formación de profesionales es una temática abordada de manera exhaustiva por destacados investigadores (Claxton y Atkinson, 2002; Fenstermacher, 1989; Pérez-Gómez, 1993; Schön, 1992) que producen un caudal teórico muy importante para la formación docente. A nivel nacional destacamos los trabajos de Jorge Steiman (2018) –quien analiza la formación en las prácticas profesionales supervisadas de los estudiantes universitarios– y de Edelstein (2011), ambos centrados en la preocupación por la construcción del saber de la práctica a partir de la reconstrucción crítica de la propia experiencia (individual y colectiva), obras que ponen en tensión las situaciones de enseñanza, los sujetos, sus acciones y decisiones, así como los supuestos implicados.

La idea de la "reflexión en la acción y sobre la acción" y la formación de profesionales a partir de un "practicum reflexivo" (Schön, 1992), como también el lugar de la intuición en esos procesos, son tal vez las categorías teóricas más potentes cuyos efectos en el campo de la educación se evidencian en los cambios curriculares en la formación docente. Schön afirma que la preparación de profesionales enfrenta una crisis de legitimidad por la posición privilegiada de la "racionalidad técnica", una forma de comprender e intervenir en los problemas del mundo profesional. El autor señala que la racionalidad técnica defiende la idea de que los profesionales de la práctica solucionan problemas instrumentales mediante la selección de los medios técnicos idóneos para determinados propósitos. Se trata entonces de una actuación profesional devenida de la aplicación de teoría y de la técnica devenida del conocimiento sistemático, preferiblemente científico. Sin embargo, las áreas más importantes de la práctica profesional se encuentran más allá de los límites convencionales de la competencia profesional. El autor sostiene que es necesario preparar a los estudiantes en esa epistemología de la práctica subyacente que los centros de profesionales parecen no poder preparar. Para ello plantea de manera inversa el problema al preguntarse cómo mejorar el uso del conocimiento científico en relación con el estudio del arte con que los prácticos manejan las zonas indeterminadas de la práctica y la indagación acerca de las maneras a través de las cuales los profesionales lo adquieren. Para ello propone el "practicum reflexivo" como un espacio en la formación en la que esté presente la libertad de aprender haciendo en un contexto de bajo riesgo supervisado por tutores que inician a los estudiantes en las tradiciones de la formación (Schön, 1992).

La formación docente incorporó en las propuestas curriculares de la última década espacios de la práctica que recuperan, al menos en el plano de lo formal, los principios del practicum reflexivo. El docente se enfrenta en su trabajo a lo que Schön (1992) llama "zonas indeterminadas de la práctica" que escapan a los cánones de la racionalidad técnica, por tratarse de situaciones inciertas en las que el tipo de intervención requiere atender al modo en el que el problema se ha construido. Por tratarse de acciones humanas, quienes enseñan se enfrentan a situaciones de conflicto de valores, puntos de vista e intereses singulares que requieren de nuevas formas de intervención. En este punto, la formación en la práctica en tanto presenta las características del practicum reflexivo, podrá ser una fuente de orientación para la elección de la mejor acción posible.

De este modo, la reflexividad requiere ser considerada como parte de las prácticas de enseñanza que intervienen en el mundo personal de los sujetos y tienen implicancias sociales que, además, se enmarcan en políticas de Estado y son de interés público. La capacidad de analizarse, de volver sobre las propias acciones, de reconocer en palabras de Bourdieu (2007), lo social hecho cuerpo, solo es posible en un proceso de reflexión que va más allá de la formación y es sostenido en el tiempo. La finalidad política de la educación implicada en las prácticas de enseñanza requiere ser analizada ya que no da lo mismo sostener prácticas basadas en relaciones autoritarias o democráticas, prácticas que promueven la palabra o el silencio, la participación activa o la aceptación resignada.

La teorización sobre las prácticas no puede estar separada de quienes realizan las prácticas, no se trata de un problema de roles (el del teórico investigador y el del docente ejecutor) sino de un proceso que en el que la teoría se genera en los procesos de reflexión sobre las prácticas. Kemmis, a través de su prólogo para *Una teoría para la educación* de Carr, señala claramente de este modo:

> Las prácticas cobran un significado –como prácticas de cierto tipo– cuando se teoriza sobre ellas y las teorías adquieren una significación social, histórica y material cuando se las practica. (…) En general, las prácticas de teorización sobre las prácticas educativas están relacionadas a través de las prácticas. Se vinculan mediante actividades humanas y sociales que se entienden próximas a la teoría como la aplicación de la teoría o la decisión de actuar de alguna manera fundándose en determinada perspectiva o, en el mejor de los casos, a través de procesos públicos –prácticas– de reflexión y autorreflexión críticas. (Kemmis, en Carr, 2002, p. 34)

El autor le confiere una significación especial al carácter público de ese proceso, comprometiendo la teoría y la práctica en el marco de una acción consciente del sujeto. Para Kemmis no se trata simplemente de una elección personal, al respecto afirma lo siguiente: "Los individuos pueden reflexionar y actuar de forma privada sobre sus modos de ver la teoría y la práctica, pero el desarrollo de la teoría y la práctica depende de la participación consciente de los individuos en un proceso público" (en Carr, 2002, p. 35).

El segundo componente de la práctica de enseñanza entendida como el buen obrar es el conocimiento práctico. Los programas de investigación sobre el pensamiento y el conocimiento práctico de los profesores se interesan en los procesos personales de construcción de significados a través de reglas y principios prácticos en el entendimiento de que el profesor participa activamente como sujeto del curriculum. Esta práctica genera un *saber* producto de la *experiencia* que no resulta de la adaptación al curriculum sino de un *proceso personal de construcción* en el que la *reflexividad está comprometida*. Un estudio significativo realizado por Rubalcava (2000) señala que el conocimiento práctico capta la forma en que el profesor resuelve su actividad docente generando teorías "prácticas" sobre la enseñanza.

La autora puntualiza que el profesor usa o crea el conocimiento práctico para vincular o salvar el vacío entre la abstracción de los contenidos formales y una forma específica de enseñarlos o para guiar la toma de decisiones durante la práctica de la enseñanza. Las características señaladas por Rubalcava se corresponden con la intencionalidad manifiesta en los documentos:

- Es práctico porque permite la negociación con el contexto en el que se usa, lo que lo hace buscar la flexibilidad y adaptabilidad.
- Se encuentra en forma implícita y/o explícita en el discurso y/o acciones del profesor en el aula.
- Se expresa en lenguaje común o técnico, en forma de conocimiento declarativo (qué hacer) y conocimiento de los procedimientos (cómo hacer), o en forma de relato de experiencias o descripción de conceptos.
- Se basa en la experiencia del profesor porque valora el significado que él le otorga. Es personal porque, aunque el profesor está inmerso en un contexto social, siempre hay un factor individual que lo lleva a leer ese contexto.
- Es grupal o social porque el contraste de los significados propios con los de otros compañeros sirve de contraste y le permite ser susceptible de cambio, adaptable, flexible.
- Es propositivo y se orienta a la acción porque enfoca su atención en deliberar y tomar decisiones buscando, atendiendo las necesidades y limitaciones que le impone y demanda el contexto en el que enseña (Rubalcava, 2000, pp. 28-29).

Las prácticas de enseñanza como el *buen obrar*, distinguidas por la deliberación del docente sobre sus contenidos y sus fines, implica formar un docente capaz de construir conocimiento sobre su práctica, sostener prácticas reflexivas –individual y colectivamente– en las que examine, hasta el límite de lo posible, el sentido de sus intervenciones en el aula. Desde esta posición, el compromiso ético con lo público está presente en las decisiones de enseñanza y se manifiesta en los procesos de reflexión que ineludiblemente las sostienen.

CAPÍTULO 4

El Consejo Federal de Educación.
Primer período: 1972-1976

Primeras políticas de concertación
para la formación docente

1. El Consejo Nacional de Educación

La matriz fundacional del sistema educativo da cuenta de la complejidad en la que se desarrolló su organización inicial, su consolidación posterior y su despliegue en las diferentes épocas que atravesó el país. Interrogarnos sobre cómo y qué se decidió en las políticas que lo estructuraron y las características del pensamiento pedagógico de ese proceso, implica reconocer en el conjunto de las políticas educativas, las definiciones programáticas sobre la cuales se construyeron históricamente los lineamientos para la formación docente. Este entramado particular se configuró sobre propuestas del directivismo y el espontaneísmo, como también el despliegue de otras alternativas (Puiggrós, 1991) expresadas en experiencias educativas del siglo XX. Por ello es importante la recuperación de tales perspectivas disciplinares para el estudio de su trayectoria en las décadas siguientes.

Si tomamos como referencia la sanción de la Ley 1420 de Educación Común del año 1884, transcurrieron más de ciento treinta años en los que, en materia educativa, diferentes órganos colegiados tuvieron injerencia en las definiciones sustantivas del sistema. Entre los antecedentes normativos que pusieron en marcha órganos colegiados para la administración y configuración del sistema educativo, se encuentra el Consejo Nacional de Educación (CNE) que fue el espacio de mayor trascendencia por sus características y la magnitud de la tarea desarrollada en la etapa fundacional. Creado por decreto del presidente Julio A. Roca el 25 de enero de 1881, inicialmente se encargó de las escuelas primarias públicas de la ciudad de Buenos Aires y territorios nacionales y luego incluyó a las escuelas nacionales ubicadas en todo el país.

Domingo Faustino Sarmiento fue su primera autoridad máxima. Si bien es el primero de alcance nacional, en materia educativa funcionaron hasta ese momento otros espacios colegiados como las comisiones provinciales que administraban los fondos recibidos por la Ley de Subvenciones Nacionales (1871) para financiar las iniciativas de instrucción pública en las provincias como también nombraban a los inspectores que las controlaban. La Ley de Educación Común (1875) que rigió para la provincia de Buenos Aires, creó la Comisión Nacional de Educación compuesta por un director general y ocho vocales, cuatro de los cuales cumplen funciones de inspección.

En la presidencia de Julio A. Roca, federalizada y separada de la provincia la ciudad de Buenos Aires, se atribuyó a la Comisión Nacional el nombramiento de los integrantes de los Consejos Escolares de distrito. Con la sanción de la Ley 1420 (1884), la Comisión Nacional es reemplazada por el CNE, siendo este el órgano de regulación y control de mayor peso en el país. Durante todo el período de su vigencia, la educación se debatió en el seno de esos espacios colegiados vinculados estrechamente con la vida política nacional, expresando los modos en los que el gobierno nacional se relacionaba con las provincias para concretar el federalismo. De esta manera, la relación entre la nación y las provincias en materia educativa, fue un eje sobre el cual se inscribió el surgimiento del Consejo Federal de Educación y el sostenimiento de sus actividades durante el período estudiado.

Las relaciones entre el gobierno nacional y las provincias reguladas mediante el CFE –sucesor del CNE– tuvieron dinámicas variadas, pensadas como espacios de coordinación y concertación, en ocasiones más retóricas que ejecutivas, pero mayoritariamente funcionales a los intereses de los gobiernos nacionales. Así como durante la dictadura militar facilitó la imposición de la política educativa autoritaria, en la década de los años noventa fue parte del proceso de la implementación de la transformación del sistema otorgando a la nación y a las provincias un escenario para cursar las negociaciones y formalizar los cambios (Faletti, 2001). Los factores políticos que dieron impulso a estos organismos estuvieron asociados a los liderazgos de la conducción nacional expresados en diferentes ámbitos gubernamentales.

En el proceso fundante del Sistema Educativo Argentino (SEA) se produce la estructuración y consolidación –con su consecuente proceso de adecuación que llevó varios años– de todos los órganos que compondrán el sistema, algunos de ellos aún vigentes, tal como lo explica Marengo (1991) para el caso del CNE. Los estudios sobre su funcionamiento, identifican etapas que señalan avances y retrocesos en sus funciones: etapa de estructuración, de expansión y de consolidación que se inicia a partir de los antecedentes de la Ley 1420 (1884) y culmina, según el autor, en 1916, acompañando un período de expansión del sistema administrativo y de control de todas las prácticas del sistema como de adecuaciones de los reglamentos vigentes y creación de estructuras nuevas para modalidades no previstas en la ley como la de niños débiles. El CNE estuvo compuesto por cuatro miembros vocales y un presidente, dicta su reglamento interno y crea tres comisiones de trabajo: la de Didáctica y diplomas, la de Hacienda y Presupuesto, y la de Asuntos judiciales y Bibliotecas.

Durante los años de su funcionamiento hasta la consolidación del sistema, el CNE se ocupó de establecer reglamentos para el funcionamiento de las escuelas y sus horarios, la provisión de textos, de conferencias pedagógicas y doctrinales, de exámenes, etc. Hay destacados antecedentes investigativos (Puiggrós, 1980) que dan cuenta de las disputas políticas y teóricas que se libraron en el seno del Consejo. La revista *El Monitor de la Educación Común*, editada por el Consejo, expresa la voz oficial y las voces disonantes del sistema. Coincidimos con Marengo (1991) al entender que esa multiplicidad de visiones se puede explicar por el esfuerzo de "diferenciar hasta la obsesión la práctica educativa de la práctica política" (p. 74) lo que le permitía al órgano de conducción prescribir normativa con estricto fundamento educativo y expresar de esta forma la relativa autonomía que tenía el Consejo respecto del gobierno nacional.

En el año 1947 el gobierno de Juan Domingo Perón[17] a través del decreto 26.944 establece que "la enseñanza pública nacional se propondrá formar al hombre argentino con plena conciencia de su linaje, auténtica visión de los grandes destinos de la nacionalidad y ferviente voluntad histórica para servir a su patria y a la humanidad" (art. 1°). Por estas razones establece que "la educación argentina será pública, gratuita e informada de un profundo sentido de justicia social" (art. 3°) y será el Estado quien promueva y sostenga la creación de escuelas. Además, considera necesaria la transformación de los planes y programas de formación, así como el establecimiento de normativas para el funcionamiento integral del sistema educativo. A través de la Ley 13.548 (1949) crea la Dirección General de Enseñanza Primaria y cierra por decreto el CNE transformándolo en una dependencia del Ministerio de Justicia e Instrucción Pública.[18] Esto no implicó el abandono de esos

---

17. Juan Domingo Perón (1895-1974) fue presidente de Argentina en los períodos 1946-1952, 1952-1955 y 1973-1974.

18. Cabe señalar que el Ministerio de Educación se crea en el año 1949 a través de la Ley 13.529. La reforma constitucional de ese año permitió eliminar el límite de ocho ministerios, haciendo posible el desdoblamiento del Ministerio de Justicia e Instrucción

posicionamientos, ya que tuvieron continuidad en el núcleo duro de las políticas educativas, y especialmente en aquellas destinadas a la formación de maestros y profesores gestada en las dependencias creadas en el ámbito del Ministerio de Educación.

2. Creación del Consejo Federal de Educación

La composición de cierta continuidad entre los legados espiritualistas y los postulados de la pedagogía desarrollista se ponen de manifiesto en los planes del gobierno autoritario de Alejandro Lanusse[19] que dieron origen a la creación del Consejo Federal de Educación. Si bien no se trata de la vigencia plena de las ideas espiritualistas, es preciso aclarar que se trata de una corriente de pensamiento que se opone enfáticamente a los postulados de la pedagogía positivista fundante del sistema educativo y promueve una educación basada en valores de manera predominante. Si bien ambas corrientes convivieron en la tradición normalizadora, el movimiento de la Escuela Nueva congregó mayoritariamente a los pedagogos promotores de estas ideas. Puiggrós (1999) señala que las ideas espiritualistas proporcionaron un conjunto de categorías abarcativas de valores que trascienden las limitaciones del nacionalismo conservador. Es en este punto que la idea de progreso y modernización, ideas fuerza que atraviesan las políticas públicas de la época, toman el carácter de valores inobjetables que asociados a las ideas de racionalidad y planificación, conformaron los principios del Plan Nacional de Desarrollo y Seguridad (PNDyS).

El gobierno de Lanusse elabora en 1971 el PNDyS para contar con una propuesta de lineamientos para la acción del gobierno de facto, entre las cuales las destinadas al sector educación responden a las demandas de las corrientes desarrollistas y tecnocráticas de la época. La oficina sectorial Desarrollo diseñó un conjunto de actividades que el Ministerio de Educación debió ejecutar en el año 1972 para dar cumplimiento a los objetivos, metas y medidas del sector Educación, previsto en el PNDyS. El documento advierte sobre la escasez de tiempo para su cumplimiento, la necesidad de recursos

Pública en el Ministerio de Justicia y el Ministerio de Educación. Después del golpe de Estado de 1955 y la abolición de la Constitución de 1949, entra en vigencia la Constitución de 1853 y nuevamente se reconfiguran los ministerios por la limitación existente. Recién con la reforma constitucional de 1994 se establece que los ministros y secretarios serán en número y competencia establecidos por una ley especial.

19. Alejandro Lanusse (1918-1996) fue un militar argentino que ejerció de facto la presidencia de Argentina entre 1971 y 1973 durante la dictadura cívico-militar autodenominada "Revolución Argentina".

financieros como también las limitaciones técnicas de los organismos para su implementación. No obstante, reconocen el valor del plan en tanto se enmarca en un proceso de programación con la participación activa de los organismos. El capítulo Educación del PNDyS está organizado en ocho ejes de trabajo:[20] el desarrollo de la cultura nacional; infraestructura escolar, recursos humanos, físicos y financieros; modernización del sistema educativo; democratización de la enseñanza, integración del sistema educativo y descentralización del sistema. En todos los casos, las acciones previstas se corresponden con metas específicas y responsables de su cumplimento que evidencian los postulados de modernización, racionalidad, planificación y control de las propuestas.

Cabe destacar tres aspectos del conjunto de acciones: el énfasis puesto sobre la formación de docentes en el nivel superior realizada el año anterior, el trabajo sobre los currículos de todos los niveles y la presencia de componentes "científicos y técnicos" asociados a un impulso de formación en Ciencias Básicas. Al respecto de estos dos últimos ejes, la renovación del curriculum y la presencia de componentes científicos y técnicos, se destaca un plan para realizar cursos piloto de Ciencias Básicas en los que se incluyó el desarrollo de capacitaciones a docentes de Física, Matemática, Biología y Química experimental, actualización científica y metodológica. Presentó un conjunto de acciones similares destinadas al resto de las materias de la enseñanza media, cuyo eje fue la actualización disciplinar y metodológica. Además, se destaca un plan piloto para "investigar el grado de madurez de los alumnos que ingresan a primer grado" y la "organización y aplicación de nuevos sistemas de evaluación en el nivel primario y la promoción directa de 1° a 2° grado de la escuela primaria" para ser aplicado en ciento cincuenta departamentos de aplicación de las Escuelas Normales.

---

20. Las acciones previstas correspondientes a las medidas incluidas en el Plan Nacional de Desarrollo y Seguridad son elaboradas con alto grado de definición, en algunos casos las metas no son formuladas, se las considera en desarrollo. Se explicita con énfasis la formación del personal docente en el nivel superior. En el eje de la modernización del sistema educativo, se prevé la renovación gradual de todos los currículos con el mandato de la "incorporación de actividades relacionadas con el conocimiento de los factores para la integración nacional y que forman actitudes y hábitos favorables a la participación en el proceso de desarrollo nacional". En el eje, descentralización del sistema, propone la continuidad de la transferencia de los servicios educativos de la nación a las provincias garantizando los recursos necesarios para hacer efectivo el cumplimiento de la educación básica, común, obligatoria y gratuita. También promueven la reestructuración del Ministerio de Educación en un organismo político-técnico con funciones normativas, de planeamiento, coordinación, asistencia, supervisión y evaluación, y el funcionamiento de los establecimientos como unidades desconcentradas.

En el apartado "Integración del sistema educativo" se propuso la creación del Consejo Federal de Educación en el ámbito del Ministerio de Cultura y Educación con la siguiente misión:

Concertación de acuerdos y dictado de la legislación necesaria para permitir la acción coordinada del gobierno nacional, los gobiernos provinciales y municipales y del sector privado en el cumplimiento de los objetivos y metas de este plan. Acciones y metas: planificación, coordinación, asesoramiento y acuerdo sobre todos los aspectos de la política educativa nacional que en los diversos niveles del sistema escolar comprometen a la Nación y a las provincias. (Informe, 1971)

Este organismo se creó mediante la Ley 19.682 del 15 de junio de 1972 durante el gobierno militar de Lanusse. Fue propuesto por la reunión de ministros y ratificado por el decreto 4.521 del 7 de octubre 1971 para que el Consejo participe en la concreción de los lineamientos fijados en el Plan Nacional de Desarrollo y Seguridad, Sector Educación.

Sus funciones serán las siguientes:

a) Coordinar la acción que desarrollan la Nación y las provincias, tendiente al mejoramiento integral de la educación.

b) Proponer las medidas que considere necesarias para la mejor utilización de los recursos humanos, tecnológicos y económicos.

c) Proponer las modificaciones que requiera la legislación vigente en la materia.

d) Acordar los contenidos mínimos para cada nivel y el sistema de reconocimiento y equivalencia de estudios, certificados y títulos.

e) Proponer pautas y aconsejar prioridades para la confección de los presupuestos de educación.

f) Realizar toda otra acción que tienda al cumplimiento de la misión establecida en el artículo 1°.

Atendiendo a las funciones conferidas, el Consejo puede proponer mejoras en la utilización de los recursos humanos, tecnológicos y económicos; proponer cambios en la legislación vigente y acordar los contenidos mínimos para cada nivel y el sistema de reconocimiento y equivalencia de estudios, certificados y títulos. Esta última función introduce en las definiciones curriculares un nuevo componente, el acuerdo entre la nación y las provincias para su elaboración. Es importante destacar que hasta el momento no había un organismo colegiado encargado de intervenir en las definiciones curriculares y, a partir de su creación, la iniciativa de contar con comisiones encargadas de esa tarea se institucionaliza en un espacio que nuclea a los responsables políticos de la educación de todo el país.

El artículo 2° de la ley refiere explícitamente a la obligación de respetar en todos los casos las necesidades propias de cada provincia o región. El significado de "respeto" de las necesidades de las provincias lo analizamos desde los diferentes tópicos que plantea el PNDyS ya que se inicia una etapa de descentralización del sistema educativo, revisión del destino de los recursos en el marco de una corriente modernizadora y racionalizadora del sistema. Si asociamos la idea de "respeto" a la descentralización y a la necesidad de controlar ideológica y materialmente este proceso, se pone en evidencia que no se trata de una intencionalidad política de participación genuina de las diferentes jurisdicciones, sino una expresión que se asienta en la idea de que "cada uno tiene lo que puede según su entorno". Este proceso de regionalización constituye lo que Tedesco *et al.* (1983) reconocen como "un mecanismo de adecuación a las posibilidades de cada sector social y región" (p. 53). Esta tendencia se mantendrá durante todo el período del gobierno de facto y se repetirá años más tarde, bajo una fuerte concentración de control del sistema en el marco de la descentralización y transferencia de los servicios educativos sin el financiamiento correspondiente. No obstante, está presente en el cuerpo de la ley la obligación de atender las diferencias entre sus miembros; el artículo 8° especifica: "Los criterios sostenidos por los integrantes disidentes en el seno del Consejo deberán ser tenidos siempre en cuenta en los acuerdos logrados y en la planificación, coordinación y asesoramiento realizado" (Ley 19.682, 1972).

Podemos advertir la necesidad de construir consensos sobre las transformaciones esperables en la sociedad y en la educación en particular. En el caso de la formación de maestros, recién se iniciaba la llamada "tercerización"[21] de la formación, un cambio muy cercano a la creación del CFE y de alto impacto para la tradición normalizadora.

La Ley prevé que el Consejo estará integrado por la Asamblea de Ministros y un Comité Ejecutivo. Los ministros provinciales con competencia en educación conformarán la Asamblea, presidida por el ministro de Educación de la Nación. Las sesiones ordinarias se realizarán fuera de la Capital Federal dos veces por año. Las asambleas extraordinarias podrán ser convocadas por el presidente, el comité ejecutivo o las dos terceras partes de sus miembros. Respecto de las decisiones que tome el Consejo, el reglamento sancionado

---

21. Este término es utilizado por Edelstein y Aguiar (2004) para nombrar el pasaje de la formación de maestros al nivel superior.

prevé que serán *recomendaciones* cuando se trate de asuntos de su competencia de acuerdo a lo normado por su ley de creación y serán resoluciones, las referentes a asuntos de carácter interno, inherentes al cuerpo del Consejo.

Como presentamos en el apartado sobre la actuación del CFE en este período, los documentos relevados dan cuenta de que, en materia de formación docente, predominó la función política sobre la función normativa y técnica que asumió el organismo. Se trata de discursos de representantes políticos, documentos de discusiones en las reuniones de la Asamblea y en menor medida recomendaciones que enuncian los principios para el sector.

3. El contexto

La información disponible hasta entonces sobre el sistema educativo proviene de manera fragmentada de la burocracia que lo administra, siendo escasos los estudios para conocer el impacto de su estructura y funcionamiento en la matriz socioproductiva del país. En términos académicos, Torres y González Rivera (1994) sostienen que la década del sesenta en Argentina es muy prolífica para las investigaciones de sociología de la educación de origen norteamericano, ya que es sistemáticamente introducida por los organismos internacionales como el Banco Mundial, la Organización para los Estados Americanos o fundaciones como Ford Foundation o Rockefeller Foundation, que tuvieron intereses en la creación de la llamada sociología científica en América Latina, legada luego a los iniciales estudios de sociología de la educación. Los estudios de la década de 1960 de Medina-Echevarría (1967) en materia educativa, si bien no fueron abundantes en su obra, contribuyeron a fortalecer la posición de la teoría del capital humano para evaluar y definir el rol de la educación. En este esquema, cobra singular importancia la situación de la docencia, especialmente, el análisis del estatus del profesorado como la base de los recursos humanos necesarios para la educación moderna a la que aspiraba construir el desarrollismo.

Torres y González Rivera (1994) afirman que en la década del setenta esta situación se fortalece, no sólo por el aumento de los recursos institucionales sino por la constitución de un cuerpo de intelectuales formados en ciencias sociales y educación que se integraban en los organismos de gobierno y, además, producían conocimientos a través de las investigaciones que realizaban. De la nómina de intelectuales dedicados a los estudios educativos podemos destacar la obra de Juan Carlos Tedesco, quien junto con Germán Rama realizó el estudio "Desarrollo y educación en América Latina y El Caribe" (1981) en el marco del trabajo conjunto CEPAL-UNESCO-PHUD-DEALC en la sede de la CEPAL en Buenos Aires, una significativa contribución al campo de la sociología de la educación. Las revelaciones de estos trabajos reafirman la preocupación sostenida de los organismos internacionales por el subdesarrollo en las sociedades latinoamericanas y se expresan en las publicaciones globales. Un ejemplo de ello es la publicación de la UNESCO[22] dedicada al Año Internacional de la Educación titulada "1970, la crisis de la enseñanza", en la que se presenta esta nómina de artículos: "Educar, pero… ¿a quién? Y ¿cómo?"; "La enseñanza, parienta pobre"; "De una civilización que explota a una educación integrada"; "¿Hay verdaderamente demasiados maestros?". El contenido de los textos reafirma la preocupación internacional por la eficiencia de la educación. Destacamos especialmente las palabras de Leo R. Fernig,[23] director de la Oficina Internacional de Educación, con sede en Ginebra, quien escribe en el texto editorial:

> Más sorprendente aún ha sido comprobar que las estructuras mismas de estos sistemas de educación formal de enseñanza, programas y métodos basados en modelos introducidos antes de la independencia de cada país llevan consigo, como una pesada carga, la posibilidad de la pérdida de tiempo y de la ineficacia. (UNESCO, 1970, p. 6)

De esta manera, la eficiencia del sistema y su relación con el accionar del maestro, fueron objeto de estudios que abordaban no sólo aspectos estructurales o salariales como los referidos en párrafos anteriores, sino específicamente metodológicos. En la misma publicación, John Chesswass[24] sostiene que es necesario cambiar los métodos para reducir el empleo intensivo de mano de obra e incluir medios más productivos.

Al amparo de la doctrina de la seguridad nacional que requería estrategias eficientes contra la "amenaza comunista" en América Latina, la voz de los organismos internacionales fue parte de la voz oficial de la administración del sistema educativo en los primeros años de la década del setenta, sin embargo, convivió con el proceso de consolidación de un núcleo de pensa-

---

22. Ver: UNESCO (1970). *1970: la crisis de la enseñanza.* The UNESCO Courier: a window open on the world, Vol.: XXIII, 1.

23. Durante veinte años Leo R. Fernig se ha ocupado de los problemas de la enseñanza en la UNESCO, dirigiendo uno de los departamentos especializados en la materia, el del adelanto de la educación.

24. John Chesswas se desempeñó dentro de la UNESCO, en el Departamento de Planificación y Financiamiento de la Enseñanza, después de haber formado parte del Instituto Internacional de Planificación de la Educación. Chesswas ha escrito varios libros sobre este tema, además de haber trabajado para el gobierno de Uganda en la materia de su especialidad.

mientos críticos aunados bajo la llamada "Teoría de la dependencia".[25] Los estudios sobre desigualdad, dominación y explotación social abrieron paso a un conjunto de vertientes teóricas heterogéneas sobre el desarrollo autónomo, independiente, con identidad latinoamericana que cuestionaron los análisis de las corrientes de la sociología funcionalista que se imponía en los estudios educativos. En materia educativa, los aportes de esta corriente son legados por la obra de Vasconi (1967), Freire (1985) o la obra de Puiggrós (1980) sobre imperialismo y educación en América Latina, que constituye un exhaustivo análisis del imperialismo en las teorías político-pedagógicas de esa década.

La autora sostiene dos hipótesis subyacentes en los planteos desarrollistas, la primera referida a la creencia de la educación por sí sola es un factor de movilidad social elevando el nivel de las aspiraciones que necesariamente coinciden con una sociedad moderna y urbanizada; y la segunda, que la educación es capaz de disolver las influencias de las instituciones y grupos por los cuales haya pasado previamente el estudiante. Puiggrós (1980) afirma que en este planteo se desconocen las contradicciones y luchas propias de los intereses de clase y se otorga a la educación un papel clave. Sin embargo, advierte que los desarrollistas comprenden el valor político de la educación y que la generalización de la educación puede provocar procesos de conciencia política en la población y la dificultad de separar los aspectos políticos de los programas educativos.

Durante este período crecieron discursos antagónicos al discurso pedagógico liberal positivista moderno que sostenía el desarrollismo, la pedagogía socialista cubana y la pedagogía de la liberación (Puiggrós, 1993). La autora afirma que los postulados cubanos siguieron los cánones del modelo pedagógico soviético vinculando a la educación con el sistema político y el sistema productivo, y llevaron al sistema de educación pública a los mayores niveles de popularización. En cambio, la pedagogía de la liberación tuvo en la obra de Freire (1985) la fuente más importante de teorización y promoción de experiencias diversas pero convergentes en el siguiente conjunto de principios surgidos de *Pedagogía del oprimido* y *Educación como práctica de la libertad*. Entre sus aportes fundamentales, Puiggrós señala que la obra de Freire destaca el elemento político en los procesos educacionales no como simple reflejo de la lucha de clases, sino "avanzando hacia el análisis de la

---

25. Uno de los principales referentes investigadores vinculados a su surgimiento fue Fernando Henrique Cardoso. Destacamos una obra escrita con Enzo Faletto, *Dependencia y desarrollo en América Latina* (Cardoso y Faletto, 1969), que constituye un clásico en la materia.

forma específica que adquiere la opresión social al interior de los procesos educativos en el lugar de la transmisión-creación del saber" (Puiggrós, 1993, p. 17). Al postular la posibilidad del vínculo dialógico, va más allá de las teorías reproductivistas y nos permite avanzar en los estudios de la interacción simbólica de los sujetos pedagógicos.

Torres (2004) afirma que una de las principales características de este enfoque es la resistencia a la vinculación con el aparato del Estado capitalista y a la organización burocrática de la práctica educativa. En este punto coinciden Puiggrós (1993) y Torres en la antinomia dada entre "educación escolar" y "educación popular", la primera por corresponder a propuestas burguesas antipopulares y la segunda como el verdadero espacio de liberación, aunque en palabras de Torres se corra el riesgo de la celebración acrítica del conocimiento popular como única fuente del trabajo pedagógico y de alternativas no estatales insertas en el corazón de la sociedad civil.

No nos proponemos realizar un análisis pormenorizado de la obra de Paulo Freire, pero sí queremos destacar aquellos aspectos del enfoque que nos permiten comprender las decisiones tomadas en el CFE en los años de la corta democracia entre 1973 y 1976. Esta pedagogía sostiene que algunos de los principales problemas de la educación no son metodológicos o pedagógicos, sino políticos. Conjuntamente con los aportes de Gramsci (1967), los legados de la Escuela de Frankfurt, los trabajos de Bourdieu *et al.* (1981) sobre la escuela y la reproducción sociocultural, los estudios de Althusser (1971) sobre la función ideológica de la escuela en la reproducción del orden social y cultural, revelan que la función de la escuela debía analizarse como un problema político. De esta manera, los riesgos advertidos por los desarrollistas en torno al valor político de la educación fueron el centro de las discusiones teóricas. Conjuntamente con esta advertencia respecto del riesgo de enfatizar la centralidad de la educación, las principales alternativas pedagógicas que se desarrollaban en la sociedad civil sostenían la importancia de la educación para la transformación de la sociedad desde los principios de la pedagogía de la liberación.

Los efectos de los movimientos sociales –principalmente estudiantiles– que se sucedieron a partir del año 1968, generaron un clima intelectual que puso en discusión la vida social y los patrones culturales vigentes, cuestionando las teorías dominantes en los discursos oficiales que proponían modelos de ideologías binarias. Duró más que una década, aunque sin límites temporales precisos, ubicamos a las discusiones pedagógicas oficiales y alternativas como referentes para la producción intelectual de la época que abarca este estudio.

La síntesis de los acontecimientos de la convulsionada vida política de los años setenta que presenta Romero (2017) dan cuenta de la inestabilidad política en la que se desplegaron las políticas sociales y económicas de esa época. El 25 de mayo de 1973 se inició un nuevo período democrático, asumió el gobierno el presidente Héctor Cámpora[26] y el 20 de junio retornó al país Juan Domingo Perón. El 13 de julio, Cámpora y el vicepresidente Solano Lima renunciaron; ausente el titular del Senado, asumió la presidencia el de la Cámara de Diputados, Raúl Lastiri, yerno de José López Rega, el secretario privado de Perón y a la vez ministro de Bienestar Social. En septiembre se realizaron las nuevas elecciones y la fórmula Perón-Perón alcanzó el 62% de los votos. El 1º de julio del año siguiente murió Perón y lo reemplazó Isabel Perón[27] hasta que fue depuesta por los jefes militares el 24 de marzo de 1976.

La crisis política que se desencadena a mediados de 1974 no es más que una agudización de conflictos y confrontaciones que se venían sucediendo en la sociedad civil y en el propio gobierno desde tiempo atrás; así lo afirma Geneyro (1986) en un trabajo sobre las políticas educativas de la junta militar. El autor señala una escisión entre el poder del Estado y la sociedad civil (sindicatos, partidos políticos, agremiaciones profesionales y económicas, organizaciones estudiantiles, etcétera, que representaban intereses de la burguesía nacional y las clases trabajadoras) que se agudiza con el golpe de 1976. A partir de ese momento, el Estado militar genera una creciente polarización política en la sociedad civil que afecta los procesos y las organizaciones. El acceso al poder del Frente Justicialista de Liberación Nacional en 1973 traslada al interior del Estado esas pugnas que no pudieron ser resueltas, ni tampoco el Estado pudo rearticular las demandas sociales y de esta forma, resolver las presiones de la burguesía nacional para restablecer condiciones favorables a sus intereses (Geneyro, 1986).

En ese contexto, el Programa de Reconstrucción y Liberación Nacional[28] presentado en mayo de 1973, pese a la concesión al clima de época que hay en su título, consistió en un intento de superar las limitaciones al crecimiento de una economía cuyos rasgos básicos no se pensaba modificar. No hubo

---

26. Héctor Cámpora (1909-1980) fue un político argentino que ejerció la presidencia de la nación entre mayo y julio de 1973.

27. Isabel Perón es el nombre de uso de María Estela Martínez de Perón, la primera presidente mujer de la Argentina que ejerció ese cargo después de la muerte de Juan Domingo Perón –el 1 de julio de 1974– hasta el golpe de Estado del 24 de marzo de 1976. Anteriormente fue vicepresidenta.

28. Plan Trienal para la Reconstrucción y la Liberación Nacional 1974-1977. República Argentina, Poder Ejecutivo Nacional, diciembre de 1973.

CAPÍTULO 4

en él nada que indicara una orientación hacia el "socialismo nacional" y tampoco un intento de buscar nuevos rumbos al desarrollo del capitalismo. El documento elaborado por el Poder Ejecutivo Nacional por el Comité del Plan Trienal (Decreto 685, 1973) tuvo como mentor a un empresario exitoso ajeno al peronismo, José Bel Gelbard, jefe de la Confederación General Económica, donde se nucleaba la mayoría de las empresas de capital básicamente nacional. La estrategia educativa del Plan se apoyó en los siguientes principios:

a) La Cultura es el alma y la espiritualidad de un pueblo y, por ende, determinante de su felicidad (Juan Domingo Perón).
b) Enseña quien aprende y aprende quien enseña.
c) El aprendizaje ha sustituido a la enseñanza.
d) La educación es un problema de todos y para todos.
e) El sistema educativo debe proporcionar una auténtica igualdad de oportunidades.
f) El aprendizaje-educación es permanente, no reconoce fronteras calendarias o geográficas ni limitaciones por edad o sexo.
g) El aprendizaje-educación está íntimamente vinculado a la formación y al trabajo productivo de los hombres y mujeres de un país.
h) Capacitar a los seres humanos representa una inversión rentable para la economía privada y estatal (Plan Trienal para la Reconstrucción y la Liberación Nacional, 1974-1977).

El documento sostiene que el desarrollo, expansión y mejoramiento de la educación debe encuadrarse en una problemática más amplia que incluya otros aspectos sociales tales como salud, vivienda, seguridad social y condiciones de vida, desde una perspectiva cultural y económica integral. Para ello, el plan retoma la relación nación-provincias al proponer entre sus objetivos[29] una conducción centralizada y una ejecución descentralizada, junto

---

29. Se fijan como objetivos: a) Realizar modificaciones estructurales para establecer una conducción centralizada pero una ejecución descentralizada; b) Expandir el sistema y, por ende, la infraestructura; c) Perfeccionar el sistema educativo; d) Vincular la fuerza educativa con el trabajo productivo; e) Educación permanente para "reciclar" el conocimiento, capacitar en las nuevas modalidades de la técnica, adaptar al hombre y a la mujer a tareas diferentes según los requerimientos del medio y posibilitar el perfeccionamiento y la reconversión laboral; f) Abolir las fronteras artificiales y antieconómicas del trabajo intelectual y del trabajo físico, a través de una enseñanza-aprendizaje que armonice lo teórico y lo práctico, lo intelectual y lo manual; g) Reducir el analfabetismo a cifras insignificantes; h) Reducir en forma sustancial el semianalfabetismo mediante el ataque a las causas (educativas, familiares, económicas, etc.) de la deserción escolar; i)

a la adaptación del aprendizaje educacional a las peculiaridades geográficas, culturales, históricas y socioeconómicas de las regiones que integran nuestro país. Cabe aclarar que las diferencias al interior del gobierno se manifiestan en la orientación de las políticas educativas. La actuación del CFE da cuenta de ello.

Como presentamos en este capítulo, la creación del CFE surge en el marco de un plan de gobierno autoritario con sesgos desarrollistas, que impulsa la modernización de la educación a través de procesos tecnocráticos de control mediante la planificación y el uso racional de los recursos disponibles. La teoría social de la que se nutre para impulsar los cambios es de corte funcionalista, provista por la acción de los organismos internacionales que impulsan a través de la educación el cambio hacia la sociedad moderna. En ese contexto, advertimos que un plan de gobierno origina la creación del Consejo y un año más tarde, otro plan de gobierno –de diferente signo político– reconoce la necesidad de establecer ajustes en torno a la conducción y administración del sistema educativo para atender a las demandas regionales. En esta segunda propuesta, los principios de la pedagogía de la liberación no aparecen explícitamente, pero sí se recupera el carácter dialógico de la relación educador y educando y el valor social de la educación como derecho que está expresado en términos de "problema" de todos. Dos gobiernos con fundamentos políticos diferenciados recuperan la problemática de la administración del sistema educativo aludiendo a la necesidad de atender las diferencias regionales y para ello, el CFE es el ámbito propicio para su concreción.

En 1975 la crisis económica agravó la situación social, y con ella los planes de gobierno propuestos para la educación. Se desató la inflación, la puja distributiva fue encarnizada y el Estado enfrenta dificultades políticas y económicas. El 24 de marzo de 1976, cuando el golpe de Estado de los comandantes militares asumió el gobierno, se inicia uno de los períodos más trágicos de la historia reciente de nuestro país, en el que la educación concentró una gran parte de las acciones represivas.

Educación y aprendizaje intensificado de la mujer para incorporarla al trabajo efectivo de la comunidad; j) Educación-aprendizaje del aborigen; k) Educación intensificada y modularizada en las zonas fronterizas; l) Educación modularizada de los no videntes, sordomudos, etc., para su integración completa a la vida normal de la comunidad; m) Equiparar los derechos y obligaciones de los docentes de todos los sectores; n) Imprimir, en cooperación con otras áreas del gobierno y la empresa privada, los textos, carpetas y material didáctico que utilizan los estudiantes; ñ) Intensificar el aprovechamiento de los medios de comunicación masiva, en una educación parasistemática que proporcione los instrumentos doctrinarios indispensables para un cambio social.

4. Actuación del Consejo Federal entre 1972-1976 en temas de formación docente

El CFE inicia su funcionamiento en tiempos de una reforma educativa que no pudo lograrse de manera integral. La única medida de la reforma impulsada por el gobierno militar que prosperó fue la supresión del ciclo del magisterio en las Escuelas Normales a partir de 1969.[30] La iniciativa se sostuvo y obtuvo progresiva institucionalidad, inscripta en una tendencia regional apoyada por los organismos internacionales que a su vez se desplegó en varios países de América Latina. Este movimiento reformista tuvo su correlato en el contenido de la formación para garantizar que el modelo tecnocrático eficientista se desarrollara exitosamente. En este contexto de pasaje de tradiciones, el Consejo se constituye como un ámbito propicio para las orientaciones políticas de las propuestas educativas, sin embargo, no elabora las propuestas curriculares.

Un año antes de la creación del CFE, el Ministro de Educación Gustavo Malek crea la "Comisión de análisis y evaluación del profesorado para el nivel elemental"[31] para dar cumplimiento a lo dispuesto en el punto a) del art. 2° de la Resolución Ministerial N° 1824/71. El informe de esa comisión señala que la carrera debe mantenerse en el nivel superior y debe intensificarse lo que hoy llamamos las "Didácticas de las disciplinas". De esta manera se presenta un lineamiento que da cumplimiento a lo establecido por la Oficina Sectorial de Desarrollo que elaboró el plan para el sector educación del PNDyS en el año 1971:

> La carrera de Profesorado de Nivel Elemental debe mantenerse en el nivel terciario. El título que se otorgue debe ser el de maestro, por tener este en nuestro país, como en muchos otros, un significado preciso sobre el que no conviene innovar. Lo que se quiere en definitiva es contar con un maestro científico y pedagógicamente actualizado, dispuesto y capaz de impartir una buena enseñanza de primer nivel. Desde este punto de vista se analizaron el plan vigente y las normas para su aplicación concluyendo que –entre otras medidas– haría falta intensificar y organizar mejor la capacitación pedagógica del futuro maestro con énfasis en los aspectos

---

30. Decreto N° 8051 del 16/12/1968.

31. La producción normativa del CFE de este período es escasa. Contabilizamos documentos a partir del año 1973. En existencia en el archivo del Ministerio de Educación se encuentra un acta de reunión, un discurso de apertura de Asamblea Ordinaria del CFE, un informe y una recomendación. Por ese motivo, reconstruimos la "voz" del organismo a partir de la ley de su creación y los documentos de años anteriores que encontramos en el archivo con relación directa a los temas del CFE que son objeto de este estudio.

didácticos del proceso de enseñanza-aprendizaje de las distintas disciplinas o grupos de disciplinas que integran el curriculum de la escuela primaria. (Informe, 1971)

La actuación del Consejo Federal de Educación fue concomitante con el Ministerio de Educación. Evidencia una acción focalizada en opiniones y deliberaciones para garantizar, al menos en el plano de las normas, el sentido de la formación docente capaz de responder al mandato moral de las políticas educativas promovidas por el Ministerio de Educación e impulsadas por el gobierno nacional. Las mismas sostienen el discurso del legado normalista al poner en el centro al docente como ejemplo y modelo, modificando la finalidad de su misión: al servicio de los valores que "la patria" requería en este período: *la modernización*, y conforme al cambio de gobierno del año 1973, la *liberación e identidad nacional*.

No contamos con la primera documentación elaborada por el CFE en el año 1972, sin embargo, los informes del Ministerio de Educación que anticipan la necesidad de la modernización del sistema educativo, los documentos del PNDyS y los considerandos de la normativa de creación del organismo dan cuenta de esta preocupación:

Para la modernización del sistema educativo: implantación de una nueva estructura educativa, renovación de los currículos de todos los niveles y modalidades y tecnificación de la conducción y del proceso educativos. Para la diversificación de la educación y la generalización de la capacitación profesional y técnica: creación de nuevas modalidades, orientaciones, especialidades y carreras en los niveles medio y superior, incorporación de la formación profesional y técnica a todas las modalidades del sistema y de acuerdo con las necesidades del desarrollo.

(...) Dedicación de un porcentaje adecuado, que alcanzará en 1975 al 5% de los presupuestos educativos, a la investigación educativa, el planeamiento, la experimentación, la innovación, la aplicación de nueva tecnología, el desarrollo de las técnicas de currículos, de administración escolar, el perfeccionamiento y actualización docente, las becas y la asistencia técnica a las provincias y a pares del continente. A tales efectos, se crearán los organismos técnicos pertinentes, delimitando sus funciones, garantizando la continuidad de su actividad y asegurando las condiciones para la incorporación de personal universitario especializado mediante la sanción del respectivo escalafón. (PNDyS, 1971)

La modernización del sistema está fuertemente vinculada a un programa ambicioso de reestructuración del sistema educativo basado en el planeamiento y la organización de una burocracia tecnocrática que permitiría su desarrollo conforme a los lineamientos nacionales e internacionales. Como señalamos en apartados anteriores, en estas políticas se asentaban los lineamientos globales que alcanzaban a toda la región.

En el año 1973, durante el gobierno del Gral. Perón, la III reunión ordinaria de la Asamblea del Consejo Federal de Educación da tratamiento a un despacho sobre formación docente presentado por la Comisión de Recursos Humanos y Tecnológicos. El documento presenta enunciados que señalan la importancia política de la formación docente: "Todo cambio educativo debe ser pensado en función de la reconstrucción y de la liberación, de acuerdo a una concepción humanista y cristiana". Se hace referencia explícita a la necesidad de evitar los imperialismos y la educación nacional está en el lugar opuesto a la penetración que supone el imperialismo. "La formación docente, vale decir el actual educador en actividad es tema decisivo y esencial". El despacho propone un plan integral de formación docente para un "docente con vida en movimiento". Prevé las siguientes formaciones: *"filosófico histórico político"* con eje en las relaciones económicas, políticas y sociales de la dependencia. A su vez, se presentan los fundamentos filosóficos, históricos y sociales del cristianismo. Para *"Formación humanístico pedagógica"*; *"Formación científico didáctico tecnológica"*; *"Formación práctica comunitaria: local, regional, nacional"* y *"Continental universal"* no se especifican ejes como en la primera formación descripta. Respecto de la práctica docente y residencia, se sostiene que será de "forma intensiva en todos los medios antropológicos y de diferentes estatus".

El Acta de la III Asamblea (1973) expresa con claridad la finalidad de la educación al servicio de la liberación nacional. El docente formado para la educación argentina deberá existenciarla como hecho inalienable del pueblo y al servicio de su liberación: armonizando las aspiraciones de las provincias y de las regiones con las del país y las de Latinoamérica y su acción concreta será instrumento para la consolidación de la democracia efectiva (…) Como punto de partida hacia la reconstrucción y liberación nacional, se ubica al docente como prioridad fundamental en la organización, por cuanto toda la nación argentina tiene un débito de justicia para con el educando, causa de futuro y materia prima irremplazable que se debe proteger, perfeccionar y formar en todas sus posibilidades.

La formación docente, vale decir el actual educador en actividad es tema "decisivo y esencial". "Formar un SER educador NO neutral" que conduzca y guíe la generación a su cargo a las metas propuestas por el consenso nacional y el plan integral de formación docente para un "docente con vida en movimiento".

El discurso de clausura del ministro de Educación Jorge Taiana se corresponde con la orientación política del conjunto del Consejo. Sostiene:

Solo el auténtico maestro comprende esta misión que le da categoría de destino y apostolado (…) Señores educadores: excelentes planes de estudio, perfectos programas y métodos científicos, tiene una esencial, incanjeable e irrenunciable finalidad: la de conservar las virtudes varoniles de los futuros ciudadanos de esta patria grande que no pudieron destruir utopías políticas ni traiciones (…) Estamos ante la perspectiva de lograr una generación histórica de educadores para formar una generación histórica de educandos. (Acta III Asamblea ordinaria, 1973)

De esta manera, el CFE dio continuidad a uno de sus objetivos fundacionales, ser espacio de concertación, aunque presentó disonancias con las definiciones políticas que se gestaron en otros ámbitos del gobierno como el plan elaborado por Gelbard. Los valores enunciados hacen referencia a los legados del normalismo, el maestro apóstol, cuya misión política tiene otro sentido, pero está sostenida en los valores de esa tradición.

El posicionamiento del CFE no coincide con lo estipulado para el sector educativo en el Plan de Reconstrucción y Liberación Nacional 1974-1977 escrito en diciembre de 1973 y presentado en mayo de 1974. Como presentamos en apartados anteriores, ese texto incluye un posicionamiento referido a la educación permanente, tendiente a establecer relaciones de simetría: "Enseña quien aprende y aprende quien enseña", y vinculando el aprendizaje, la formación y la capacitación a la "inversión rentable para la economía Privada y Estatal". Cabe aclarar que con la gestión de Taiana a cargo del Ministerio de Educación se pusieron en marcha un conjunto de propuestas inspiradas en la pedagogía de la liberación de Freire (1970) y en las corrientes del nacionalismo popular que se habían desarrollado en la década de los sesenta, con el aporte de intelectuales y organizaciones populares que la academia había rechazado. Las disputas internas del peronismo, la represión a la comunidad educativa y a la cultura se empieza a prefigurar con el gobierno de Isabel Perón, cuando el Dr. Jorge Taiana fue obligado a renunciar y es reemplazado por Oscar Ivanissevich en el año 1974, quien suspendió las medidas de la gestión anterior (Puiggrós, 1999).

Si bien no contamos con la documentación que respalda la totalidad de la actividad del Consejo en este período, es posible reconstruir un hilo conductor a través de las fuentes en existencia en el archivo del Ministerio de Educación de la Nación que expresan la finalidad política de ese organismo por sobre las funciones técnicas que asumirá en los próximos períodos analizados.

5. La organización de la formación docente

La reforma de la formación docente realizada en el año 1968 establece la supresión del magisterio en los planes de estudio del nivel medio de la enseñanza. Tuvo fuerte oposición de un sector de académicos y de los gremios docentes y recibió apoyos de un sector del conjunto gremial, de la Asociación de Rectores de Enseñanza Privada (AREPRA) y del Consejo Superior de Educación Católica (CONSUDEC). Los fundamentos de la reforma presentados en los considerandos del Decreto 8051/68 dan cuenta de la motivación y la orientación que asume la organización de la formación docente en el país:

- Que tan ingente *responsabilidad recae de manera principal y directa sobre los maestros* de las escuelas primarias, cuya formación humana y profesional ha de ser en consecuencia, una preocupación dominante en toda sana política educativa;
- Que el actual *plan de estudios del ciclo del Magisterio ya no es apto para proporcionar esa formación atento al desarrollo de las ciencias de la educación y a las exigencias de la escuela moderna*;
- Que ello obliga a situar la *formación específicamente profesional* de los maestros en el *nivel superior del sistema educativo*;
- Que el conocido *exceso de graduados del ciclo de Magisterio común en relación con el número de vacantes en cargos docentes de escuelas primarias*, aconseja adoptar en este sector urgentes medidas en orden a una racional utilización de los recursos humanos, físicos y financieros disponibles;
- Que, en la implantación de la reforma del Magisterio, *han de tenerse en cuenta los proyectos elaborados o en ejecución referentes a la reforma profunda y gradual de todo el sistema educativo*; por lo que *no es aconsejable introducir momentáneamente en los planes de estudio del nivel medio otros cambios que los estrictamente indispensables* sobre la base de planes vigentes. (Decreto 8051, 1968, cursivas propias)

Desde el punto de vista institucional, la inclusión del magisterio en el nivel superior implicó para las Escuelas Normales una modificación del funcionamiento de la institución porque ingresaron nuevos profesores, se modificaron las lógicas de trabajo sujetas a las improntas de las propuestas curriculares de la época, pero sin modificar sustantivamente las lógicas preexistentes. El Ministerio de Educación, recomponiendo la situación ante las críticas recibidas por la reforma, en la Resolución Ministerial 496/72 destaca el valor de la Escuela Normal y establece pautas para el funcionamiento de las carreras de magisterio en una sección anexa que ofrecerá el plan de profesorado de nivel elemental en el nivel superior:

> Que la Escuela Normal como institución educativa ha jugado en nuestro país un papel de profundo arraigo popular y que todo se le debe a la formación de muchas generaciones de mujeres argentinas (…) el clima de trabajo, respeto, orden y responsabilidad propia de la Escuela Normal resulta particularmente apto para que en él se formen los maestros primarios (…) los departamentos de aplicación de las Escuelas Normales ofrecen a los futuros maestros una buena oportunidad para iniciarse en la observación y práctica de la enseñanza. (Resolución Ministerial N° 496, 1972)

En este sentido, la ubicación de la formación docente en el nivel superior dejó expuesto el conjunto de procedimientos instituidos en las Escuelas Normales que sostenían la endogamia propia de la autorregulación institucional como el isomorfismo. Si bien la reglamentación del funcionamiento de las instituciones de educación superior y de las Escuelas Normales estaban fijadas por el Ministerio de Educación de la Nación, su incidencia no alcanzó a modificar los legados de las tradiciones, especialmente aquellos que refieren al carácter disciplinador de su función tal como lo expresa el párrafo anterior: el clima de trabajo, respeto y orden valorado por la sociedad.

En 1971 comenzaron a funcionar 116 institutos superiores de formación docente en todo el país, aunque la provincia de Buenos Aires lo había hecho dos años antes, como también lo hizo la provincia de Córdoba. Sin embargo, las resistencias se hicieron notar en los sucesivos cambios de planes de estudio de los primeros años de la década del setenta hasta 1974, fecha a partir de la cual se estabilizan las definiciones curriculares.

6. El curriculum de la formación docente

La inestabilidad curricular devino en una sucesión de planes de estudio para la formación de docentes elaborados por el Ministerio de Educación. En ese período se definieron los siguientes planes de estudio que otorgaban títulos con diferentes nominaciones: Plan 1970 (Resolución Ministerial N° 2321, 1970) Maestro Normal, Plan 1972 (Resolución Ministerial N° 496, 1972) Profesor de Nivel Elemental, Plan 1973 (Resolución Ministerial N° 287, 1973) Profesor para la Enseñanza primaria.

El plan de estudio de 1973 fue reproducido en diversas propuestas de planes provinciales, "estabilizando el curriculum de magisterio" (Davini, 1998, p. 60) a nivel nacional por más de una década.

En todas las propuestas de la época, el código del plan (Barco *et al.*, 2006) está organizado en una secuencia deductiva (Davini, 1998) ya sea moldeando su ideología o su desempeño, la formación teórica profesional se concentra en el primer período y la preparación técnica y prácticas docentes en el segundo período y tramo final de la formación. Los planes de estudio ubican las prácticas y residencias en el último año, y delegan en "autoridades" u "organismos conductores" cuestiones generales de su organización y si no lo hacen, señalan que se mantendrá en vigencia la práctica habitual: "Facultar a los organismos conductores de la enseñanza a tomar las disposiciones complementarias para la mejor aplicación de la presente resolución y especialmente las que se refieran a la organización de la práctica de la enseñanza y residencia" (Resolución Ministerial N° 496, 1972).

Sobre este giro hacia la inclusión de nuevos contenidos el CFE se expidió recalcando la necesidad de formar un maestro que asumiera los desafíos planteados por los diferentes gobiernos, ya sea la modernización o la liberación nacional llevada a cabo por un "educador no neutral". Como señalamos en capítulos anteriores, la participación del CFE es concomitante a las decisiones del Ministerio de Educación, existen vinculaciones, pero no prescripciones que surjan de ese ámbito o que las recomendaciones trasciendan por novedosas o por ser políticamente trascendentes al punto de renovar la formación.

Como se advierte en los párrafos anteriores, aun cuando el CFE no fue el escenario central de las definiciones curriculares, actuó conforme a las políticas del gobierno nacional apoyando la formación de docentes según los principios fundantes del magisterio, pero actualizado a los lineamientos de las políticas nacionales: el docente como parte de la *acción modernizadora*, como *punto de partida y prioridad de la organización para la reconstrucción y liberación nacional*, como el agente que debe identificarse con los objetivos de la educación del gobierno dictatorial autoritario y agente de la reconstrucción democrática. Es aquí donde el currículum como texto da respuesta a un trabajo de abstracción de conocimientos que no surgen del contexto inmediato, es necesario efectuar una selección organizada de lo que ha de enseñarse para constituirse, en palabras de Lundgren (1992), en el texto para la representación.

En este sentido, el CFE siempre sostuvo el interés explícito por los contenidos de la formación docente y promueve la creación de comisiones curriculares que manifiestan la preocupación por el control simbólico de la formación. La matriz instruccional de la formación no fue modificada sustantivamente, pero sí se modificaron parcialmente los contenidos que referían a ese cambio de posicionamiento político para sostener los procesos sociales en marcha. Los aportes de Lundgren (1992) nos permiten comprender que las definiciones políticas del curriculum operan a favor de los cambios que viven las sociedades y por ello, la generación de docentes que pudieran cumplir las demandas de una sociedad cambiante. Ya sea por el surgimiento de nuevos grupos sociales, por los cambios en las ideologías y las demandas políticas, las relaciones entre el Estado y la sociedad generan nuevas demandas a la educación pública en general y a los docentes en particular.

En la línea que definen Beyer y Liston (2001) y de acuerdo con lo señalado en capítulos anteriores, la organización del sistema de educación pública y la formación de docentes en nuestro país se asentaron en procesos de selección, organización y prescripción de contenidos para la formación de ciudadanos de diferentes modelos de sociedades, sin embargo, sus gobiernos aun con fuertes diferencias ideológicas, mantuvieron los legados del normalismo. Cabe destacar que la referencia está siempre puesta en la persona del docente, en términos individuales como si fuera producto solamente de una decisión o una afectación personal separada de las condiciones en las que se lleva a cabo. De esta forma, la modelización y ser un sujeto ejemplar al servicio de un proyecto político, constituyeron la esencia pedagógica de la definición de un docente. La continuidad de la *idoneidad pedagógica* y la *idoneidad moral* fundante de la formación docente, expresada como un atributo de los sujetos individuales, aparece sostenida y resignificada en el contenido de las normas del Consejo Federal de Educación. La primera se resignificó incorporando los principios de la preparación científica y técnica propuesta por las corrientes tecnocráticas de los años setenta[32] sin perder el núcleo de la prescripción; y la segunda, adquiriendo el contenido dado por las políticas públicas.

En este contexto socioeconómico, el CFE comienza su funcionamiento en un escenario convulsionado por la reforma del magisterio y las demandas al sistema educativo. Hay definiciones políticas sobre la formación docente que se asientan sobre los cambios de las propuestas curriculares del Plan de 1973 que otorgó el título de Profesor para la Enseñanza Primaria.

---

32. Ver Davini (1995), donde la autora desarrolla las tradiciones de formación docente.

CAPÍTULO 5

El Consejo Federal de Educación.
Segundo período 1976-1983

La dictadura militar y la formación docente

1. El contexto

Ocurrido el golpe militar, la Junta opera en el ámbito de la educación bajo los lineamientos de la Doctrina de la Seguridad Nacional y gobierna el sistema a través de "una virtual ocupación militar, una represión indiscriminada y generalizada, física, ideológica, material y académica" (Geneyro, 1986, p. 3). El autor sintetiza con claridad las principales características del período, cuya mayor expresión ocurrió entre los años 1976 y 1980, aunque como veremos más adelante, los efectos de la dictadura continuaron muchos años más en plena vida democrática:

- Aplicación de cesantías por "razones de seguridad nacional" a funcionarios, docentes, no docentes y estudiantes, sin oportunidad de defensa legítima fundada en mínimas condiciones de justicia.
- Represión física e ideológica: muertes, desapariciones, encarcelamientos sin juicios, persecución.
- Destrucción de laboratorios, bibliotecas, programas académicos y dependencias universitarias con intervención o clausura de organizaciones gremiales de docentes y estudiantes.
- Supresión de carreras universitarias, de escuelas primarias, medias y universitarias.
- Implantación de censura y fomento de la delación en todas las instituciones educativas que supuso la exclusión de una amplia y diversa bibliografía en los programas y planes de estudio.

- Incitación a la denuncia de toda actividad grupal o individual que cuestione el "orden forzado" o tenga enfoques teórico-metodológicos considerados "subversivos".
- Suspensión del "Estatuto del Docente" (Geneyro, 1986, p. 4).

La agenda educativa del gobierno militar sostuvo de manera recurrente un conjunto de temas que se ordenaron en torno al gobierno ineficiente de la educación, la excesiva concentración del servicio educativo en manos del Estado, la inadecuada infraestructura edilicia y equipamiento, el desorden dentro del sistema y, especialmente, el control ideológico de los procesos educativos (Braslavsky, 1983). Además, en el ámbito del CFE expresaban el interés por el federalismo, aunque esto no significó más que la transferencia de los servicios educativos en condiciones de ajuste presupuestario. El discurso de apertura de la Asamblea de Ministros del CFE realizado por el Ministro de Educación Pablo Bruera,[33] lo expresa con claridad:

> Tenemos en todo el país una tasa de deserción del 50% en la educación primaria y en los centros urbanos la retención es del 80 % y en muchas provincias el 80% es la tasa de deserción (...) el crecimiento excesivamente lento de la escuela media. (Discurso de apertura de la III Asamblea extraordinaria del CFE, 1976)

Respecto del crecimiento desigual del país sostuvo lo siguiente:

> Mientras que una enorme concentración de poder político, de poder cultural, de poder intelectual, tecnológico y de recursos financieros se aglutina en la gran metrópoli que es Buenos Aires, el resto del país sigue expectante las consecuencias de esa situación que implica la arquitectura del país en torno a una ciudad capital. (Discurso de apertura de la III Asamblea extraordinaria del CFE, 1976)

Tedesco *et al.* (1983) describen las ideas educativas que circularon en las sucesivas gestiones a cargo del Ministerio de Educación en las que los fundamentos pedagógicos fueron acentuando el lugar del control y el orden. Los autores señalan que el ministro Bruera planteó la necesidad de reflexionar sobre los fundamentos de la acción educativa, buscando en los teóricos de la pedagogía institucional y el personalismo, los aportes necesarios para asegurar lo que él definía como "una teoría que otorgue garantía ideológica a la participación" en los procesos formativos. La garantía estaba dada por los valores sostenidos por el personalismo pedagógico: moralidad, dignidad,

---

33. Pablo Bruera fue el primer ministro de Educación de la dictadura militar que gobernó el país entre 1976 y 1983.

intimidad, vocación, creatividad, singularidad, que ponen el acento en el desarrollo espiritual del ser humano. El personalismo como corriente filosófica sostiene el valor de la persona, portadora de un destino eterno cuya meta final es la trascendencia. Por ese motivo, esta corriente puede contribuir al desarrollo del espíritu a través del vínculo entre docentes y alumnos para que éstos puedan optimizar su propia personalidad. Sin embargo, estas ideas se contradecían en parte con los "valores" del proyecto político de la dictadura. Tedesco recupera una entrevista de la época a Bruera en la que sostiene que el orden y la disciplina eran un *pre requisito* para la realización de sus postulados.

En las sucesivas gestiones a cargo del Ministerio, el orden no fue un prerrequisito sino *un fin en sí mismo* expresado conjuntamente con valores del tradicionalismo católico a través de dos principios ordenadores básicos: la desconfianza hacia el Estado y la revalorización de la familia como agente educador natural y la definición de fines y objetivos de la acción pedagógica en términos éticos-políticos opuestos a los científico-técnicos. Tedesco *et al.* (1983) sostienen que en estos años se vivió una paradoja: desconfiando del Estado terminaron controlando a partir de él, porque la familia y la iglesia dejaban de ser la garantía que representaron en otros momentos históricos. Como señalamos en el capítulo anterior, el quiebre en las orientaciones educativas no se produce el 24 de marzo de 1976, sino en años anteriores en la gestión de Ivanissevich quien detiene las acciones del anterior ministro Taiana impulsadas para diferentes sectores de la educación, especialmente para la educación de adultos, la educación agraria, la comunicación social con experiencias de vanguardia (Puiggrós, 1999). De esta manera, no es posible evidenciar una sincronía temporal ni una coherencia interna durable en las sucesivas gestiones, por el contrario, las semejanzas de las propuestas de los sucesivos ministros estaban centradas en su carácter reactivo (Tedesco *et al.*, 1983).

Los ejes de las gestiones de los ministros de Educación de la dictadura –Bruera, Catalán, Llerena Amadeo, Burundarena, Licciardo– estuvieron caracterizados por la alta rotación de los equipos y las disputas internas entre los mismos que se manifiestan en la actuación que tuvieron al frente del Consejo.

El control y el orden expresado formal y prácticamente no fueron suficientes. El proceso dictatorial requirió de manera explícita la acción represiva en materia educativa del llamado "proceso de reorganización nacional" para consolidar el proyecto en marcha. Juan José Catalán fue el ministro de Educación que se planteó de manera explícita impulsar la lucha antisubversiva en todos los planos de la cultura y la educación. Elaboró un folleto distribuido en todos los establecimientos educativos[34] (Resolución N° 538, 1977) denominado "Subversión en el ámbito educativo. Conozcamos a nuestro enemigo", a partir del cual planteó la necesidad de incorporar en el ámbito educativo y en el plano pedagógico los conceptos de guerra, enemigo, subversión e infiltración. El documento estuvo destinado a directivos y docentes aclarando que, según la edad de los estudiantes, éstos debían conocerlo. El texto afirma:

> El llamado de la patria es claro y se debe responder a él; los educadores, más que cualquier otro sector de la ciudadanía, no pueden desoírlo, antes bien se interpone como una misión a cumplir. Muchos argentinos han entregado sus vidas enfrentando a la subversión y ello no tendría sentido si no se hace realidad en la acción docente esta exigencia de nuestros días. (Resolución N° 538, 1977)

Las exigencias a la acción docente estaban desplegadas en las indicaciones que daba el documento para reconocer a la persona que conciliase ideas marxistas, comunistas o subversivas. Para ello, presenta ejemplos de frases de la vida educativa que pueden asociarse a esa filiación:

* "Que no haya limitación para el ingreso"
* "Que todos puedan estudiar"
* "Que exista autonomía universitaria"
* "Que tal o cual profesor eliminó en un examen al 50% del curso"
* "Que no hay libertad de expresión ni diálogo"
* "Que no se atienden las necesidades estudiantiles"
* "Que el deporte universitario está mal encarado"
* "Comedor universitario"
* "Suspensión del examen de ingreso"
* "Aumento de presupuesto universitario" (Resolución N° 538, 1977).

De esta forma, el documento explica la "estrategia particular de la subversión en el sistema educativo" identificando actores, contenidos y prácticas educativas que pueden ser subversivas. Las estrategias represivas y discriminadoras puestas en marcha por el estado autoritario en materia educativa se propusieron eliminar los elementos democráticos, y romper el modelo de escuela única e igualitaria históricamente presente en la educación

---

34. Ministerio de Educación Resolución 538/77, Documento "Subversión en el ámbito educativo. Conozcamos a nuestro enemigo".

argentina (Pineau, 2014). Este período se caracterizó por la convivencia de políticas autoritarias, tecnocráticas, basadas en el desarrollo natural de las sociedades hacia el bien común que sostuvieron la neutralidad de la acción educativa (Puiggrós, 1999; Southwell, 1997; Tedesco *et al.*, 1983). Los flagelos planteados por Puiggrós en torno a la crisis económico-social y las políticas de corte neoliberal que sostuvo el Estado, sumergieron al país en una profunda crisis en la que el sistema educativo no definió políticas orgánicamente articuladas para los problemas que describieron los responsables de la conducción durante su gobierno: deserción, baja matrícula, no cobertura de las necesidades educativas.

La dictadura valora la educación de una manera particular, sostiene la importancia para la construcción nacional, pero al mismo tiempo la reconoce como un factor de riesgo que necesita ser controlado. Ese control no sucede únicamente en el plano ideológico, sino también en los principios tecnocráticos presentes en el discurso pedagógico de la época. La consolidación de discursos asociados a la "racionalidad" técnica de las disciplinas que conforman la formación del docente provocaron una "fragmentación que parcela la práctica pedagógica a intervenciones acotadas, sin una adecuada profundización acerca de los fines ni una contextualización en los proyectos sociales globales" (Southwell, 1997, p. 135).

Las sucesivas gestiones del Ministerio de Educación sólo adoptaron medidas para los temas más urgentes de la coyuntura económico-social impuesta por las políticas de reducción del Estado: la transferencia de los servicios educativos a las provincias y los problemas administrativos. Suscribieron a préstamos internacionales para mejorar la infraestructura edilicia y el equipamiento, y establecieron mayor control burocrático del personal docente. Se trató de un gobierno del sistema con creciente complejidad burocrática y decreciente participación de sus actores que provocó la segmentación y/o disminución de la oferta educativa con un personal docente con formación y reconocimiento heterogéneo (Tedesco *et al.*, 1983). Las consecuencias de estas políticas se sostuvieron durante las dos décadas siguientes, profundizándose con las políticas neoliberales de la década de 1990.

2. Actuación del Consejo Federal de Educación en temas de formación docente

En consonancia con las características de la política educativa del período, el CFE continuó con el objetivo fundacional: ser un órgano de coordinación entre las provincias y la nación para la definición de los acuerdos y expresión formal de los principios descritos en el apartado anterior. Las exigencias de la dictadura hicieron que se fusionase con otro organismo similar, el Consejo Federal de Coordinación Cultural. En el año 1979, el ministro Llerena Amadeo impulsa la creación del Consejo Federal de Cultura y Educación (CFE),[35] organismo que se propone sustituir y fusionar a los actuales Consejo Federal de Educación (Ley N° 19.682, 1972) y Consejo Federal de Coordinación Cultural (Ley N° 19.473, 1972).

La unificación de ambos Consejos fortalece el control ideológico sobre la cultura y la educación. El artículo 1° de la Ley 22.047 (1979) le otorga al CFE esta función: "(…) para asegurar el desarrollo educativo y la vigencia de la cultura nacional como la consolidación de los valores éticos cristianos de la tradición del país". A partir de esa fecha, con cambio de denominación y concentración de funciones, la coordinación avanzó hacia las políticas culturales por entender, como veremos más adelante, que se trata de un espacio potencial de "inculcación ideológica extranjerizante". El ministro Bruera lo manifestó en la Asamblea ordinaria del 10 de mayo de 1976 en Tucumán:

Estamos en un país subvertido, en donde el trastocamiento general de todos los órdenes sociales nos ha llevado a una situación de emergencia nacional. Esta emergencia nacional hace que, al analizar el cuadro real de la situación, nos encontramos con que todo lo que debiera estar arriba, esté abajo y viceversa. Esto, en términos claros, es exactamente subversión. Frente a un problema armado de la subversión, frente a una situación de guerrilla concreta, el país enfrenta en estos momentos esta profunda emergencia que es de una profunda subversión, particularmente en el sistema educativo. (Acta de III Asamblea extraordinaria del CFE, 1976)

La preocupación por el control ideológico y político se mantuvo con vigor durante todo el período. En la mayoría de las asambleas los representantes de las provincias, los gobernadores o el ministro de Educación que las presidía, hacían referencia explícita al tema. En septiembre de 1976, en la V reunión ordinaria de la Asamblea General realizada en Tucumán con la presencia de las autoridades del Consejo y el gobernador Antonio Domingo Bussi, el Secretario de Cultura y Educación de la provincia sostuvo que el sistema educativo debería ponerse "a la altura de las grandes requisitorias nacionales en función de la trascendente escala de valores Dios, Patria y Hogar. Dios, como fin de nuestro destino trascendente; patria como síntesis de todas

---

35. Poder Ejecutivo Nacional. Ley 22.047 del 3 de agosto de 1979, creación del Consejo Federal de Cultura y Educación.

nuestras tradiciones y nuestro pasado histórico y hogar como fuente educadora insustituible" (Acta de la V Asamblea Extraordinaria del CFE, 1976).

Esta posición se tradujo en unas Recomendaciones de la Asamblea que definían los lineamientos políticos sobre los cuales se desarrolla el sistema educativo:

> Por su naturaleza la docencia *trasciende la categoría laboral: es vocación.* Ante todo, es reflexión y toma de conciencia, pues nadie puede enseñar ni orientar lo que no sabe, lo que no ha contemplado y es trabajo en la medida en que ejerce una acción que permite guiar a los educandos en el desarrollo de su proyecto personal de vida. El educador debe asumir el compromiso de cumplir con el fin de la educación, es decir, con la *formación integral y permanente del hombre, capaz de dirigir su conducta en función de su destino trascendente* como protagonista creador, crítico y transformador de la sociedad en que vive, al servicio del bien común conforme con los valores de *una moral cristiana, de la tradición nacional y de la dignidad del ser argentino* (…) Lograr la i*dentificación del docente con el Fin y Objetivos Generales de la Educación en la Nación Argentina,* aprobados en la V Asamblea Ordinaria del Consejo Federal de Educación en San Miguel de Tucumán en el año 1976 (...) Consolidar los valores que surgen de la "*concepción cristiana de la vida y las tradiciones de nuestra cultura*". (Recomendación N° 4 CFE, 1980)

El proyecto de ley sostiene que el nuevo Consejo Federal de Cultura y Educación tendrá la "misión de coordinar las diversas jurisdicciones en materia de desarrollo cultural y planificar, coordinar, asesorar y acordar en los aspectos de la Política Educativa Nacional".

Art. 2° - Son funciones del Consejo Federal de Cultura y Educación:

a) Proponer las políticas y las acciones que favorezcan el desarrollo cultural armónico del país, el mejoramiento integral de la educación y aconsejar la determinación de las prioridades correspondientes.

b) Coordinar y concertar las medidas necesarias para hacer efectivas en las distintas jurisdicciones las políticas adoptadas y las acciones consecuentes.

c) Promover medidas para que, a través de una labor coordinada y coherente de los organismos e instituciones –oficiales y privados–, se logre una racional utilización de los recursos humanos, económicos y tecnológicos.

d) Proponer las modificaciones que requiera la legislación vigente.

e) Evaluar los resultados logrados en la aplicación de las políticas y las acciones propuestas.

f) Acordar las exigencias mínimas para cada nivel educativo y el sistema de reconocimiento y equivalencia de estudios, certificados y títulos.

g) Proponer medidas para que la acción cultural y educativa estructure y consolide a través de las instituciones naturales y necesarias (familia, municipio, provincia, nación) y de organismos oficiales y privados representativos.

h) Dictar su reglamento Interno (Ley Nº 22.047, 1979).

Las funciones dan cuenta de un proceso de coordinación y control concentrado en el organismo que refuerza la presencia del gobierno y la familia a través de lo que llama "las instituciones naturales y necesarias". En el informe final de esa asamblea evidencian los valores del catolicismo tradicional hegemónico en la pedagogía autoritaria y se registra un pedido que enfatiza la preocupación por el control ideológico que deberá realizar el Consejo Federal de Educación: la atención sobre los medios masivos de comunicación. El representante de San Luis solicita acciones puntuales al respecto: "La intervención del Estado para controlar el desenvolvimiento de un medio masivo como la red de televisión argentina, ya que es causa de distorsión de los valores fundamentales que se han establecido como objetivos para la formación del pueblo" (Acta de la V Asamblea Extraordinaria del CFE).

Además de la preocupación por el control ideológico y político del orden social, el financiamiento de la educación formó parte del interés de las autoridades educativas. Como señaló el ministro Bruera en la reunión de la Asamblea, al problema de la falta de recursos, le corresponde actuar tomando endeudamiento externo, una acción consistente con la política neoliberal que estaba en marcha. Al respecto afirmó:

En segundo lugar, creo que los temas que se encadenaron con otros problemas angustiantes para todos, o sea, el económico-financiero, angustiante para las provincias y para la nación. Para que iniciemos este proceso tenemos que entender la real situación de emergencia en la que nos estamos moviendo. Los recursos nacionales no alcanzan en absoluto para empezar a solucionar, ni siquiera en parte, la situación total de país. (...) El señor gobernador de la provincia de Buenos Aires manifestó públicamente que la totalidad de la recaudación provincial no alcanza para pagar el 80 por ciento de los sueldos de los funcionarios de la administración pública. (...) Entiendo que no existe otra posibilidad para terminar con el problema, que no sea la de recurrir a préstamos internacionales amortizables en un plazo determinado de los cuales el país pueda hacerse responsable en el futuro. (Acta de III Asamblea extraordinaria del CFE, 1976)

En la III reunión de la Asamblea General se confiere a la comisión "Legislación educativa", la elaboración de los objetivos y fines de la educación, concepciones y agentes. Si bien no disponemos de ese documento, es posible identificar a partir de los discursos en las asambleas, la preocupación por su definición de acuerdo a los valores del proceso en marcha. En el documento del 10 de mayo de 1976, el CFE distribuyó el temario de las comisiones de: Coordinación de acciones; Recursos humanos, económicos y tecnológicos; Legislación educativa; Contenidos mínimos y la de Pautas presupuestarias. Se advierte la continuidad en la denominación de la comisión que interviene en la formación docente desde 1972, la "Comisión de recursos humanos, económicos y tecnológicos".

Estas comisiones fueron las encargadas de realizar el trabajo técnico para la discusión en las reuniones plenarias. Además, el relevamiento realizado da cuenta del trabajo con informes producidos en otras áreas de gobierno que vinculan a la educación, los recursos humanos y la formación para el mundo del trabajo.[36]

Durante todo el período, el CFE fue el escenario donde se puso de manifiesto la *permanencia* y *evolución* de los "valores" de la dictadura sobre los cuales se asentaron las políticas educativas. En cada reunión de la Asamblea General se ratificaba el núcleo de sentido de la acción educativa sostenido por el gobierno militar, al mismo tiempo que se presentaban algunos rasgos de los resultados favorables de la acción emprendida. En la VII Asamblea General de junio de 1979, en el discurso de apertura, el gobernador de Santa Fe, Vicealmirante Jorge Simini, sostuvo:

Después de más de tres años en el proceso de reorganización que nos convocara para volver a hacer surgir a nuestro país, podemos afirmar que ya estamos viviendo resultados positivos. Hoy ya somos un país erguido que con pujanza ha retornado a transitar los senderos históricos de grandeza que nos legaran y en tal sentido, debemos continuar en forma compartida la tarea para la que fuimos convocados. (Acta de VII Asamblea Extraordinaria del CFE, 1979)

El funcionamiento del CFE garantizó una plataforma de coordinación política sobre la acción de todas las jurisdicciones a los fines de reafirmar los valores de la educación, la misión de los maestros y el tipo de comporta-

---

36. Ver: Asamblea Ordinaria (1980). *La educación, los recursos humanos y el mundo del trabajo.*

miento que se esperaba de ellos. Como presentamos en párrafos anteriores, el control ideológico operaba adentro y afuera de la escuela, en los procesos de formación y en el ejercicio de la docencia. Sobre el funcionamiento general del sistema operó la descentralización y los mecanismos de planificación asociados a la distribución eficiente de recursos humanos y materiales. Sobre los procesos formativos, en el plano del curriculum y en las aulas, operó el control ideológico sobre una figura de maestro que sostendría el legado vocacional del normalismo para sostener un maestro ejemplar, conducente y efectivo en su tarea de formar a los niños y jóvenes.

3. La organización de la formación docente

La organización de la formación docente continúa con las características del período anterior, se realiza en Escuelas Normales e institutos de formación docente. Los objetivos de la formación docente, expresan con claridad el alineamiento a la política autoritaria de la dictadura militar. Un docente formado debía evidenciar disposición al orden y eficiencia, vocación de servicio y obediencia, valores de la concepción cristiana de la vida y tradiciones de la cultura nacional. El discurso del Ministro de Educación Llerena Amadeo de agosto de 1980 afirma estos principios:

Si la tarea de orientación, de guía del proceso de perfeccionamiento integral del hombre que realiza el educador se basa en esta concepción, entonces, el resultado a que se llegue justificará cualquier esfuerzo. Tal resultado será un hombre culto, desarrollado íntegra y armoniosamente, capaz de dirigir su ser y su obrar, cumpliendo su vocación con un sentido ético trascendente de la vida, el cual señala dos objetivos finales: el recto cumplimiento de sus deberes y obligaciones en la vida temporal y el logro de la vida eterna. (Acta I Asamblea Extraordinaria, 1980)

Los principios ordenadores de la formación se traducen en objetivos que debe cumplir un docente formado destacándose la identificación del docente con el "Fin y Objetivos generales de la Educación de la Nación Argentina" aprobados en la V Asamblea Ordinaria del CFE en San Miguel de Tucumán en el año 1976.

Los objetivos específicos de la formación son consecuentes con los principios y objetivos generales y expresan los comportamientos que se espera posean al finalizar la formación los denominados "alumnos-maestros". En la mayoría, se incluye una dimensión axiológica asociada a una responsabilidad de la función.

Durante este período el organismo cumplió con la tarea de establecer los contenidos mínimos para cada nivel. Si bien en los objetivos de la ley de fusión del CFE no figura explícitamente la definición de los contenidos mínimos, sí están las referencias a las "exigencias mínimas" de los niveles, las comisiones del organismo elaboran contenidos mínimos. El binomio de descentralización *administrativa y contenidos mínimos* causaba controversias entre las autoridades provinciales. Varios documentos (Acta de Asamblea, 1979, 1980) señalaron un trabajo insistente en lograr una metodología para hacer efectiva la descentralización. Al respecto, el ministro de Educación del Chaco, Dr. Ernesto Maeder, afirmó:

> Desde esta perspectiva, es posible vislumbrar un camino más seguro para la política educativa argentina: el de la corresponsabilidad, que nace de todo régimen federal bien entendido. Sin embargo, algunos espíritus han expresado el temor de que un procedimiento como el actual pueda llevar a la desarticulación del sistema educativo, a una suerte de anarquía en política educativa. Otros, por el contrario, han hecho saber que la actual descentralización es insuficiente; que el sistema debe ser dejado en libertad para que cada provincia, y dentro de cada localidad estructure sus propios planes y programas, y de esa diversidad: derive la unidad nacional con mayor fuerza y hondura. (…) Nos parece que ambos planteos exageran sus temores y sus confianzas y que lo atinado es, tal como lo ha entendido siempre este Consejo, fijar para toda la Nación los fines y objetivos generales de la educación y los específicos de cada nivel y ciclo. Establecer los contenidos mínimos de cada uno de ellos, así como el sistema de articulación entre los mismos y las condiciones y normas para el reconocimiento de certificaciones, grados, títulos y habilitaciones profesionales. Si estos contenidos mínimos como las restantes bases son genéricos sin por ello ser vacíos, les queda a las provincias margen suficiente para incluir allí sus legítimas preferencias o necesidades regionales. Esa unidad asegurará la centralización normativa y la conveniente descentralización operativa que reclama la realidad del país. (Acta I Asamblea Extraordinaria, 1980)

No obstante, dada la importancia sobre la descentralización y la definición de los contenidos mínimos, podemos afirmar que el peso mayor estaba dado en el debate ideológico de los contenidos más que en el respeto a las identidades regionales. La descentralización no propició mayores niveles de participación de los involucrados en el diseño curricular, "la adaptación no siempre estuvo dinamizada por requerimientos culturales locales sino por debates ideológicos generales" (Tedesco, 1983, p. 53).

Las definiciones políticas expresadas en los objetivos de la formación, se tradujeron en un conjunto de contenidos mínimos establecidos por el CFE

que pasarán a integrar los planes de estudio elaborados por el Ministerio
de Educación.

4. El curriculum de la formación docente

Las definiciones curriculares del CFE se organizaron en base al control ideológico expresados en la finalidad de la formación y a una visión tecnocrática sostenida en el carácter científico requerido para las propuestas. La Resolución N° 11 de 1980 lo explicita con claridad:

> El currículo para la formación docente debe atender al principio que caracteriza la labor científica de nuestro tiempo: los sistemas de interrelaciones que fundamentan una amplia variedad de disciplinas y la convergencia de esquemas conceptuales y métodos de investigación que concluyen necesariamente en una mayor eficiencia de los medios que el pensamiento utiliza para configurar teoría e hipótesis explicativa de la realidad. (Resolución N° 11 CFE, 1980)

A partir de ello, el organismo definió los lineamientos curriculares incluyendo Fundamentos, Principios y Áreas. Respecto de los contenidos de la fundamentación, la Resolución CFE N° 11 de 1980 señala:

- Fundamentación filosófica
  El hombre como persona tiene una naturaleza individual con inteligencia y voluntad libre, abierta a la relación objetiva, social y trascendente capaz de explorar y cambiar el mundo que lo rodea. La educación exige un esquema axiológico sustentado en la aceptación de los valores occidentales y cristianos.

- Fundamentación pedagógica
  La educación es el proceso que permite que la persona alcance su máxima perfección posible de manera integral y permanente, en su significación profunda como enriquecimiento y unificación del ser y la vida humana. El centro de la acción educativa es el sujeto y que a su peculiar condición se adecuen la ayuda y orientación del educador con todos los recursos y técnicas.

- Fundamentación psicológica
  La formación integral de la personalidad no se realiza sino en el marco del proceso de personalización en un individuo que tiene rasgos propios, se siente comprometido por sus posibilidades personales y se ennoblece por el hecho de vivir y obrar como persona.

- Fundamentación sociocultural

La formación de un educador con valores enraizados en la tradición patria, procurando por el bien común de la república y capaz de asumir el compromiso de conducir el proceso educativo para la realización del fin de la educación argentina.

A su vez, los fundamentos se basaban en un conjunto de principios:

- Personalización de la enseñanza.
- Educación permanente.
- Interdisciplinariedad del conocimiento.
- Identidad e integración nacional.

Tabla 1

Clasificación en áreas de conocimiento del plan de estudios nacional para la formación del magisterio de 1982 (Resolución Ministerial N° 146, 1982).

Áreas de conocimiento		Planes de Estudio Res. Ministerial N° 146/82
Formación general		
Formación profesional	Materias teóricas	- Filosofía de la Educación (4 hs) - Pedagogía (4 hs) - Psicología evolutiva (4 hs) - Psicología educacional (4 hs) - Historia y política de la educación argentina (2 hs) - Ética y deontología profesional (2 hs)
	Materias técnicas	- Didáctica general (4 hs) - Organización y administración escolar (2 hs) - Lengua y su didáctica (4 hs) - Matemática y su didáctica (3 hs) - Cs. Sociales y su didáctica (3 hs) - Cs. Biológicas y su didáctica (3 hs) - Cs. Físico-químicas y su didáctica (3 hs) - Educación física y su didáctica (3 hs) - Actividades plásticas y su didáctica (3 hs) - Educación musical y su didáctica (2 hs)
	Investigación	
	Práctica	- Observación y práctica (8 hs) - Residencia (1 cuatrimestre)
	Electivas	
La Disciplina		

Fuente: R.M. 146/82, Centro de Documentación, Ministerio de Cultura y Educación de la Nación. Davini (1998).

Define las áreas como la interrelación de disciplinas afines a partir de ejes comunes. La estructura curricular propuesta plantea la organización sistemática y correlativa de los elementos del curriculum que atiendan a los principios de la fundamentación nombrando las temáticas de las asignaturas que conforman los planes vigentes.

Los lineamientos curriculares establecidos por el CFE se tradujeron en la modificación del plan de estudios vigente. Conforme al marco ideológico asumido por el gobierno autoritario, los cambios se formalizaron en la Resolución Ministerial 538/1980 y la Resolución Ministerial 146/82. Incorporan Ética y deontología profesional y las disciplinas clásicas como la Didáctica general que reemplaza a "Planeamiento, conducción y evaluación del aprendizaje".

La propuesta integra la visión tecnocrática de la enseñanza con el control ideológico impuesto por la dictadura, explicitada en una formación teórica que antecede a la práctica, como parte de una acción científicamente validada. De esta forma, la formación prevé que la conducción del proceso de aprendizaje sucede a través de la aplicación de los conocimientos de las áreas que fundamentan la acción educativa.

4.1. Las prácticas en la formación docente

La formación en la práctica está asentada fuertemente en los principios normalistas, ya sea por el valor expresamente reconocido o por dotar de autonomía la organización de ese espacio. Los planes de estudio incluyen contenidos de nivel superior, que la formación del normalismo en el nivel medio no ofrecía, siendo las prácticas y residencias los espacios para la aplicación de las teorías incorporadas a la formación. Si bien la Resolución de 1980 incorpora precisiones para el sub-área de Práctica y Residencia, el plan de estudios de 1982 formaliza por primera vez los objetivos de este espacio:

SUB-ÁREA DE PRÁCTICA Y RESIDENCIA

El eje central del sub-área de Práctica y Residencia es la inserción del alumno en la escuela primaria desde la iniciación del período de formación docente con el fin de aplicar los contenidos teóricos y prácticos en la realidad escolar.

Objetivos:

Lograr que el alumno:

- Integre en la conducción del proceso de enseñanza-aprendizaje, los conocimientos y habilidades adquiridas a través de la formación personal y profesional.
- Aplique los métodos y las técnicas adquiridas para planificar, conducir, orientar y evaluar el proceso de enseñanza-aprendizaje.
- Adecue su preparación profesional a las características de la realidad educativa en la que se desempeña.
- Tome conciencia de sus responsabilidades en el ejercicio de la docencia.

El sub-área de Práctica y Residencia abarca:

Observación y práctica I comprende: Observación, participación y colaboración progresiva en tareas docentes y administrativo-docentes de un maestro de grado. Prácticas en Lengua, Matemática y Ciencias Sociales.

Observación y práctica II comprende: Observación, participación y colaboración progresiva en tareas docentes y administrativo-docentes de un maestro de grado. Prácticas en los distintos ciclos de todas las áreas o disciplinas del curriculum del nivel primario.

Residencia comprende: Adaptación y participación total en tareas docentes y administrativo-docentes de un maestro de grado. Conducción de dos grados de diferentes ciclos primarios.

"Las actividades del sub-área de práctica y residencia son eminentemente prácticas".

En Observación y práctica I y II se promoverá el alumno, que, finalizado el curso, obtenga por lo menos, concepto "Bueno".

La aprobación de la Residencia implica haber obtenido promedio de aprobación en la conducción de los dos grados no inferior a "Bueno".

(Resolución Ministerial 146, 1982)

La secuencia de aprendizajes esperados de los alumnos en las prácticas se organiza en torno a la *integración, aplicación, adecuación* y *toma de consciencia*. Forman parte de una responsabilidad personal cuyo énfasis está puesto en la aplicación, comportamiento visible en ese proceso y tiene su correspondencia, en un desempeño interiorizado por parte del estudiante, en torno al imperativo de la responsabilidad que conlleva la tarea.

La descripción de actividades da cuenta de una secuencia de intervenciones predominantemente administrativas o desempeños no vinculados directamente con el conocimiento. De esta forma, la "práctica" es un espacio de la formación para la *adaptación* a las *tareas docentes* y *administrativo-docentes* que devienen de una progresividad asentada en la observación, desempeños parciales en tareas asignadas. La enseñanza, concebida en términos de *proceso de enseñanza-aprendizaje*, refiere a las tareas de planeamiento, conducción y evaluación de los aprendizajes, que se despliega en el "proceso" de ligazón unívoca entre ambas prácticas. Esta matriz conceptual conformará la herencia que estas propuestas curriculares legarán a la tradición formadora de docentes.

Un rasgo destacable refiere a la calificación de la práctica. Todo lo que allí suceda, debe ser mínimamente "bueno" tal como lo establecen las pautas de evaluación. Con estas características, la conformación de las Prácticas y Residencias se asientan en la tradición normalista, reconocida por las regulaciones, en las que se sostiene el trabajo ejemplar y efectivo. Las tareas señaladas son escasas y de corte administrativo-burocráticas. Estos atributos nos llevan a buscar, en los departamentos de aplicación de las Escuelas Normales, las huellas de estas prioridades generadas en la concepción de la práctica como amaestramiento.

La renovación de planes de estudio en el contexto de una formación de nivel superior no revirtió las características generales de la práctica, la recuperó como la parte más valiosa del legado recibido tal como lo señalamos en los párrafos precedentes. La ausencia de renovadas indicaciones para las prácticas en los planes de estudio elaborados durante las décadas del setenta y del ochenta puede ser entendida como el reconocimiento dado a ese tipo de formación práctica. Las normas señalan la delegación de la regulación de este espacio a los organismos de conducción. En esta configuración está implícita la continuidad de la concepción de la *práctica como amaestramiento* a las teorías.

Las expectativas sobre el CFE están dadas en torno al control bajo la forma de concertación de acuerdos básicos que permitieran la integración de políticas para la educación, entre ellos los contenidos mínimos. Los documentos relevados no dan indicios sobre las dificultades para establecer los acuerdos, sin embargo, hacia finales de 1982, se advierte que los acuerdos no garantizarán políticas homogéneas sino que se evidencia una *dispersión en materia curricular* muy importante entre las provincias.

El documento "Síntesis de las acciones del CFE 1976-1983" (Documento 9, s/f) resume las actuaciones en formación docente informadas por las jurisdicciones que se hicieron según las recomendaciones del organismo en ese período. Describimos las que tuvieron impacto en la formación de los docentes a partir de la aprobación del plan de estudios del Profesorado para la enseñanza primaria, Resolución 146/82, que realizó el Ministerio de Educación de la Nación siguiendo la Recomendación 7 del CFE y la aprobación del plan de estudios del Profesorado de educación pre-escolar,

Resolución 2021/82. El estado de situación de la formación docente a nivel nacional es el siguiente:

- La provincia de Buenos Aires realizó acciones de revisión del ingreso a la formación docente, el funcionamiento de los institutos superiores y la revisión de contenidos de la educación primaria. Además, se promovieron las revisiones de los planes de estudio de maestros normales y la elaboración de normas para facilitar las residencias de "alumnos nacionales" en escuelas provinciales.
- La provincia de Córdoba aprobó con carácter experimental planes de estudio para la formación docente para el nivel primario en institutos superiores de la provincia y adecuación entre los existentes como modificaciones al bachillerato pedagógico que articula con el nivel superior.
- La provincia de Corrientes puso en funcionamiento la comisión de elaboración de planes de estudio de profesorado que empezarán en el ciclo lectivo 1983.
- En Chaco se crearon los planes de estudio para profesorados para la educación primaria y preescolar y especial.
- Chubut, elaboró el perfil docente para el profesorado para el nivel primario provincial y tanto Santa Fe como Entre Ríos con sus dos profesorados para la enseñanza primaria, en consonancia con las recomendaciones del CFE.
- La provincia de Formosa tiene cinco institutos que dictan el profesorado para la enseñanza primaria sin señalar las características de los planes de estudio.
- En Jujuy pusieron en marcha la adecuación de los planes de estudio con un año de formación general común a todas las carreras.
- La Pampa, Mendoza, San Juan y La Rioja informan que no cuentan con institutos provinciales de educación superior.
- En Misiones se constituyó una comisión *ad hoc* para estudiar las recomendaciones.
- En Neuquén se conformó una comisión con la participación de los institutos superiores para elaborar los lineamientos para la formación docente en base a las recomendaciones del CFE.
- Río Negro adoptó el documento "Pautas básicas para el nivel primario" y sobre esto ha adecuado los planes de estudio.
- La provincia de Salta no aplica las pautas por tener un solo instituto de reciente creación.
- San Luis manifiesta estar en proceso de elaboración de planes de estudio.

- La provincia de Santa Cruz informa que tiene dos institutos, uno de ellos de reciente creación y a la fecha estuvieron en proceso de análisis de pautas.
- En Santiago del Estero se modificaron los planes de acuerdo a las recomendaciones del CFE y se aplican desde 1982.
- Tucumán, Tierra del Fuego y Ciudad de Buenos Aires no cuentan con institutos provinciales de educación superior docente.

La acción del CFE no logra efectividad técnica en la adecuación de todos los planes de estudio, sin embargo, su acción política concentra el interés de los responsables del sistema educativo para garantizar la finalidad de la dictadura cívico-militar que gobernó el país en esos años.

CAPÍTULO 6

El Consejo Federal de Educación.
Tercer período 1983-2002

Primera etapa: 1983-1989.
La recuperación democrática

El golpe de Estado de 1976 impactó en una acción represiva inmediata sobre el sistema educativo, de control ideológico y vaciamiento de recursos. A pesar de las diferentes finalidades políticas que marcaron los períodos anteriores, el Consejo Federal de Educación mantuvo su estructura, modalidad de funcionamiento y por sobre todo, el objetivo original de concertación y coordinación del gobierno del sistema. No obstante, los documentos relevados dan cuenta de que reflejó fundamentalmente los vaivenes de la vida política nacional en materia educativa y durante la dictadura, fue el escenario propicio para la coordinación efectiva de las políticas autoritarias y pauperización del sistema educativo.

El CFE, durante el gobierno de facto, elaboró lineamientos curriculares para la formación docente que impactaron en la modificación de los planes de estudio elaborados por el Ministerio de Educación, manteniendo la institucionalidad de la modelización en los procesos formativos. Por primera vez estos documentos presentan definiciones sobre la formación en la práctica manteniendo una secuencia de *integración*, *aplicación*, *adecuación* y *toma de consciencia* del futuro trabajo docente.

1. El contexto

La llegada de la democracia en 1983 constituyó el inicio de un proceso de recomposición económica, política y social del país, sin embargo, para la conducción de la política educativa, se trataba de llevar adelante en esa área "un proceso fundacional". Los estudios de la ciencia política denominaron al período alfonsinista como un momento de realización de diagnósticos y de implementación de políticas "de transición" llamado "transición democrática",[37] en el que no pudieron avanzar en la recomposición del lugar central del Estado, sino que sirvieron de puente hacia la implementación de políticas corte neoliberal que definitivamente posicionaron al Estado en los años noventa (Wanschelbaum, 2013). Sin embargo, la autora define al conjunto de políticas educativas de la época como "el proyecto educativo democrático" (PED) que se propuso objetivos tendientes a revertir la situación heredada y a eliminar el autoritarismo, en donde la educación fue una estrategia fundamental para la formación de los valores de la democracia representativa y republicana. Las transformaciones operaron sobre la democratización de las instituciones, la eliminación del autoritarismo en todas las dimensiones del sistema y la implementación de políticas que favorecieron el crecimiento de la matrícula en todos los niveles del sistema educativo y en la universidad. Sin embargo, los cambios no fueron profundos. Los debates del Congreso Pedagógico Nacional (CPN) no confluyeron en políticas activas que implicasen cambios sustantivos (Míguez, 2014; Puiggrós, 1999; Wanschelbaum, 2013).

El Congreso Pedagógico Nacional fue convocado mediante la Ley 23.114 del año 1984. Los objetivos allí expresados se organizaron en torno a la creación de un estado de opinión sobre la importancia y trascendencia de la educación en la vida de la República, que permiten recoger y valorar las opiniones de las personas y sectores interesados en el ordenamiento educativo y su desenvolvimiento. El CPN permitiría plantear, estudiar y dilucidar los diversos problemas, dificultades y limitaciones de la educación. Conducido por las autoridades del Ministerio de Educación y el Congreso de la Nación, se propuso una organización que garantizara la participación de todos los sectores de la sociedad. Se diseñaron y realizaron asambleas regionales y provinciales en diferentes ciudades del país y una asamblea nacional. Al año de su convocatoria, se establecieron las pautas de organización del trabajo y fue inaugurado en 1986. Wanschelbaum (2013) señala que Alfonsín expresó

---

37. Ver Lesgart (2003). Allí la autora sostiene que, convertida en macro modelo, la fórmula transición a la democracia procuró describir, explicar y evaluar una amplia gama de fenómenos. Por lo que, poco tiempo después, ella se convirtió en marco de referencia conceptual omniabarcativo a través del cual se describieron y compararon diferentes sistemas políticos, aun entre procesos lejanos experiencialmente. Así, se nombraron con el mismo término los procesos políticos de Europa del sur (España, Grecia y Portugal) los cuales fueron comparados con los del Cono Sur en particular, y con los de América Latina en general.

　　　　　　　　　　　　　　　　　　　　Capítulo 6

en su discurso inaugural que una de las funciones del Congreso sería establecer las pautas para el sistema educacional del futuro.

La autora sostiene que, a pesar de haber sido concebido para garantizar la participación popular, el Congreso fue hegemonizado por los sectores religiosos católicos y los grupos empresarios, quienes dominaron los debates e impusieron sus posiciones. Resultó un espacio de concertación entre corporaciones, partidos políticos y Estado, siendo la iglesia la corporación que hegemonizó los debates y decisiones. Wanschelbaum lo sintetiza de esta manera:

> En los debates del Congreso, se enfrentaron posturas antagónicas con relación a: centralismo o federalismo, principalidad del estado o subsidiariedad, educación pública o privada. Las propuestas más votadas por los delegados fueron, entre otras, la definición de la persona humana con un sentido trascendente, la descentralización del sistema educativo y la extensión de la obligatoriedad de la enseñanza. Asimismo, en las conclusiones finales puede observarse la imposición de las concepciones educativas de los sectores religiosos. Las ideas que hegemonizaron el espacio fueron las defendidas históricamente por la iglesia católica: la familia como agente natural y primario de educación, y la introducción de la enseñanza religiosa en escuelas estatales. (Wanschelbaum, 2013, p. 91)

Los aportes del CPN estuvieron en sintonía con parte de las voces gubernamentales. En el Ministerio de Educación y Justicia convivieron sectores radicales modernos y democráticos con otros conservadores, quienes fueron los que dificultaron que el gobierno tuviera una política decididamente transformadora del sistema educativo nacional para eliminar las causas que provocaron la segmentación y la desarticulación del sistema generadora de una réplica de la segmentación social (Puiggrós, 1999; Wanschelbaum, 2013). La "década perdida",[38] como se conoce a la década de 1980 en América Latina, reunió en un complejo proceso la recuperación democrática con una profunda crisis económica que produjo un deterioro en la oferta educativa y en las condiciones de vida de la población (Tedesco, 2012).

En ese contexto, el Ministerio de Educación y Justicia reincorporó a los docentes separados por razones políticas, gremiales o ideológicas en el gobierno militar anterior, creó la Dirección Nacional de Educación Superior, para abarcar dos ejes centrales: la formación docente, la actualización y el perfeccionamiento. En cuanto a la jerarquización y recomposición salarial, puede afirmarse que fue la deuda del gobierno radical con los trabajadores

---

38. Ver CEPAL (1996).

de la educación, que lograron un consenso mayoritario para la defensa de sus reclamos expresándose en la Marcha Blanca de 1988 (Puiggrós, 1999; Wanschelbaum, 2013).

Nardacchione (2010) afirma que el gobierno, al intentar renovar los principios de la escuela pública, terminó viabilizando las transformaciones propuestas de las últimas dictaduras y, al abrir una amplia participación ciudadana, cedió a los imperativos de un sector corporativo del sistema, las escuelas privadas y católicas.[39] Esto implicó un consenso vago que incorporaba las posiciones descentralizadoras y subsidiarias de la educación. Se resistió solamente la introducción de la educación religiosa en la escuela pública y el aumento de subsidios del Estado a los privados. De esta manera, el gobierno tendrá con los resultados del CPN la consolidación de la autonomía del sector privado-confesional y la continuación de las políticas de descentralización de las últimas décadas. Estas serán las bases sobre las que se afirmará la necesidad de una nueva ley de educación que el gobierno de Carlos Menem concretará en 1994.

Hasta 1983 describimos el pensamiento pedagógico vigente en el campo de la educación que las normas del CFE recuperaron en sus textos a través de la definición de sus objetos, fundamentos y alcances para la educación, especialmente la formación docente. La compleja trama de la vida social que se inicia con la recuperación democrática no puede ser explicada sólo desde el discurso pedagógico oficial de la época ya que la recomposición de las instituciones generó una reconfiguración del campo educativo.

En este período sucedió un cambio estructural en el campo de la educación a partir de una serie de transformaciones en la producción y distribución del conocimiento en el contexto de recuperación de la vida democrática. En consonancia con la transformación del campo, la apertura democrática promovió la formación de jóvenes intelectuales y expertos de la educación, y su posterior trayectoria en diferentes organismos de gobierno y agencias de producción de conocimiento educativo (Neiburg y Plotkin, 2004). La producción de conocimiento especializado para la formación docente no está exenta a este proceso, desde los orígenes del sistema educativo se ha desarrollado una dinámica similar. Sin lugar a dudas, la vuelta a la democracia afianzó estos procesos, por ese motivo resulta importante indicar sus características principales en este apartado del trabajo.

Un estudio realizado por Palamidessi y Suasnábar (2007) señala las características de la transformación mencionada en el párrafo anterior: la

---

39. Nardacchione cita a Braslavsky (1989) y a Tenti Fanfani (1989).

aparición de nuevas agencias y el desarrollo de los centros académicos independientes; la reconstrucción de los planes de estudio de las carreras de Ciencias de la Educación, la renovación de profesores y la expansión de la matrícula durante el proceso de normalización universitaria, y asociado a lo anterior y a la complejización de las funciones tecno-burocráticas, se desplegó una progresiva diversificación del mercado laboral para los graduados de estas carreras. Estas consideraciones permiten comprender la trama que se vislumbra en los documentos elaborados en el CFE, no sólo desde lo conceptual, sino de las posiciones requeridas para la nueva formación docente.

La primera consideración en la estructuración del campo educativo fue la aparición de nuevas agencias y el desarrollo de los centros académicos independientes creados en el período inmediato anterior, los cuales constituyen un rasgo distintivo de la década de 1980: la Facultad Latinoamericana de Ciencias Sociales (FLACSO) desarrolló un programa de investigación sobre el nivel medio con el financiamiento del Centro Internacional de Investigaciones para el desarrollo canadiense (IDRC) y una propuesta de formación, definiendo una nueva agenda para los estudios del sector. El Centro de estudios de Población (CENEP) y la Fundación de Investigaciones Económicas (FIEL) desarrollaron diversas actividades en el área. En 1984, se creó la Academia Nacional de Educación que reunió a un heterogéneo grupo de figuras en un espacio institucional orientado a la difusión de ideas.

Palamidessi y Suasnábar (2007) afirman que estos nuevos actores se diferenciarán por el perfil profesional de sus agentes productores, las fuentes de financiamiento y su orientación ideológica, pero todos sostienen la voluntad explícita de intervenir en la definición de las políticas públicas con sus producciones o a través de la ocupación directa de puestos en las burocracias estatales. Además de estos agentes, los autores señalan que se incrementa la intervención de organismos internacionales como la Comisión Económica para América Latina (CEPAL), la UNESCO, el Banco Mundial (BM) y el Banco Interamericano de Desarrollo (BID). A través de proyectos como el Proyecto Principal de Educación para América Latina y el Caribe, y el Programa de las Naciones Unidas para el Desarrollo (PNUD), se generaron diversos estudios y diagnósticos sobre la evolución del sistema. En este punto, destacamos la continuidad de la presencia de los organismos internacionales cuya intervención se remonta a las agencias de planeamiento de la década de 1960.

Otra de las características del período es la reestructuración de las carreras de Ciencias de la Educación. La apertura democrática implicó la restitución de profesores de diferentes tradiciones en el ámbito universitario y la incorporación de los aportes de las corrientes críticas de las Ciencias Sociales para los estudios en el campo, configurando un escenario de renovación de la formación. Suasnábar y Palamidessi (2007) destacan que esta renovación de enfoque fue desigual y adoptó un carácter híbrido por la convivencia de la inclusión de nuevas perspectivas teóricas que cuestionan el lugar de la escuela en la construcción y sostenimiento del orden social, y las teorías generalistas y normativas, de tradicional presencia en las carreras.

De esta forma, en las universidades parece haber sido más fuerte la renovación en el plano ideológico político que en el plano de las capacidades técnicas y profesionales requeridas a los nuevos egresados. Los autores señalan dos indicadores de crecimiento: el aumento de la matrícula y la cantidad de investigaciones vinculadas a temas educativos. Respecto de los estudiantes registrados, en 1984 había 3.768 alumnos, 7.641 en 1991 y 10.892 en 2001 en las veintiséis universidades públicas que ofrecen la carrera. Un estudio realizado por Llomovatte (1992) indica que, a principios de 1990, de las seiscientas investigaciones registradas, las universidades nacionales, un núcleo de organismos estatales y un grupo de instituciones no gubernamentales concentradas en el área metropolitana, presentaban mayor reconocimiento de sus producciones como consecuencia de la reconfiguración operada en la década anterior.

La demanda de profesionalización de los agentes que requerían las áreas burocráticas del Estado estuvo asociada a una mayor diversificación del mercado laboral que tradicionalmente se ocupó en docencia o funciones técnicas. Se abrieron nuevas posibilidades en la actividad académica y aumentó la producción sistemática de conocimientos. Esta inicial tendencia en la ocupación laboral de los agentes, devino en la década del noventa en un proceso de convivencia entre actividades de asesoría y/o desarrollo y actividades académicas de producción de conocimiento (Suasnábar y Palamidessi, 2007).

La reconfiguración del campo educativo durante la segunda mitad de la década de 1980, estableció una serie dinámicas estructurales que se proyectan en algunas de las transformaciones de las décadas siguientes, no sólo por la participación de los actores sino, fundamentalmente, por la orientación ideológica de las propuestas que el Estado tomó para concretar las transformaciones estructurales del sistema educativo. Este proceso se desarrollará en un complejo juego de tensiones entre los agentes del campo y las agencias académicas y de la burocracia estatal que disputan –como lo han hecho hasta el momento– la hegemonía del discurso pedagógico para las definiciones orgánicas del sistema educativo. Las tres concepciones –la de la educación como un derecho de la familia, la educación como un derecho individual y la de la educación como un derecho social– están hoy presentes en la sociedad argentina y forman parte de las pugnas y disputas centrales de la política educativa actual (Paviglianiti y Echenique, 1993). Estas diferentes concepciones, que tienen como sustrato y fundamento distintas concepciones de la sociedad y el Estado, constituyen las grandes líneas divergentes de la política educacional argentina.

2. Actuación del Consejo Federal de Educación en temas de formación docente

Si bien el CPN congregó las discusiones sobre la educación, en esta etapa el Consejo Federal de Educación fue el escenario en el que las provincias con gobiernos justicialistas se confrontaron con el gobierno nacional por las políticas educativas (Puiggrós, 1999).

Uno de los documentos del CFE relevados, "Síntesis de la labor del CFE 1983-1989",[40] señala de manera sintética los temas abordados por las diferentes comisiones y manifiesta expresamente respecto de la reglamentación de su funcionamiento: "El artículo 6° de este Decreto debilita la competencia del Consejo Federal de Cultura y Educación y resulta especialmente irritativo para los Representantes Provinciales que ven cercenadas sus facultades".[41] Ese artículo refiere al cumplimiento de los acuerdos: "(…) el Comité Ejecutivo del Consejo Federal dará cumplimiento a las resoluciones de la Asamblea, *si las mismas cuentan con la aprobación posterior de los respectivos gobiernos*, de conformidad con sus ordenamientos institucionales" (Decreto 943, 1984, cursivas propias).

Esta posición tornó a las decisiones del propio consejo de un matiz deliberativo, ya que el Comité Ejecutivo requirió el acuerdo de los gobiernos de las jurisdicciones que lo integran para hacer efectivas las medidas tomadas en ese ámbito. Esto implicó complejizar la dinámica de su funcionamiento, incorporando a partir de ahora las lógicas particulares de cada jurisdicción para llegar a los acuerdos con el gobierno nacional. El documento da indicios de conflictividad en el funcionamiento del CFE para arribar a los mismos y más aún, para iniciar espacios de trabajo.

---

40. Documento elaborado por la Profesora Elsa Maldonado de Sastre (1989).

41. Decreto 943, 1984. El Comité Ejecutivo del Consejo Federal dará cumplimiento a las resoluciones de la Asamblea, si las mismas cuentan con la aprobación posterior de los respectivos gobiernos, de conformidad con sus ordenamientos institucionales.

Señala que hubo comisiones no convocadas como la de Articulación de niveles primario y medio y sistema de evaluación y promoción del nivel medio, estipulada por la Resolución N° 6 del 16 de mayo de 1986 de la IV Asamblea Ordinaria realizada en Mendoza. También se formalizan pedidos de las jurisdicciones sobre la necesidad de ordenar el funcionamiento de las comisiones e informar a las provincias en tiempo y forma de los temarios respectivos.

Algo similar sucedió con la Recomendación N° 9 del 16 de diciembre de 1988 de la VIII Asamblea Ordinaria de San Luis que aprueba el informe de la Comisión Especial de Coordinación Institucional, pero no se vuelve a reunir. De esta manera, se advierte que la actuación del CFE para dar respuestas a las demandas de las provincias tuvo en esa etapa un estilo más deliberativo y confrontativo y, en algún caso, aspiracional. Creado originalmente para la concertación, funcional a la actividad política de los gobiernos, en los primeros años de la democracia el CFE no aportó a la concertación esperada en sus objetivos. Cabe aclarar que mantuvo la estructura establecida en la dictadura militar en las que las acciones de cultura y educación formaban parte de la agenda del organismo.

El Ministerio de Educación fue el impulsor de la renovación de las propuestas de formación docente. La creación del plan de estudios "Magisterio de educación básica"[42] (MEB) y el Programa de Transformación para la Formación Docente (PTFD) son dos iniciativas impulsadas desde el Poder Ejecutivo y consideradas en el ámbito del Consejo. No se relevan propuestas significativas surgidas en ese ámbito, sino planteos de atención a las demandas regionales e institucionales. El documento señala que no se ha cumplido lo establecido por razones burocráticas o de administración del sistema educativo.

Esta situación de alto "nivel deliberativo con parálisis ejecutiva" del CFE se evidencia en otros temas de relevancia como la comisión permanente de lineamientos curriculares básicos (Recomendación N° 2 de septiembre de 1984 y Recomendación N° 9 de diciembre de 1985) y sobre política educativa (Recomendación N° 7 y 10 de diciembre 1985; Recomendación N°

---

42. El plan fue creado durante la gestión de Ovide Menin a cargo de la Dirección Nacional de Educación Superior. No se advierte tratamiento en el Consejo Federal de Cultura y Educación en ninguna de las comisiones, previo a su creación. Si bien muchas de ellas no funcionaron plenamente, tampoco está la discusión de su formulación en los temarios de las asambleas, salvo las consideraciones de la Recomendación 3/88. Las características de los planes de estudio serán abordadas en los capítulos siguientes.

1 de 1984). Sin embargo, de las sucesivas reuniones de una comisión sobre "Financiamiento y política laboral" surge el Nomenclador básico de funciones.

Tal como lo hemos señalado con anterioridad, el funcionamiento del organismo tuvo rasgos deliberativos más que impulsores de políticas integrales sin mayor participación en el curso de las acciones y sin incorporar nuevas preocupaciones en la agenda de la formación docente para intervenir sobre las condiciones concretas en las que se desarrollan las acciones. Las definiciones políticas sobre la formación docente operaron casi reactivamente a las políticas estatales, considerando al docente –en términos individuales o interindividuales[43]– como el efector modelo capaz de lograr desde el aula el direccionamiento requerido por las políticas. Para ello, se sostuvieron los modelos institucionales vigentes aún en el pasaje del magisterio al nivel superior. Los esfuerzos se concentraron en la coordinación que podía hacerse desde el CFE a nivel macro, naturalizando y legitimando el funcionamiento habitual de las instituciones.

3. La organización de la formación docente

Los cambios en las políticas de la formación docente impulsados por la conducción desde el poder ejecutivo en el ámbito del Ministerio de Educación fueron acompañados por el CFE, estableciendo una agenda de trabajo inercial, en tanto las preocupaciones se trataban en comisiones de trabajo, pero no proponían rupturas, ni conceptuales ni operativas, para modificar las condiciones institucionales y laborales de los procesos formativos.

4. El curriculum de la formación docente

El plan de estudios para la formación docente vigente en el período fue el aprobado por la Resolución 146/82 durante el gobierno militar. Sin embargo, se desarrollaron dos propuestas formativas, de carácter experimental en un universo acotado de instituciones, que se constituyeron en las primeras políticas de Estado que promueven, desde otra posición teórica y política, un cambio en la formación docente, "Maestros de Educación Básica" (MEB) (Resolución ME N° 530, 1988) y el "Programa Transformación de la formación docente" (PTFD). Como lo señalamos en capítulos anteriores, el CFE tuvo una actividad concomitante con el Ministerio de Educación, que más allá del diálogo entre los actores, se pone en evidencia en la documentación

---

43. Davini (1998) refiere a este concepto para aludir a una mirada centrada en el docente y en el alumno alejada de las condiciones materiales de trabajo.

elaborada por ambos organismos. Sucede, de manera lenta y poco coordinada, una serie de demandas entre ambos organismos.

En relación con lo anterior, el PTFD señala en sus fundamentos los requerimientos del CFE y el reconocimiento de ese ámbito como un espacio crucial para llevar a cabo las políticas que el Ministerio de Educación ha decidido: la federalización de la educación, la jerarquización de las instituciones educativas y la participación comunitaria. La crisis evidenciada en el sistema educativo requiere de la concertación de políticas y por eso las deficiencias señaladas por el CFE, la falta de reflexión antropológica y una concepción de la formación docente desvinculada de la función social de la escuela y de las situaciones histórico-políticas por las que atraviesa la sociedad, pueden ser resueltas a partir de propuestas como el MEB y el PTFD.

La organización curricular del MEB se asienta en un conjunto de principios básicos: constituirse en una propuesta de formación capaz de transformar el carácter verticalista de la gestión educativa por otra democrática, donde la participación sea una característica distintiva y suceda también con otros actores de la comunidad, es decir "extramuros"; proponer un curriculum regionalizable, que sea el medio para la construcción de acuerdos entre quienes lo desarrollan e integrado por un conjunto de módulos articulados por un número variable de unidades didácticas; incorporar a la investigación como método fundamental de aprendizaje y, por último, un conjunto de talleres electivos y un espacio y tiempo libres destinados a la capacidad de organización de quienes integran el curso.

Esta propuesta se asienta en la crítica a la formación de docentes, pero a la vez, valora la importancia de su acción en la vida social:

> Es que, pese a los embates que ha sufrido la pedagogía normativa como cuerpo teórico-metodológico centrado principalmente en la forma, así como sus modos de hacer la educación en el tramo general básico de la escolarización del niño, la maestra sigue siendo la "figura señera" que, si bien reclama un perfil nuevo para un quehacer cultural de neto carácter popular, la comunidad ama y respeta. (…) Los jóvenes ingresan ahora con la enseñanza media completa. Cursan dos años en una suerte de ámbito cerrado. Por un lado, las teorías de raíz idealista. Por el otro, las metodologías específicas para enseñar las asignaturas que figuran en los planes de las escuelas primarias. Aquí asoma, con toda su fuerza, la tradición escolar. (Curriculum de Maestros de Educación Básica, Resolución Ministerial N° 530, 1988)

Estas experiencias introdujeron en el curriculum de la formación docente una posición diferenciada respecto de la práctica, pero definidos con diferentes niveles de complejidad. Davini (1998) sostiene que al interior del propio documento curricular se enfatizan las múltiples funciones de la relación entre la formación teórica y la formación práctica profesional en pos de modificar las estrategias de transmisión dentro de un curriculum integrado. En este contexto, el énfasis está puesto en la necesidad de transformar, a partir de la formación y la enseñanza, la reproducción de las prácticas sociales y escolares. El PTFD señala la importancia de "formar profesores capaces de tomar decisiones fundamentadas ante los desafíos que les presenta la práctica cotidiana" docente (Documento Base, 1991).

Además, ambos programas remiten a la investigación e incluyen al docente en estos procesos. El MEB le adscribe la función de "docente-investigador" y el PTFD orienta la investigación como una de las funciones de las instituciones, pero no les atribuye a los maestros esa tarea. Estos dos proyectos presentaron una importante innovación, no sólo por la inclusión de marcos conceptuales provenientes de las corrientes críticas del pensamiento pedagógico, sino porque se incluye por primera vez en un curriculum la vinculación de la teoría con la práctica superando las visiones aplicacionistas de esa relación. Las prácticas docentes necesitan ser revisadas tanto en sus contenidos como en sus formas, para poder crear una nueva manera de intervenir que no favorezca la reproducción acrítica de la vida social y escolar. Cabe destacar que fueron suspendidos, en gran medida, por los nuevos lineamientos de la Ley Federal de Educación (1993) y la Ley de Transferencia de los servicios educativos a las provincias (1991), dando cuenta además de la dificultad del sistema educativo para incorporar referencias que desestabilicen las tradiciones conservadoras y burocráticas de la formación.

4.1. La formación en la práctica

Estas propuestas son contemporáneas al cambio desarrollado en la producción didáctica. Señalamos en párrafos anteriores el cambio de posición de la relación teoría-práctica promovido por ambas propuestas y lo complejo que resultó definir con claridad esa relación para abonar una nueva formación de docentes. Sin embargo, la finalidad política de ambas experiencias expresa con claridad la necesidad de revisar los modos en los que se dan las prácticas culturales y escolares, especialmente promoviendo el análisis de los rasgos conservadores y acríticos de la formación. En ese sentido, los aportes del campo de la didáctica pudieron remover más rápidamente los velos sobre la función de la escuela, gracias a los marcos provistos por la pedagogía y la sociología crítica, pero fue más lenta la producción de conocimientos que permitiera sostener concepciones sobre la enseñanza que las alejara del discurso instrumental hegemónico hasta el momento.

El MEB (1988) establece el carácter progresivo de la práctica y en diversidad de contextos institucionales. Lo señala de esta manera:

> Mediante una adecuada coordinación se introduzca desde el quehacer científico, mediante una observación y una escucha atenta o en la institución real para ir avanzando gradualmente y culminar con las residencias docentes en tres campos diferenciados pero complementarios: a) educación formal o sistemática, b) educación no formal o asistemática y c) investigaciones exploratorias. (…) Lo que se pretende es que en esta área clave el estudiante de magisterio inicie desde temprano un contacto con la realidad institucional (escuela, colegio, jardín, etc. según corresponda) y cuente con un espacio concreto para analizar y reflexionar a la luz de la teoría, lo visto y oído, para avanzar paulatinamente por niveles de complejidad, hasta llegar al tiempo de la residencia donde la práctica docente sea integral y sustantiva. Residencia donde la planificación y la ejecución le brinden la posibilidad de experimentar, si bien en tiempo y espacio limitados, la dimensión social que en lo sucesivo será consustancial a su profesión de maestro (p. 17).

Sin embargo, la práctica como espacio de formación y la enseñanza *como conducción y evaluación de los aprendizajes* permanecieron más allá de la ruptura que significaron las experiencias temporarias pero muy valiosas como las del PTFD y del MEB. A partir de su incursión como parte de una política de Estado, las propuestas curriculares encontraron en la producción del campo de la Didáctica, los marcos de referencia para las definiciones de contenidos de la formación, aunque en las aulas seguían prevaleciendo los legados de la tradición normalista a la formación en la práctica: amaestramiento y misión.

CAPÍTULO 7

El Consejo Federal de Educación.
Tercer período 1983-2002

Segunda etapa: 1983-1989.
Formación docente y neoliberalismo

La recuperación de la democracia implicó la reconstrucción del sistema educativo, no sólo en sus aspectos estructurales y funcionales, sino fundamentalmente en el sentido que tendrá la educación para la vida social y política del país. La continuidad democrática fue la característica distintiva de este período, sin embargo, estuvo atravesada por los efectos de las políticas neoliberales. El gobierno de Alfonsín[44] heredó la crisis económica de la dictadura de la que no pudo recuperarse y posteriormente, el gobierno de Carlos Menem[45] implementó un plan de gobierno diseñado en torno a la instauración del Estado neoliberal que culminó con la crisis de 2001 en tiempos de gobierno de la Alianza.[46] Durante todo este tiempo y tal como señalamos con anterioridad, la educación y la formación de docentes concentraron el interés de los gobiernos a los fines de concretar sus objetivos programáticos.

Las encrucijadas sobre las que asentó la conformación de un sistema formador obedecieron a incorporar experiencias diferenciales en la formación (el MEB y el PTFD) cuyos aportes provinieron del campo intelectual de la educación. Como sostuvimos anteriormente, la apertura democrática

---

44. Raúl Alfonsín (1927-2009) fue un abogado, político, estadista argentino que se destacó como dirigente de la Unión Cívica Radical. Fue el presidente electo en las elecciones de octubre de 1983 que gobernó el país hasta julio de 1989.

45. Carlos Saúl Menem (1930-2021) fue un abogado, político y empresario argentino, perteneciente al Partido Justicialista, que ejerció como presidente de la Nación Argentina entre 1989 y 1999.

46. La Alianza para el Trabajo, la Justicia y la Educación, más conocida simplemente como la Alianza, fue una coalición política entre la Unión Cívica Radical y el Frente País Solidario, conformada en 1997 en la Argentina, que ganó las elecciones de 1999.

posibilitó el despliegue y la pluralidad teórica del campo, incorporando nuevas agencias en la producción de conocimiento o renovando las existentes (Palamidessi y Suasnábar, 2007). Sin embargo, la renovación curricular no pudo completarse en su totalidad.

1. El contexto

El 8 de julio de 1989 Carlos Menem asumió la presidencia en un contexto político de una transición anticipada y una situación económica hiperinflacionaria. Inició su gobierno nombrando a representantes de los sectores neoliberales que llevarían tranquilidad a los grupos económicos concentrados y estableció un conjunto de medidas para el "achicamiento" del Estado privatizando las empresas estatales de servicios y transportes. Domingo Cavallo[47] asumió como Ministro de Economía en 1991 implementando una serie de medidas con fuerte impacto en el rol del Estado y sus consecuencias en educación. Entre las más significativas se encuentran la ampliación de las privatizaciones de las empresas públicas y la sanción de la Ley de Convertibilidad (1991) con reducción del gasto público de acuerdo al ingreso, prohibición de emisión monetaria y un tipo de cambio 1 a 1 entre el peso argentino y el dólar americano. Estas políticas fueron claves para la confianza del sector financiero internacional pero no generaron políticas productivas y menos aún, destinadas a las pequeñas y medianas empresas, a economías regionales o al impulso del sector industrial. En este período se reformó la Constitución Nacional. Los mandatos presidenciales se redujeron de seis a cuatro años, se agregó una reelección, se redujo la autoridad del presidente para gobernar por medio de decretos de emergencia, y se creó el cargo de jefe de gabinete –quien podría ser destituido con el voto de la mayoría del Congreso–, se fortaleció el Poder Judicial y se le otorgó la autonomía a la Ciudad de Buenos Aires (Llairó, 2006). De este modo, durante la gestión de los dos períodos de gobierno de Menem se generó un conjunto de políticas económicas y sociales que implicaron una profunda reforma del rol del Estado, un contexto material y simbólico propicio que cristalizó la reforma educativa discutida en las décadas anteriores.

La transformación educativa de los años noventa se realizó en el marco de la sanción de tres leyes: la Ley de Transferencia de los servicios educativos a las provincias (1992), la Ley Federal de Educación (1993) y la Ley

---

47. Domingo Felipe Cavallo (1946) fue ministro de Economía de la Nación en el gobierno de Carlos Menem durante el periodo 1991-1996. Reconocido por su plan económico de estabilidad cambiaria basado en la Ley de Convertibilidad del Austral (1991).

de Educación Superior (Ley 1995). Sus rasgos distintivos se relacionan fundamentalmente con la reformulación del rol del Estado, la primacía del mercado como organizador de las relaciones sociales y económicas, el financiamiento de los procesos de reforma educativa y la enfática injerencia de los organismos internacionales de crédito en la definición de las políticas educativas del país (Feldfeber, 1998; Gentili *et al.*, 2004; Olmos, 2008; Paviglianiti y Echenique, 1993).

Los resultados de una investigación intersindical[48] realizada en los países del Cono Sur, sostiene que la redefinición del rol del Estado de los años 1990 supuso restituir al mercado el poder que el Estado de bienestar le arrebató, reorganizando internamente al Estado y transformando su papel en la conducción general del proceso social, económico y político. Cabe destacar que aquí tuvieron un papel hegemónico los grupos económicos más concentrados y articulados con el capital transnacional, que no se ocupan exclusivamente del achicamiento del Estado sino del tipo de intervención en las políticas públicas a través de las fundaciones y organismos no gubernamentales y de soslayar la protección de los derechos sociales de los sectores populares. La actividad educativa fue planteada como un servicio en el que el conocimiento adquiere un carácter mercantil, equiparando la educación pública y la educación privada (Paviglianiti y Echenique, 1993).

Estas políticas se caracterizaron por procesos de apariencia antagónica entre sí: por un lado la descentralización financiera[49] y administrativa del sistema educativo y, por otro, la centralización pedagógica ejercida desde el nivel nacional a partir de las definiciones curriculares y los sistemas nacionales de evaluación de la calidad (Carnoy, 2005; Míguez, 2014; Paviglianiti y Echenique, 1993). Esta situación dual le permitió al Estado continuar con un rol activo en la transformación curricular que en el caso de la formación

---

48. CTERA, Argentina; CNTE, Brasil; Colegio de Profesores, Chile; FENAPES y AFUTU, Uruguay y LPP (2005). *Las reformas educativas en los países del Cono Sur. Algunos resultados y conclusiones de una investigación intersindical.* LPP / Ensayos & Investigaciones, N° 15, Buenos Aires, Argentina.

49. Míguez afirma: "Uno de los temas más debatidos en el Parlamento fueron las implicancias del nuevo marco normativo respecto de la responsabilidad del Estado en el financiamiento y la provisión del servicio educativo al conjunto de la población. Ya en los debates parlamentarios de la Ley de Transferencia hubo controversias sobre las 'verdaderas' intenciones de sus promotores. El sector oficialista argumentaba que la transferencia favorecía una descentralización de la gestión que contribuía a la igualdad educativa, ya que facilita la adecuación del sistema a las realidades regionales. En cambio, para los opositores esa transferencia respondía a la necesidad de lograr el 'equilibrio fiscal' exigido por los organismos internacionales de crédito, y llevaría a la inequidad" (Míguez, 2014, p. 24).

de docentes, ocupó el centro de la escena ya que se depositó en ellos el éxito de la transformación educativa.

Las decisiones políticas globales del país vinculadas al fuerte endeudamiento externo en tiempos de reformas del sistema educativo, abrió el camino para la presencia protagónica de los organismos de crédito internacionales en espacios de asesoramiento técnico. En este contexto, la educación pasó a ser analizada con criterios propios del mercado, la escuela es pensada como una empresa que carece de historicidad, tradiciones y conflictos. Las recomendaciones del Banco Mundial,[50] agente legitimado en el campo, enfatizaron la necesidad de que la educación contribuya a la reducción de la pobreza, y de establecer nuevos criterios de gestión basados en principios de autonomía y responsabilidad individual por los resultados educativos. Se propuso reasignar recursos para la educación básica y atender a grupos que se encuentran en situación de pobreza; la estructura del sistema educativo propuesta en la Ley Federal de Educación (1993) da cuenta de ello, como también la implementación de políticas compensatorias como el Plan Social Educativo. Feldfeber (1998) sostiene que estas políticas son una respuesta para atender a las inequidades que el propio sistema genera, pero no se orientan a aquellos principios universales que integren a todos los miembros de la sociedad. En el mismo sentido, Carnoy (2005) señala que aun cuando la distribución de los años de educación en la población favoreció la igualdad, la distribución de los recursos pudo continuar siendo desigual, pues una estructura sumamente desigual en lo económico y en lo social hizo muy difícil usar una parte integral del sistema educativo para hacer la estructura más equitativa.

Las políticas neoliberales de ajuste y/o reducción del gasto público implementadas por los gobiernos de esta década, la redefinición del rol del Estado como garantía de los derechos sociales, la desestabilización de la "sociedad salarial" y la desarticulación del precario Estado de bienestar social en América Latina, produjeron el colapso del tradicional sistema de cooperación e inclusión social, que tendía a organizar el campo educativo a partir de una particular asignación de recursos, patrones de distribución y modalidades de concertación (Gentili, Suárez, Stubrin y Gindín, 2004).

En este contexto, los objetivos de la formación docente para su perfeccionamiento y capacitación continua con instancias de aseguramiento de la calidad, fueron establecidos en la Ley Federal de Educación (1993),

---

50. Ver Banco Mundial (1991); BID-PNUD (1993); PNUD/UNESCO/UNICEF/Banco Mundial (1990); Verspoor (1991); World Bank (1995).

en su capítulo V, artículo 19°. Concibe al docente como "elemento activo de participación en el sistema democrático" y debe ser formado desde "el sentido responsable de ejercicio de la docencia y el respeto por la tarea educadora". En el marco de un sistema de formación continua, con cuatro instancias (formación de grado, el perfeccionamiento docente en actividad, la capacitación de graduados docentes para nuevos roles profesionales y la capacitación pedagógica de graduados no docentes) se propuso "reconvertir" a los docentes para que puedan adaptarse a las nuevas modalidades de producción caracterizadas por la competitividad, la polivalencia, la ampliación horizontal del puesto de trabajo, la ductilidad, la flexibilización, la conformación de equipos de trabajo competitivos, etc. Los documentos elaborados por el Ministerio de Educación para su tratamiento en el Consejo Federal de Cultura y Educación, señalan estas valoraciones en la mayoría de sus fundamentos destacando la necesidad de profesionalización y la intervención de especialistas para lograrlo.

Las transformaciones estructurales del campo educativo que se desplegaron a partir de 1983 referidas en el capítulo anterior, afectaron no solo la diversificación del mercado laboral y la ampliación del mundo académico, sino también la renovación de los marcos teóricos de referencias, muchas de las cuales están expresadas en la normativa que produce el CFE. Durante esta década el discurso oficial neoliberal incorpora concepciones provenientes de las corrientes progresistas de las ciencias de la educación paralelamente a la inclusión de especialistas en todo el proceso de transformación del sistema. Los documentos expresan una nueva posición –al menos en el plano del discurso– sobre los docentes y su formación: la educación como práctica social, el valor de la práctica y su análisis crítico en los procesos formativos, el docente como agente en la distribución de bienes culturales, entre otros.

Desde principios de los años noventa y durante todo este período se observa una institucionalización de este discurso pedagógico que opera en la fundamentación de las reformas realizadas y como contenido de la formación de docente. De esta manera, las renovadas concepciones teóricas se extienden a una mayor cantidad de agentes del campo a partir de las propuestas de formación y capacitación expresadas en la normativa. Las principales características tienen que ver con la naturaleza del saber de los docentes, la formación académica permanente y la actuación reflexiva. Todas estas consideraciones incorporan los aportes de la investigación internacional y nacional, de reciente elaboración, que ponían en evidencia la naturaleza y sentido de las mediaciones de los docentes en las aulas. Lo señalan de la siguiente manera:

- Construcción del saber teórico práctico
  "Ponderar los saberes y prácticas específicas y comunes" (…) "un docente comprometido en la construcción del saber" (…) "prácticas progresivas desde el inicio de la formación" (…) "Ser agente de una distribución equitativa de bienes culturales" (Res. CFE N° 9, 1990).

- Formación permanente
  "Se comprometerá la formación académica con la práctica docente superando la dicotomía teórica, práctica desde el inicio de la formación. Se incorporará la investigación educativa como una de las vías para comprender la práctica educativa".

- Prácticas reflexivas
  "Reflexión y acción formarán parte de un mismo proceso" (Res. CFE N° 52, 1996).
  La renovación teórica y el cambio del mercado laboral para los egresados del campo educativo hallan en este período el escenario para su formal incorporación definitiva en la transformación del sistema. La Ley Federal de Educación (1993) legitima ese proceso a partir de la normativa elaborada por el CFE que remite especialmente a la presencia de personas e instituciones especializadas para formar, asesorar y/o evaluar el proceso en marcha. Se trata de incluir especialistas para todo el proceso de formación de los docentes, para asumir posiciones de evaluación e integrar equipos técnicos. Al decir de Goodson (1995), se trata del estímulo jurídico dado por la legislación para afianzar el cambio curricular y contar con especialistas que participen en la legitimación del proceso.

- Especialistas para formar a los docentes
  "Registro Federal de Perfeccionamiento y Capacitación Docente para las organizaciones gubernamentales y no gubernamentales nacionales e internacionales cuya actividad y/o producción constituyan un significativo aporte para la formación docente continua" (Res. CFE N° 36, 1994).

- Especialistas para evaluar
  Las autoridades educativas de las provincias presentarán al Ministerio de Cultura y Educación de la Nación listados de especialistas que proponen para integrar las Unidades de Evaluación. Los candidatos deberán reunir los requisitos establecidos en el punto II.b de este Acuerdo. El Ministerio de Cultura y Educación, en acuerdo con el Consejo Federal de Cultura y Educación, aprobará la incorporación de los especialistas propuestos al Registro Nacional de Evaluadores de la Formación Docente (Res. CFE N° 83, 1998).

- Especialistas para procesos técnicos
  "Se convocará a académicos, investigadores y/o profesores universitarios de reconocido prestigio en la comunidad científica, con inserciones

institucionales y sesgos profesionales o de enfoques diferentes. Entre los convocados se deben incluir profesionales que actúen en el interior del país" (Res. CFE N° 33/1993).

Con estas modificaciones, el Estado presenta líneas de capacitación a partir de la Red Federal de Formación Docente Continua (RFFDC, Resolución 36/94) destinada a brindar circuitos de capacitación de acuerdo con el nivel en el que se desempeñan y las funciones que cumplían los docentes. Si bien la Red se definió como un "sistema articulado de instituciones que aseguraban la circulación de información para concretar los lineamientos acordados en el CFE", las propuestas de capacitación no daban cuenta de las necesidades e intereses de los docentes y sí de los lineamientos políticos acordados. Los discursos de profesionalización del docente lo ponían en el centro de una capacitación que poco tenía que ver con la necesidad real de los profesores y más con el temor a perder el trabajo (Feldfeber, 1998).

En el análisis propuesto para realizar la periodización del estudio, tomamos como referencia el rol del Estado en los diferentes gobiernos que asumieron su conducción. Por ese motivo, la continuidad de las políticas neoliberales de estos años se mantuvo durante el gobierno de la Alianza. Fernando de la Rúa asume la presidencia el 10 de diciembre de 1999 y hasta su renuncia, el 20 de diciembre de 2001, su gobierno no pudo implementar políticas económicas y sociales para revertir la profunda crisis que atravesaba el país. En esos dos años de gobierno, el Consejo Federal de Educación continuó con su actividad atendiendo de manera inercial los problemas del transformado sistema educativo. En el apartado siguiente se destacan dos documentos elaborados por el organismo que refieren a la gravedad que atravesaba el sistema educativo y la necesidad de construir un acuerdo político para su mejora.

2. Actuación del Consejo Federal de Educación en temas de formación docente

La Ley Federal de Educación de 1993 modificó la estructura y redefinió los objetivos del Consejo Federal de Cultura y Educación. En su artículo 54° incorporó su composición, objetivos y tareas. Le dio continuidad a la función prevista en su génesis, ámbito de *coordinación* y *concertación* del Sistema Nacional de Educación y agregó funciones referidas a concertación de los CBC, de los contenidos de la formación docente, a los mecanismos para el reconocimiento de títulos, a las exigencias requeridas para la educación artística, a la promoción de las experiencias innovadoras en pos del efectivo aprovechamiento del potencial humano y de los recursos tecnológicos del sistema, como también garantizar la participación de padres, organizaciones de representantes de docentes e instituciones privadas reconocidas oficialmente en el planeamiento del sistema.

Respecto de su estructura, mantuvo el Comité ejecutivo y la Asamblea que continuó presidida por el ministro nacional del área e integrado por el responsable de la conducción educativa de cada jurisdicción e incorporó un representante del Consejo Interuniversitario. Además, se crea la Secretaría General del Consejo. Los objetivos del CFE son unificar criterios entre las jurisdicciones y cooperar en la consolidación de la identidad nacional para garantizar a todos los habitantes del país el derecho constitucional de enseñar y aprender en forma igualitaria y equitativa. Incorpora el apoyo de dos consejos consultivos: el Consejo Económico Social y el Consejo Técnico Pedagógico con la participación de representantes de los gremios docentes. De esta manera se advierte una ratificación de la función originaria establecida en 1972 y una mayor precisión en las funciones conferidas con una ampliación de la base de consultas a través de los consejos creados.

El artículo 56° de la LFE (1993) señala que el CFE debe acordar los CBC de la formación profesional docente y las acreditaciones necesarias para desempeñarse como tal en cada ciclo, nivel y régimen especial; acordar las exigencias pedagógicas que se requerirán para el ejercicio de la función docente en cada rama artística en los distintos niveles y regímenes especiales del sistema y promover y difundir proyectos y experiencias innovadoras y organizar el intercambio de funcionarios, especialistas y docentes mediante convenios. Además, el Ministerio de Educación debe coordinar con este organismo los regímenes especiales no previstos en la LFE (1993); garantizar la calidad del sistema (el ME convoca para esto también a especialistas), establecer los CBC y dictar normas generales para la equivalencia de títulos y planes. La organización y promoción de la RFFDC está prevista en su ámbito.

La actividad del CFE en este período fue muy prolífica, especialmente después de la sanción de la Ley Federal de Educación (1993) que le confirió la responsabilidad de concertación política para la reforma del sistema educativo como nunca había sucedido desde 1972. Organizamos los documentos relevados en cuatro ejes: el primero corresponde a las definiciones generales de la política educativa con impacto en la formación docente; el segundo, a la normativa sobre aspectos técnico-pedagógicos con impacto en la formación docente; el tercero, incluye a la normativa elaborada por el CFE específicamente para el sistema formador y el cuarto, la normativa destinada al funcionamiento interno del CFE. Cabe destacar que la organización permite visibilizar los temas sobre los cuales se expidió el Consejo, aunque el agrupamiento incluya documentos que fueron elaborados en diferentes momentos de este período obteniendo por esta razón, un valor político diferente.

2.1. Normativa referida a las políticas educativas con impacto en la formación docente

El 6 de julio de 1990 el CFE decidió crear una comisión permanente (sin nombre específico) con la función de compatibilizar criterios sobre el sistema laboral y previsional de los docentes, desarrollo curricular y la organización institucional. A su vez, se esperó que pudiese programar y coordinar acciones concretas sobre organización escolar, perfeccionamiento docente, curriculum, asistencias técnicas y expansión de los servicios educativos. Las expectativas sobre el trabajo de la comisión están relacionadas con acciones a corto y mediano plazo. Un ejemplo de ello es organizar encuentros regionales y nacionales, sistemáticos, para intercambiar experiencias o programar el uso de la asistencia técnica, financiera nacional e internacional. La expectativa fue alta, se esperó que de su accionar se pudiese consolidar la red de información educativa y coordinar la organización educativa con otras instituciones gubernamentales, para la elaboración de proyectos acordes con planes de desarrollo regional. A nuestro juicio, la magnitud de la tarea excedió lo que un órgano colegiado con las características del CFE puede realizar.

En la misma asamblea se creó una comisión permanente para el tratamiento de todo lo referente con la descentralización educativa a los efectos de ejecutar los programas y proyectos orientados a concretar la estrategia de descentralización. Se recomendó al Ministerio de Educación y Justicia gestionar la provisión de financiamiento nacional e internacional, acordado en el seno de la Comisión Federal de Competencia Económica (COFECE) que, unido a los recursos propios de las jurisdicciones, posibilitasen el cumplimiento de los objetivos.

La Reforma estuvo coordinada a nivel nacional mediante la actuación del CFE. La Resolución 26/93 determina los aspectos prioritarios para la implementación de la Ley Federal de Educación (1993). En ella se definieron aspectos para todos los niveles, criterios de definición de los CBC, series de documentos de trabajo, metodología y responsables.

Hacia el final de este período, la Resolución 155/01 del 27/02/2001 (gobierno de Fernando de la Rúa) estableció habilitar el debate del documento "Un compromiso por la enseñanza y el aprendizaje". El documento presenta una plataforma curricular básica para un nuevo compromiso público que establezca un mínimo de homogeneidad formativa capitalizando la experiencia sin desestabilizar la gestión educativa y escolar. Se pretende una mayor vinculación entre las prescripciones curriculares y las prácticas cotidianas del aula. Se describen las dificultades de la política curricular de los años noventa. Los CBC fueron hipótesis de máxima y poca vinculación con las prácticas educativas vigentes, no se resolvieron los problemas críticos vinculados con la calidad de los aprendizajes. Los diseños están alejados, son inalcanzables y abstractos para las escuelas. Presentar las prácticas de los docentes en su contexto es el eslabón fundamental en la construcción escolar del curriculum. La comisión creada por la Res. 156/01 "Comisión para un diseño estratégico nacional", estuvo integrada por el Lic. Daniel Filmus, Secretario de Educación del Gobierno de la Ciudad de Buenos Aires; el Prof. Luis Verdún, Ministro de Educación, Cultura, Ciencia y Tecnología de la provincia del Chaco; el Lic. José Octavio Bordón, Director General de Cultura y Educación de la provincia de Buenos Aires; el Sr. Héctor Torino, representante de la provincia de San Luis; Graciela Carrión de Chrestía, Presidente del Consejo Provincial de Educación de la provincia de Neuquén, y los siguientes miembros suplentes: Eduardo Baliña, Ministro de Educación de la provincia de San Juan y Alejandro Ángel Rebola, Ministro de Educación de la provincia de Santa Fe. Fue coordinada por el Secretario General del Consejo Federal de Cultura y Educación. Incluimos los nombres de los integrantes para señalar el carácter político de su conformación y, especialmente, por tratarse de figuras relevantes en la década siguiente.

2.2. Normativa con definiciones técnico-pedagógicas con impacto en la formación docente

La asamblea que creó la comisión permanente señalada en el eje anterior, mediante la Resolución 6/90, aprobó la creación de una comisión interjurisdiccional con aquellas provincias que tuviesen a su cargo institutos de formación docente. Sus objetivos fueron analizar y consensuar los conceptos fundamentales del Documento sobre Formación Docente aprobado en general por la XI Asamblea del Consejo Federal y coordinar y articular acciones sobre aspectos pedagógicos, académico-organizativos y administrativos que expresen la voluntad de iniciar un trabajo conjunto preparatorio de la futura transferencia de los servicios de nivel terciario. Advertimos que si bien hay superposición temática con la comisión general del eje anterior, se establece la necesidad de un análisis particular sobre el sistema formador que presenta características heterogéneas en todo el país como lo señalamos a partir del relevamiento que el propio Consejo realizó a fines de 1983.[51]

El 7 de diciembre de 1993, a ocho meses de haber sido sancionada la Ley Federal de Educación (1993), el CFE elabora los documentos para la concertación, Serie A N° 6 y 7, donde establece los criterios generales para acordar CBC. El documento presenta las definiciones político-pedagógicas de los CBC, su organización y metodología de trabajo para su concertación a nivel federal.

2.3. Normativa destinada específicamente a la organización y funcionamiento del sistema formador

La Resolución 9/90 presentó el documento vinculado al trabajo de la Comisión interjurisdiccional sobre formación docente señalada en el primer eje. El articulado de la Resolución establece que la formación docente será de nivel superior e integrará un proceso continuo que incluya formación, capacitación, especialización, actualización y perfeccionamiento.

El documento presenta el trabajo de las comisiones. Dan cuenta de la ausencia de diagnóstico de la formación y de la heterogeneidad de situaciones. Se describen las posiciones destacables vinculadas a lo curricular y a las prácticas docentes:

- Predominio de los saberes especializados en desmedro de la formación de un docente comprometido en la construcción del saber.
- Carencia de formación metodológica que le permita generar innovaciones en el campo profesional.
- Visualización de la práctica como ejemplificación de la teoría y no como espacio de confrontación y eventual reconstrucción de la misma. Desvinculación de la práctica con situaciones problemáticas vigentes (Resolución N° 9, 1990).

Establece que el curriculum a formular deberá ser abierto, flexible y regionalizado. Deberá contemplar los siguientes aspectos:

- Formas de organización de los contenidos que tiendan a superar la fragmentación del conocimiento.
- Garantizar la coherencia conceptual de los distintos aspectos del curriculum.

---

51. Ver: *Síntesis de las acciones del CFCyE 1976-1983* (Documento 9, s/f).

- Ponderar los saberes y prácticas específicas y comunes que hacen a la competencia pedagógica del docente más allá de las particularidades requeridas por las modalidades, disciplinas, etc.
- Garantizar la relación teoría-práctica a través de las siguientes estrategias:
  a) prácticas progresivas desde el inicio de la formación;
  b) sistemas de alternancia en contextos socioculturales, educativos y productivos diversos;
  c) programas y proyectos que integren la práctica de la investigación y la formación. (Resolución N° 9, 1990)

El documento anterior señala que la transformación de la formación, la inclusión de los aportes teóricos de la renovación del campo de la educación se incorporó en la discusión del CFE con anterioridad a la sanción de la LFE (1993).

En 1993, acompañando las acciones de transformación del sistema educativo, la Resolución 32/93 establece un conjunto de alternativas para la formación, el perfeccionamiento y la capacitación docente y propone un acuerdo transitorio para la consulta. El documento presenta aspectos generales de la formación y la capacitación: objetivos, actores, definiciones de los procesos, red, instituciones. Recupera definiciones de la política educativa general para el contexto de reformulación de las mismas. La Resolución 36/94, Documentos para la concertación, Serie A N° 9, creó la Red Federal de Formación Docente Continua. El documento describe el funcionamiento de la Red, la encuadra normativa y políticamente. Define las instancias de la formación docente, como también política y criterios de acreditación de institutos superiores de formación docente. Las resoluciones 58/97 y 67/97 establecieron el reconocimiento de los cursos que se ofrecen en el marco de la Red.

En el documento de la Serie A N°11 (Resolución N° 52, 1996), se establecen las bases para la organización de la formación docente y la Resolución 53/96 aprueba los contenidos. En octubre de 1997, el documento para la concertación Serie A N°14 (Resolución N° 63, 1997) presenta la organización de carreras y títulos de las ofertas de formación docente, la acreditación de las instituciones, sus criterios y parámetros comunes para asegurar la calidad. A los pocos meses, en mayo de 1998 la Resolución 74/98 estableció los CBC del campo de la formación general pedagógica y la formación especializada por niveles, como propuesta de contenidos básicos comunes sin orden alguno para que las instituciones puedan configurarlos en sus proyectos institucionales. Al año siguiente, el 16 de noviembre de 1999 la Resolución 116/99, a través del Documento Serie A Anexo de documentos A3, A9, A11 y A14, presentó un conjunto de argumentos para especificar el aporte de la función investigación a los ISFD. A modo de síntesis, planteó que permitirá mejorar los conocimientos sobre el sistema educativo y colaborar de este modo en la aplicación de saberes válidos para las prácticas educativas. Con esta normativa en particular, se registra la continuidad de las acciones en el CFE a pesar del cambio de gobierno dando respuesta a la dinámica establecida en el sistema formador.

El CFE a través de su normativa estableció la acreditación de las instituciones de nivel superior. La Resolución 76/98 del 26 de junio de 1998, define como "etapa transitoria" para la acreditación de instituciones no universitarias de formación docente continua en la RFFDC al período comprendido entre 1998 y 2002 señalando además plazos para la inscripción de estudiantes en las carreras en transformación acordadas en CFE. En noviembre de ese mismo año, la Resolución 83/98 (Documento Serie E2) presentó criterios para la conformación y el funcionamiento de las unidades de evaluación de la Red Federal de Formación Docente Continua. También habilitó el registro nacional de evaluadores de la formación docente. Describe cómo serán las unidades de evaluación, su conformación, sus actividades y sus miembros. Se creó el Consejo Nacional de Evaluación Docente. La Red fue ratificada mediante la Resolución 166/01 y señaló que la cabecera nacional será la Subsecretaría de Educación Básica.

En diciembre del año 2000, mediante la Resolución 152/00, el CFE crea la comisión para el análisis y estudio de los criterios básicos comunes para la jerarquización de la profesión docente. Como lo señalamos en el apartado anterior, toda la reestructuración del sistema y en especial las condiciones laborales de los trabajadores de la educación sucedieron en un contexto económico y social de deterioro y pauperización. Puede entenderse esta declaración en términos de una iniciativa declarativa consecuente con el reclamo del sector.

2.4. Normativa referida a la organización del trabajo interno del CFE para las misiones estipuladas por la Ley Federal de Educación

En el conjunto de los documentos relevados hay un conjunto de normativas que remiten a la creación de comisiones y nombramiento de integrantes del CFE, como también convocatorias generales que dan cuenta del funcionamiento interno. La Resolución 15/92, creó la comisión de asuntos pedagógicos; la Resolución 34/93 estableció la convocatoria al Consejo Económico Social y al Consejo Técnico Pedagógico (Ley Federal de Educación, 1993, art. 58°);

la Resolución 49/95 da continuidad al tratamiento de los documentos de la transformación de la formación docente.

Señalamos especialmente dos resoluciones del período que corresponden al gobierno de Fernando De la Rúa, la Resolución 156/01 que nombra a los integrantes de la Comisión de Estudio de un diseño estratégico educativo nacional y la Resolución 157/01 que habilita la discusión del documento "Plan estratégico educativo". El documento describe someramente el contexto educativo y social en el que surge y plantea la necesidad de elaborar un plan con objetivos, estrategias y metas. Presenta características de esos componentes sin definirlos. Finaliza con la manifestación de la voluntad de llegar a acuerdos para su formulación y un cuadro que las sintetiza.

El rol activo del Consejo Federal de Educación fue clave para la implementación de la transformación educativa con una dinámica de trabajo organizada en base a las propuestas del Ministerio de Educación, principalmente la Subsecretaría de Programación y Evaluación Educativa. La modalidad bajo la creación de comisiones de trabajo, la elaboración de series de documentos,[52] la creación de ámbitos de control del proceso en marcha y la definición exhaustiva del establecimiento de prioridades para la implementación de la LFE (1993), son indicadores de la eficacia del trabajo del CFE.

Durante el gobierno de la Alianza, los documentos elaborados por el CFE presentan un diagnóstico sobre el sistema educativo en crisis, fragmentado y sin los resultados propuestos por la reforma educativa de la década anterior. Reconocen el valor de la renovación curricular, pero señalan dificultades políticas y técnicas de su implementación y puesta en marcha. La propuesta de plan estratégico señaló la necesidad de establecer un acuerdo en materia educativa superando las diferencias históricas de todos los sectores: "Las grandes gestas de nuestra historia tuvieron el disenso más que necesario, pero la visión estratégica fue lo que diferenció las grandezas de las mezquindades". Estos documentos constituyen las primeras alusiones a una política educativa que será objeto de una nueva renovación estructural en los próximos años.

---

52. Serie 0, Metodología de trabajo para la implementación de la Ley Federal de Educación; Serie A, Documentos de trabajo elaborados por las dependencias del Ministerio de Educación que se tomaban como base para las discusiones; Serie B, Documentos para la consulta; Serie C, Consideraciones referidas a la consulta previa a los Acuerdos Transitorios del Consejo Federal de Cultura y Educación; Serie D, Acuerdos de Mediano Plazo del Consejo Federal de Cultura y Educación sobre aspectos prioritarios para la aplicación de la Ley Federal de Educación.

3. La organización de la formación docente

La construcción de acuerdos para la transferencia de los servicios educativos de nivel superior de la nación a las provincias inicia un año antes de la Ley 24.049[53] (1991) en el ámbito del Consejo Federal de Cultura y Educación. La Resolución del CFE N° 5/90 establece que comienza un período de transición hasta la transferencia de los servicios educativos, en el marco del proceso de descentralización y que el Ministerio de Educación de la Nación remitirá a las provincias para su conocimiento los criterios sobre descentralización que considere conveniente aplicar con sus propios establecimientos. A veintiún años de producido el pasaje del magisterio al nivel superior, la Resolución del CFE N° 9/90 reitera que la formación docente se desarrollará en el nivel terciario y lo define como un proceso continuo que incluye a la formación, capacitación, especialización, actualización y perfeccionamiento. Para ello, el organismo crea una comisión que elaborará una propuesta sobre todo el proceso. El informe de dicha comisión presenta una breve situación diagnóstica:

> No existe un diagnóstico explícito (...) Se puede inferir que en lo político (existe) disociación de la formación docente con el proyecto socioeconómico-político y cultural regional y nacional. En lo académico-institucional, hay distintos niveles de formación docente. (...) Existe una formación docente heterogénea resultado de circunstancias histórico-institucionales y no de una elección coherente. Sin embargo, dicha heterogeneidad no permite dar respuesta a realidades socioculturales diferenciadas. No hay correspondencia de la institución formadora y sus planes con las necesidades del propio sistema sin favorecer innovaciones o transformaciones del mismo. Intento desde el sistema de suplir las carencias o desajustes de la formación inicial por medio de ofertas oficiales de capacitación,

---

53. La Ley 24.049 fue sancionada el 6 de diciembre de 1991 y establece que a partir del 1° de enero de 1992, a las provincias y a la Municipalidad de la Ciudad de Buenos Aires, los servicios educativos serán administrados en forma directa por el Ministerio de Cultura y Educación y por el Consejo Nacional de Educación Técnica, así como también las facultades y funciones sobre los establecimientos privados reconocidos, en las condiciones que prescribe esta ley. Se exceptúan las escuelas superiores normales e institutos superiores, tanto estatales como privados, y la ENET N° 1 "Otto Krause", la Telescuela Técnica y los Centros de Recursos Humanos y Capacitación Nos. 3, 8 y 10 de Capital Federal dependientes del CONET. Queda a criterio del Poder Ejecutivo Nacional la oportunidad de transferir estos servicios en forma total o parcial previa garantía de financiación. Vior (2008) señala que la Ley estableció un monto fijo ($1.200.000) que no contemplaba recursos para el crecimiento, mejora, innovación de las instituciones transferidas. En los años siguientes implicó restricciones, cierre de cursos, carreras, establecimientos.

perfeccionamiento y actualización en vistas a apoyar las transformaciones. (Resolución CFE N° 9, 1990)

Para revertir esta situación, el CFE propuso una redefinición del sistema educativo que debió ser coherente con el proyecto socioeconómico político de la Nación Argentina, regiones y provincias que la componen. Promovió estos principios orientadores:

- consolidación de la identidad nacional y regional en el contexto latino-americano, garantía de justicia social a través de la educación,
- democratización de la gestión educativa,
- vinculación del sistema educativo con el desarrollo comunitario a través de la relación con el proceso productivo regional.

Asimismo, afirma que el Estado tiene la responsabilidad irrenunciable e indelegable de formular, conducir y evaluar la política educativa. Deberá garantizar de manera preeminente, pero no excluyente el servicio educativo. En este contexto, se establecen tres ejes sobre los cuales se organizará la formación docente:

- formación continua;
- profesionalización;
- trabajo productivo.

Los principios orientadores y los ejes propuestos por los documentos del CFE para la formación docente dan cuenta de un pasaje de la *idoneidad moral y pedagógica* del normalismo, a la *preparación científica y técnica* enunciada en la década de 1970 con la inclusión de la *profesionalización* como horizonte la formación de los docentes. La concepción de la docencia como profesión implica un desplazamiento en las expectativas que incorpora atributos de las profesiones liberales hasta ahora restringidos en la definición de la docencia, como lo es la autonomía respecto de su trabajo. La formación continua y el trabajo productivo aparecen como una resignificación de lo que hasta el momento se ha definido sobre perfeccionamiento o capacitación, incorporando además la vinculación con el desarrollo económico del país.

3.1. Definiciones de docencia: del docente modelo al docente profesional y su proceso formativo. Los aportes del CFE en tiempos de Reforma educativa

La "profesionalización" de la docencia es uno de los rasgos incluidos con énfasis en las normas del CFE, no solo porque definen a la docencia como profesión sino también por considerarla como un atributo de las tareas de los sujetos. Esta incorporación apareció asociada con la idea de "rol docente" y también las demandas de profesionalización de esta figura.

- La definición de la docencia como profesionales en el ejercicio de un rol:

El *rol* docente comprende el diseño, puesta en práctica, evaluación y ajuste permanente de acciones adecuadas para el desarrollo integral de la persona, a través de la promoción del aprendizaje y la construcción de saberes, habilidades y actitudes de los educandos. Este *rol requiere de profesionales* que, con una adecuada formación científica y humanística, asuman una actitud de compromiso social e institucional para ser capaces de elaborar líneas de intervención que surjan de interpretar realidades, definir problemas, actuar dentro de ciertos márgenes que no son absolutos y ante situaciones específicas, únicas e irrepetibles (Resolución N° 32, 1993, cursivas propias).

- Una actividad comprendida también como una profesión:

Este proceso de diferenciación y complejización de la *profesión docente* opera no sólo en el conjunto de los sistemas de formación de profesores, sino en el interior de ellos. Primero se produjo la diferenciación de la formación de los docentes para cada nivel del sistema educativo; luego, la diferenciación de la formación de los que enseñarán a distintos tipos de poblaciones (educación especial, rural, de adultos, etc.) y en las diferentes modalidades de la enseñanza (bachillerato, educación técnica, comerciales, normales, etc.) (Resolución N° 52, 1996, cursivas propias).

- El proceso integral de formación docente contribuirá a la profesionalización:

Las *funciones de formación docente*, de capacitación, actualización y perfeccionamiento docentes y de promoción e investigación y desarrollo configurarán un único proceso integrado, dinámico y permanente que *dará sentido al criterio de profesionalización*. Además, la evolución del conocimiento y el eventual desempeño de diferentes roles a lo largo de la trayectoria profesional del docente exigirán permanentes revisiones y actualizaciones (Resolución N° 63, 1997, cursivas propias).

- La formación de los docentes, organizadas en áreas, prevé brindar los marcos conceptuales que requiere la profesión:

Un área general, común a todos los estudios de formación docente de grado, centrada en los fundamentos de *la profesión docente*, destinada a conocer, analizar y comprender la realidad educativa en sus múltiples determinaciones. (…) *El desempeño profesional del rol docente* como una alternativa de intervención pedagógica mediante el diseño, la puesta en práctica, la evaluación y la reelaboración de estrategias para la formación de competencias a través de la enseñanza de contenidos (conocimientos, procedimientos y actitudes) a sujetos específicos (Resolución N° 32, 1993, cursivas propias).

- El ejercicio profesional requiere instituciones con nuevos formatos de integración y vinculación:

La totalidad de las funciones reclamadas para continuar la formación de los docentes durante su *ejercicio profesional* hace necesaria la organización de redes jurisdiccionales que, en cada provincia, permitan lograr una totalidad de ofertas que haga justa la exigencia y el reconocimiento del perfeccionamiento en servicio (Resolución N° 32, 1993, cursivas propias).

- La profesión también es considerada el centro de los procesos de reconversión y perfeccionamiento:

Asegurar que las propuestas de formación docente de grado se articulan integralmente con la formación posterior dado que son dos momentos de un mismo proceso. Enfatizar que la misma, en tanto está centrada en la *práctica profesional*, es necesariamente contextualizada con fuerte anclaje institucional, lo cual supone priorizar como destinatario al personal docente en servicio y como escenario el marco institucional escolar. Generar en las instituciones escolares las condiciones requeridas, tiempos, espacios y recursos para el perfeccionamiento y la reconversión de docentes (Resolución N° 32, 1993, cursivas propias).

- Los resultados del perfeccionamiento redundarán en un reconocimiento profesional:

Perfeccionamiento institucionalizado significa: que se realiza en el lugar y horario de trabajo o fuera de ese horario con remuneración por horas; que abarca a todo el personal docente, sin erogación por su parte; *que comporta un reconocimiento profesional, social y laboral, por los resultados del perfeccionamiento* (Resolución N° 32, 1993, cursivas propias).

- Los atributos de la inclusión de la profesionalización en las normas, recupera lo que Tenti Fanfani (2007) señala sobre la profesionalización en tiempos del neoliberalismo: la transferencia de modelos de organización postfordista que garanticen la polivalencia, la adaptabilidad y la flexibilidad de los sujetos en el mundo del trabajo. Las normas establecen la profesionalización de la docencia asociada a las demandas de la organización escolar, señalan al respecto:

La evolución del conocimiento y *el eventual desempeño de diferentes roles a lo largo de la trayectoria profesional del docente exigirán permanentes revisiones* y actualizaciones que comporta un reconocimiento profesional, social y laboral, por los resultados del perfeccionamiento. (…) Este rol requiere de profesionales (...) *capaces de elaborar líneas de intervención que surjan de interpretar realidades*, definir problemas, actuar dentro de ciertos márgenes que no son absolutos y ante situaciones específicas, únicas e irrepetibles. (…) Asuma la *corresponsabilidad* en la elaboración y aplicación de los objetivos, prioridades y programas del planeamiento institucional (Resolución N° 32, 1993, cursivas propias).

La referencia al rol no remite exclusivamente a la persona, es un concepto relacional ya que depende de la posición del individuo en la organización. Es un concepto más vago que el de competencia en el cual la cualificación es la del puesto laboral definido por la organización. Los párrafos seleccionados de las resoluciones del CFE señalan las demandas que la organización hace al rol docente: "El *rol* docente comprende el diseño, puesta en práctica…"; "Este *rol requiere de profesionales* que, con una adecuada formación científica y humanística…"; "El *desempeño profesional del rol docente* como una alternativa de intervención pedagógica mediante el diseño, la puesta en práctica…"; "...la capacitación de graduados docentes para *nuevos roles profesionales* y la capacitación pedagógica de graduados no docentes".

Este conjunto de reglas de adaptabilidad a las demandas del sistema se corresponde con el proceso de formación docente que va más allá de la formación inicial. El marco regulatorio prevé cuatro instancias de la formación docente continua, todas ellas presentan el sesgo de la adaptabilidad: la formación de grado, el perfeccionamiento y actualización de los docentes en actividad, la capacitación de graduados docentes para nuevos roles profesionales y la capacitación pedagógica de graduados no docentes.

Capacitación, perfeccionamiento y actualización docente son el conjunto de acciones dirigidas a los docentes en actividad y a quienes deseen ingresar al sistema educativo para ejercer la docencia. La capacitación permite adecuarse en forma permanente al ejercicio de la profesión. El perfeccionamiento permite profundizar conocimientos y construir herramientas para generar innovaciones y procesos de transformación. La actualización permite completar aspectos de la formación que aparecen como nuevos requerimientos. Están, en consecuencia, fuertemente orientados al mejoramiento de la educación y a la profundización de los niveles de profesionalización de los docentes. (Resolución N° 63, 1997)

La Resolución N° 53/96 establece en el encuadre de los Contenidos Básicos Comunes que las jurisdicciones se comprometen a reorientar sus inversiones educativas para "desarrollar actividades de mejora de la calidad de la formación docente" atendiendo a lo establecido en el Pacto Federal Educativo. De esta manera, "perfeccionar con criterio permanente a graduados y docentes en actividad en los aspectos científico, metodológico, artístico y cultural", así como "formar investigadores y administradores educativos" es parte de las nuevas funciones de las instituciones de formación docente según lo establecido en la Resolución 52/96.

Los aportes de Dubet (2006) nos permiten afirmar que nuestra sociedad fabrica sujetos en el marco de una actividad profesional organizada como es la docencia. En ese contexto, la normativa promueve una experiencia de socialización a lo largo de toda su vida laboral relacionando el ejercicio de su rol —el establecido por la organización— con sus propias elecciones personales puestas en juego en la elección de la carrera. La docencia regulada por el Estado actúa con un componente moral de mediación entre los valores generales y los sujetos particulares. El primero es impuesto por los valores de las políticas y el segundo, proviene de las elecciones de los sujetos. Esto se despliega en contextos institucionales legitimados como son las escuelas y los institutos superiores que adquieren funcionalidades diversas conforme a los marcos legales que regulan su funcionamiento. Por ese motivo, las concepciones de enseñanza que sostienen las normas dan cuenta de cómo es la implicación de los sujetos en esa práctica.

3.2. Las instituciones formadoras de docentes: reconfiguración de funciones institucionales en el marco de la Red Federal de Formación Docente Continua

En capítulos anteriores señalamos que la institucionalidad de la modelización de las prácticas educativas fue un rasgo distintivo de las instituciones formadoras. Los procesos de habituación (Berger y Luckman 2006) generaron instituciones formadoras endogámicas que perduraron más allá de la reforma educativa que ubicó a la formación de docentes en el nivel superior. A partir de la reforma de los años noventa, el marco normativo elaborado por el CFE estableció que los institutos realizarán investigación, ofertas de formación continua en el marco de la Red Federal de Formación Docente Continua y deberán someterse a procesos de evaluación para acreditar la calidad de sus funciones. Para ello la normativa define las características de las instituciones, las clasifica según las funciones que asuman y establece, de manera genérica, el modo en que se integrarán en la red. La Resolución 52/96 del CFE establece que las instituciones de formación de docentes podrán ser:

▸ Institutos superiores de formación docente. Instituciones de nivel superior de formación de docentes para los niveles no universitarios del sistema educativo que hayan sido acreditadas según los criterios establecidos. Podrán celebrar convenios de asistencia académica con instituciones universitarias según lo defina la legislación provincial y de la Ciudad de Buenos Aires.
▸ Colegios universitarios. Instituciones de nivel superior que formen docentes para uno o más niveles del sistema educativo que hayan acordado mecanismos de acreditación y articulación de sus carreras o programas de formación con instituciones universitarias.
▸ Institutos universitarios. Instituciones universitarias que circunscriben su oferta a una única área disciplinaria. Estas instituciones podrán ofrecer carreras docentes especializadas en su única área disciplinaria u organizarse en torno a la pedagogía como única área disciplinaria ofreciendo diferentes carreras docentes para uno o más niveles del sistema educativo argentino.
▸ Universidades. Instituciones universitarias que, en el marco de su autonomía y respetando los contenidos curriculares básicos que se establezcan de acuerdo con el artículo 43° de la Ley 24.521 (1995), ofrezcan carreras de formación docente para uno o más niveles del sistema educativo argentino.

Además de integrar a la red a las instituciones que tradicionalmente no fueron creadas para la formación de docentes, como las universidades, las normas establecen un conjunto de características que, al menos en el plano formal, difieren de la organización histórica de los institutos superiores y las Escuelas Normales:

Las instituciones formadoras serán asumidas:

a) como unidad de gestión comunitaria, cultura, educativa y de producción social de saberes, conocimientos y servicios;
b) como facilitadoras de prácticas de participación democrática;
c) como organizadoras y ejecutoras de programas y proyectos educativos.

Los centros de formación docente:

a) Establecerán vínculos a través de modelos reticulares con el resto del sistema al que alimentan (formación reciclaje) y del que se nutre (experimentación, práctica, alternancia, etc.).

b) Implementarán estrategias de aprendizaje que permitan el protagonismo de los alumnos en el proceso de enseñanza-aprendizaje (aulas-taller, laboratorio, etc.) y vinculen la práctica docente con el abordaje de las principales problemáticas del sistema educativo (fracaso escolar, discriminación, etc.) (Resolución CFE N° 9, 1990).

Cabe aclarar que estas definiciones de modelos organizacionales se dan en el marco de la descentralización de responsabilidades a las jurisdicciones y un fuerte proceso de centralización de las decisiones esenciales (Vior, 2008). En ese contexto se espera un sistema de formación docente (Resolución CFE N° 32, 1993; Resolución CFE N° 166, 2001) con instituciones que articulen entre sí para cumplir las funciones de formación de grado, perfeccionamiento, actualización, investigación y preparación de graduados para nuevas funciones. Para ello, enfatizan características asociadas al cambio, la adaptabilidad a las demandas del medio social, la innovación, entre otras.

Además, la Resolución CFE 36/94 establece una forma de organización interna de las instituciones en departamentos o programas según las instancias de formación (formación de grado, perfeccionamiento, capacitación) o funciones de investigación y desarrollo. Para ello, es responsabilidad de la institución articular todas las actividades desarrolladas por las diferentes áreas.

3.3. La Red Federal de Formación Docente Continua

La Resolución del CFE N° 36/94 define a la RFFDC como un *sistema articulado de instituciones que asegure la circulación de la información para concretar las políticas nacionales de formación docente continua,* acordadas en el ámbito del Consejo Federal de Cultura y Educación. Está integrada por cabeceras provinciales designadas por los gobiernos locales y una cabecera nacional en el ámbito del Ministerio de Educación con funciones de coordinación y asistencia técnica y financiera. Las universidades podrán integrar la RFFDC, debiendo acordar con cada cabecera provincial las características específicas de sus aportes a la formación docente continua. Además, se incorpora una comisión "ad hoc" integrada por un representante por cada región del Consejo Federal de Cultura y Educación, dos representantes del Consejo Interuniversitario Nacional, un representante del Consejo de Rectores de Universidades Privadas, y un representante de la cabecera nacional de la Red.

La Resolución 56/92 del CFE establece las siguientes funciones para la RFFDC:

1. Formular los criterios y orientaciones para la elaboración de diseños curriculares jurisdiccionales de formación docente.
2. Fijar las prioridades de perfeccionamiento, capacitación e investigación sobre la base de los acuerdos del Consejo Federal de Cultura y Educación.
3. Ofrecer asistencia técnica a las instituciones y desarrollos curriculares.
4. Acreditar y registrar las instituciones provinciales que se le incorporen a la red.
5. Brindar información sobre las instituciones acreditadas y registradas en la Red.
6. Evaluar las instituciones de las respectivas provincias.

Con respecto a la evaluación de las instituciones, se crean unidades de evaluación en el ámbito de la RFFDC. Las unidades de evaluación se conforman preferentemente para grupos de provincias aunque también para una sola provincia. Están integradas por un mínimo de tres miembros y un máximo de siete, reuniendo atributos académicos que ameriten su integración (título de posgrado, reconocimiento por su actuación científica y/o profesional, ser o haber sido docente de instituciones de educación superior) (Resolución CFE N° 83, 1998). Esa misma normativa crea el Consejo Nacional de Evaluación de la Formación Docente para promover la aplicación homogénea de los criterios establecidos federalmente y/o formular propuestas al CFE en torno a eventuales modificaciones de los criterios comunes para la evaluación de instituciones y carreras de formación docente.

Esta nueva configuración de las instituciones y su enmarcamiento en el ámbito de una Red implica una clasificación de agentes y agencias que se incorporan al campo de la educación. Para el caso de los institutos superiores, se trata de una ampliación de funciones, en tanto las cabeceras jurisdiccionales (los ministerios de Educación) y la RFFDC se incorporan a la superestructura para configurar un sistema de formación docente. La Resolución 52/96 evoca un sistema de formación docente sin definiciones más específicas que la existencia de la RFFDC en tanto *sistema articulado de instituciones*, para establecer los criterios de su organización.

Cabe aclarar que los procesos de certificación de calidad en el sistema educativo, especialmente los referidos a la evaluación de las instituciones de formación docente, suceden en tiempos del emplazamiento de la Carpa Blanca por parte de los trabajadores docentes que abogaban por mayor presupuesto para la educación[54] y el cambio de rumbo de la política económica. De esta forma, articulación de un sistema y calidad, dos principios organizacionales de la formación docente, se despliegan en tiempos de pauperización del sistema educativo.

Por primera vez, la normativa elaborada por el CFE incluye a la capacitación integrada a la formación inicial y se institucionaliza la investigación como una de las nuevas funciones. Sin embargo, las prescripciones no dan señalamiento de prioridades ni de políticas integrales que indiquen que se trata de un lineamiento a mediano y largo plazo que deben cumplir las instituciones. La inclusión de la evaluación de acuerdo a criterios uniformes, propios del sistema universitario, sin el análisis de la pertinencia de su transferencia al nivel superior, señalan una carencia del cuerpo normativo.

El conjunto de normas elaboradas por el CFE para establecer la política de formación docente responde a la lógica macro de la reforma integral del sistema educativo. Es la primera vez que el organismo es el ámbito de concertación de política a nivel federal –entendida ésta como la sanción de normas– que se asienta sobre una lógica de descentralización/centralización de las decisiones en un contexto de deterioro de las condiciones financieras para el sostenimiento del sistema educativo. Bajo los principios de calidad y atención a las demandas del medio, las políticas para el sector demandan instituciones formadoras con ampliación de sus funciones sometidas a un proceso de evaluación de calidad, conforme a criterios estandarizados. En palabras de Popkewitz (1994) las categorías incluidas en la Reforma nos permiten analizar la manera en que los propósitos políticos van disciplinando y configurando en los sujetos los sentidos de la elección en el propio trabajo y la posibilidad de comprender los alcances de la profesionalización promovida. Si bien se evidencia, a nivel formal, un contexto político e institucional colaborativo bajo la figura de la articulación de redes, se evidencia la demanda de formación de un docente corresponsable de los resultados producto del ejercicio de un nuevo rol profesional. Nada se dice sobre las condiciones de trabajo, el salario de los trabajadores, las posibilidades institucionales de sostener proyectos, todo se da por supuesto que vendrá asociado en el cambio macroinstitucional.

---

54. Además, existen problemas estructurales de financiamiento. El documento aprobado por el CFE "Educación en democracia. Balances y perspectivas" señala que la política de descentralización de servicios del año 1991 se ejecutó sin garantizar los recursos necesarios para llevarla a cabo.

4. El curriculum de la formación docente en el ámbito del Consejo Federal de Educación

La búsqueda de "la matriz básica para un proyecto cultural nacional" (Resolución CFE N° 33, 1993) fue la garantía de democratización del sistema a través de la formulación de contenidos básicos comunes para todos los niveles, ciclos y regímenes. De esta forma, la normativa precisa que a partir de los CBC, las jurisdicciones actualizarán sus lineamientos o diseños curriculares y cada escuela argentina realizará un proceso de elaboración curricular en el que se reconocerán los niveles de especificación nacional, jurisdiccional e institucional. Los CBC fueron concebidos como una "herramienta estratégica" de un sistema educativo "descentralizado e integrado, que anticipe un porvenir construido a partir de la fertilidad creadora de un país con realidades diversas y sentido de Nación" (Resolución CFE N° 33, 1993).

Los puntos de partida acordados para la formulación de los CBC están en torno a la formación de competencias y una visión "amplia y renovada de los contenidos educativos". La Resolución CFE N° 33/93 señala:

> Las competencias se refieren a las capacidades complejas, que poseen distintos grados de integración y se ponen de manifiesto en una gran variedad de situaciones correspondientes a los diversos ámbitos de la vida humana, personal y social. Son expresiones de los distintos grados de desarrollo personal y participación activa en los procesos sociales. Toda competencia es una síntesis de las experiencias que el sujeto ha logrado construir en el marco de su entorno vital amplio, pasado y presente, y ofrece otra serie de elementos para la comprensión de este concepto innovador.

El proceso de formulación de los CBC fue planificado en etapas con la inclusión de una gran cantidad de especialistas para la definición de "contenidos conceptuales", "contenidos procedimentales" y "contenidos actitudinales" para todos los niveles del sistema. Los criterios para su organización señalados por la normativa (significatividad social: extensión y profundidad; integración y totalización; articulación horizontal y vertical; actualización; apertura; jerarquización; claridad y sencillez) remiten a características y condiciones de un proceso técnico-político de deliberación y definición que no estuvo al alcance de todos los sujetos implicados. Los equipos técnicos fueron los destinatarios privilegiados de esas orientaciones en tanto los directivos y docentes, responsables de mantener la doble fidelidad del curriculum (Terigi, 2004): fidelidad al saber, fidelidad de la escuela al curriculum.

La definición de CBC generó mayores niveles de fragmentación en el sistema formador operando como un mega dispositivo que legitimaba la separación entre docentes y los legitimados especialistas. Además, tomando los aportes de Terigi (2004) se desplegaba la supuesta fidelidad al curriculum en todo el proceso de definiciones que los sujetos debían realizar, tal vez sin las condiciones materiales y simbólicas que garantizaran legítimamente las opciones institucionales. Los CBC impactaron de manera particular en la formación docente ya que, en el marco de la reforma global, el sector fue el foco central para instalar los mecanismos de evaluación y monitoreo de las prácticas docentes, evaluación de los resultados a través de mecanismos de acreditación institucional, la incorporación de nuevas agencias para intervenir en la formación inicial, capacitación y perfeccionamiento de todos los docentes del sistema.

Como señalamos en apartados anteriores, esta reforma global respondió a un movimiento internacional en el que se introduce el discurso pedagógico oficial como un nuevo campo recontextualizador (Davini, 1998) a través de las definiciones de contenidos, presencia de especialistas y nuevas prácticas especializadas, como parte constitutiva de la centralidad política que tiene la formación en el proceso de reforma educativa. Esta característica no es novedosa ya que el MEB y el PTFD legitimaron la presencia de especialistas en el diseño e implementación de las experiencias formativas, incluyendo además un análisis crítico del modelo tradicional en el que se asentó. La novedad consiste en ampliar esa tendencia y la legalización de su participación.

4.1. Las prácticas en la formación docente

En este contexto de renovación de contenidos y formas de definir las propuestas curriculares, las jurisdicciones inician un proceso de renovación de los planes de estudio teniendo como referencia las definiciones federales que además de los contenidos, avanzan sobre la unificación de los títulos y la carga horaria mínima requerida, aumentando a 1.800 horas la formación para el profesorado de nivel primario e inicial, y 2.800 horas para el profesorado de la EGB 3 y Polimodal.

La "matriz básica para la cultura nacional"[55] establecida a partir de la formulación de los CBC no constituye un diseño curricular, conforma el insumo básico para su elaboración que las jurisdicciones deberán desarrollar conforme las pautas de la Resolución 37/94 del CFE. Además, se da

---

55. La Resolución 33/93 define a los CBC como parte constitutiva de esa matriz de la cultura nacional.

por supuesto lo que significa la cultura nacional y a qué refiere el carácter básico, conceptos de gran valor político que no forman parte de las definiciones normativas. En la formulación de los CBC se priorizan los aspectos técnicos por sobre los políticos. La organización de la formación docente de grado se divide en tres grandes campos, comunes para toda la formación:

1. Campo de la formación general pedagógica, destinado a conocer, investigar, analizar y comprender la realidad educativa en sus múltiples dimensiones. Presenta cuatro bloques: Sistema educativo, Institución escolar, Mediación pedagógica y Currículo.
2. Campo de la formación especializada por niveles y regímenes especiales.
3. Campo de la formación de orientación, por contenidos referidos a disciplinas o áreas específicas.

En cada campo se incluyen bloques y cada uno de ellos está integrado por contenidos conceptuales, procedimentales y actitudinales. Precedidos de una síntesis explicativa, los contenidos guardan relación con las expectativas de logro por bloque con la excepción de los contenidos actitudinales.

La síntesis de elementos culturales (De Alba, 1995) legitimados para la formación, da cuenta de un proceso dirigido de manera predominante por especialistas y en un sistema ampliado de consulta que incluye a los docentes del sistema formador.[56] El proceso recontextualizador del discurso pedagógico oficial presentó un sesgo instruccional dado por la división operada sobre los contenidos y las expectativas de logro. Davini (1998) señala que los CBC presentan una organización de contenidos que yuxtaponen dos tipos de discursos, uno de tipo general relativo al cuerpo de conocimientos sobre "educación" y otros específicos, sobre las materias que serán enseñadas en las escuelas o de tipo "curricular". Los primeros están centrados en la formación de la "conciencia" y los segundos, en la performance práctica.

4.2. Las prácticas de enseñanza: de la inclusión a la fuga. Notas de un recorrido a través de la normativa

La preocupación por la práctica es una recurrencia presente en la formación docente a partir de la definición de los CBC, no sólo por la efecti-

---

56. La publicación de los contenidos básicos comunes para la formación docente de grado, incluye en su presentación la lista de aportes recibidos por el trabajo realizado con docentes, equipos técnicos y eventos académicos. Se destaca la nómina de consultores nacionales, internacionales, integrantes del PTFD, encuestas a doscientas organizaciones no gubernamentales, encuesta de opinión pública a 1.520 ciudadanos representativos de la población nacional, encuestas a través de los medios, aportes espontáneos y relevamientos de diferentes programas del Ministerio de Cultura y Educación de la Nación.

vidad del trabajo sino por la inclusión de una multiplicidad de categorías teóricas provistas por la investigación en el campo de las Ciencias Sociales y especialmente de la Didáctica que fundamentan el nuevo enfoque de la formación. Como lo señalamos en capítulos anteriores, la consolidación del campo de la educación repercutió en la ampliación y diversificación de las referencias conceptuales incluidas en las propuestas curriculares, y en el caso de la "Práctica" es muy significativo. Por primera vez se incluye en apartados que no tienen que ver exclusivamente con la materia "Prácticas y residencias".

La inclusión de la noción de práctica está signada por tres características generales que sesgaron ese proceso:

1. Inclusión polisémica. La alusión a un carácter polisémico del concepto anclado en la teoría social.
2. Inclusión diluyente. La dilución de su potencia como concepto clave en la formación docente.
3. Inclusión acotada. Una concepción diafragmática de las intervenciones en el aula.

4.2.1 Inclusión polisémica. La alusión a un carácter amplio del concepto anclado en la teoría social

Los documentos evidencian su uso de manera amplia, para referirse al "hacer" de los docentes atendiendo a un valor polisémico genérico. La primera norma que hace referencia a la "práctica" es la Resolución del CFE N° 9/90. En este documento se utiliza en veinte ocasiones. Algunos ejemplos:

Visualización de la *práctica como ejemplificación de la teoría* y no como espacio de confrontación y eventual reconstrucción de la misma. (Resolución del CFE N° 9, 1990, cursivas propias)

(El docente debe) ser agente de una distribución equitativa de bienes culturales que faciliten una mejor calidad de vida para todos y de *prácticas sociales* basadas en la solidaridad. (Resolución del CFE N° 9, 1990, cursivas propias)

(El docente debe tener) capacidad para la reflexión crítica y la reformulación de las *propias prácticas docentes* y facilidad para propiciar la misma en sus alumnos. (Resolución del CFE N° 9, 1990, cursivas propias)

(La estructuración curricular deberá) garantizar la *relación teoría-práctica* a través de las siguientes estrategias: a) *prácticas progresivas desde el inicio de la formación*. (Resolución del CFE N° 9, 1990, cursivas propias)

La Resolución del CFE 9/90 inaugura el conjunto de definiciones políticas y pedagógicas que luego tendrán su expresión en los contenidos de la formación. La "práctica" se incorpora a las propuestas curriculares ampliando su relación habitual a la "materia práctica" o a la "aplicación práctica", nominación característica de los planes de estudio en vigencia hasta el momento.

Esta ampliación de significados se corresponde con la comprensión de la complejidad de la realidad social, educativa y áulica promovida en los CBC desde los aportes teóricos alejados del discurso tecnocrático sobre la educación. Las prácticas docentes, pedagógicas, sociales, los saberes prácticos, la relación teoría-práctica, se incluyen compartiendo un conjunto de significados con la enseñanza, sin asociarla directamente pero sí estableciendo el vínculo entre la intervención del docente y el conocimiento, la intervención del docente y la transmisión de la cultura, la intervención del docente y el mundo del trabajo y la vida social. Todas estas concepciones abrevan en reconocer que esas intervenciones específicas con diferentes finalidades, son un tipo de práctica *social* diferente de otras prácticas.

Esta incorporación constituirá un legado importante –ni lineal, ni directo– en las definiciones curriculares posteriores, legaliza para todo el sistema formador una concepción de enseñanza que, si bien requerirá de mayores especificaciones, es una intervención social construida históricamente promovida por intereses generales y particulares. De esta forma, las prácticas referidas en la norma, en tanto prácticas sociales se integran a un sistema simbólico que, al decir de Bourdieu (2007), se sostiene cómodamente en su unidad aun con contradicciones.

Los CBC propusieron una renovación de ese sistema, incorporando categorías teóricas provenientes del campo académico que fueron utilizadas de manera genérica sin atender a sus precisiones. Los conceptos de *práctica docente* y *práctica pedagógica*, inauguran un conjunto de significados novedosos para la formación docente. El maestro apóstol, técnico, profesional, trabajador, es resignificado por la política oficial para caracterizar su tarea. Esta diferenciación permite, al menos en lo formal, un análisis sobre la criticidad o el carácter problemático de la docencia que hasta el momento las propuestas curriculares eludían. Los documentos lo presentan de este modo: "El perfeccionamiento docente en actividad consiste en una revisión crítica de los problemas que *presentan las prácticas pedagógicas* y vincula la *práctica docente* con el abordaje de las principales problemáticas del sistema educativo".

Esta diferenciación, de gran valor teórico y político, aparece en tiempos de una reforma global que impacta fuertemente en la pauperización de las condiciones del trabajo, los salarios y el financiamiento de la educación en general. Como lo señalamos en apartados anteriores, los documentos establecen lineamientos para un rol docente profesionalizado que realiza una práctica, de gran valor para sí y la sociedad, reconocida como trabajo, pero sin las condiciones suficientes para su pleno desarrollo. De este modo, se advierte una inclusión que se corresponde con los aportes de la investigación, pero todavía la práctica no tiene un lugar propio en los CBC, sino está mencionada en el campo de la formación especializada por niveles y regímenes especiales. Fueron los diseños curriculares jurisdiccionales los que cumplieron con el requerimiento de "progresividad" de la formación y la incluyeron desde primer año. Un ejemplo de ello es la propuesta de la provincia de Buenos Aires:[57]

Tabla 2

Organización de los campos de la formación docente según la Resolución 37/94 y la propuesta de la provincia de Buenos Aires.

Campos de la formación docente (CBC) Resolución CFE N° 37/94	Diseño curricular de la provincia de Buenos Aires.
- Campo de formación general	- Espacio de la fundamentación pedagógica
-Campo de la formación especializada	- Espacio de la especialización por niveles
	- Espacio de la práctica docente
- Campo de la formación de orientación	- Espacio de la orientación

Fuente: Autoría propia.

Con respecto a las prácticas pedagógicas y la relación maestro-conocimiento-alumno, centrada en el "enseñar" y el "aprender" que señala Achilli (1988), tuvo un sesgo particular vinculado al saber enseñar las disciplinas,

---

57. La provincia de Buenos Aires, en el marco de las atribuciones conferidas por los acuerdos federales, toma las prescripciones del CFE y organiza el Espacio de la Práctica dentro del campo de la formación especializada. El marco general del diseño curricular de la provincia de Buenos Aires (1999) sostiene "…el ejercicio de la profesión de educador es la práctica docente, entendida como el trabajo que se desarrolla cotidianamente en particulares condiciones históricas, sociales e institucionales. Pero esta práctica debe realizarse con una intencionalidad que trasciende el lapso de la intervención personal de cada docente, ya que su horizonte es la meta final de todo el proceso educativo".

donde los aportes de las Didácticas específicas fueron el núcleo de referencias para definir esa relación. Como efecto de la inclusión en estos términos se evidencia otra característica: la inclusión diluyente.

4.2.2. Inclusión diluyente. La dilución de su potencia como concepto clave en la formación docente

La idea de la dilución de la potencia del concepto deviene de retomar las definiciones presentes en la normativa.

Los saberes, *las prácticas pedagógicas* y la investigación educativa, constituirán ejes complementarios para la construcción y mejoramiento de las prácticas profesionales en las instituciones que forman docentes y serán consideradas actividades interdependientes. *Reflexión y acción formarán parte de un mismo proceso.* La recuperación de la propia experiencia desde el enfoque de la investigación y el compromiso de los actores involucrados constituirán un elemento significativo para la modificación de las prácticas docentes. (Resolución CFE 63, 1997, cursivas propias)

La *reflexión* acerca de las relaciones entre el conocimiento basado en la investigación y los desarrollos teóricos, y el conocimiento elaborado en la *práctica pedagógica* apunta al fortalecimiento profesional de la docencia y a la toma de decisiones fundamentales en la acción de enseñar. (Resolución CFE N° 74, 1998, cursivas propias)

Las prácticas, en tanto prácticas sociales, requieren de análisis para reconocer en ellas la presencia de lo social, los múltiples atravesamientos contenidos en los habitus presentes en las intervenciones específicas que requieren las decisiones de enseñanza. De este modo lo expresan las normativas precedentes, sin embargo, como afirmamos en párrafos anteriores, los CBC no prevén un espacio particular para ello. Su ubicación en los saberes especializados se diluye en el tratamiento del contenido a enseñar como lo muestra la tabla 4. No es menester de este análisis negar el tratamiento particular que requiere la enseñanza de los contenidos, sino señalar que se ha otorgado cierta exclusividad en el diseño de los contenidos. Tal como indica Davini (1998), esta escisión entre la formación teórica destinada a la comprensión de la complejidad de la educación y las prácticas de enseñanza circunscriptas a la enseñanza de las disciplinas, en clave de una ausencia de identidad de la "formación práctica", señala la posición diluyente de su tratamiento en la formación.

Sostener una propuesta curricular que reconoce el valor de los procesos reflexivos en la formación, implica pensar en la inclusión de contenidos, formatos, tiempos, agentes que puedan sostenerlos. La normativa asocia a *la reflexión y la recuperación de la propia experiencia desde el enfoque de la investigación* y *el compromiso de los actores* para su modificación. De esta manera, podemos afirmar que la inclusión en la formación de las *prácticas reflexivas* con la amplitud otorgada, está más vinculada al peso dado a la dimensión técnica de la enseñanza preocupada por la transmisión de contenidos disciplinares, que a la enseñanza como una práctica social, con intencionalidad, que requiere análisis permanente por parte de quien la realiza.

Esto no es evidente en la descripción de contenidos, por ese motivo sostenemos que se trata de una inclusión diluyente de esta categoría provista por los aportes de la investigación en el campo de la educación. Además, en el conjunto de definiciones se advierte la presencia de un sesgo que mantiene, con matices, la idea de la "puesta en práctica" o de "estrategias" de enseñanza o del "proceso enseñanza-aprendizaje". Este señalamiento da cuenta de la ausencia de cierto resguardo epistemológico dado en la definición original de los CBC al concebirlos asociados a competencias, o producto de los mecanismos de negociación propios de los documentos políticos. Sin embargo, no se trata de una cuestión de estilo, sino de la convivencia de categorías contradictorias entre sí. Los documentos lo expresan de esta manera:

> El rol docente comprende el diseño, *puesta en práctica*, evaluación y ajuste permanente de acciones adecuadas para el desarrollo integral de la persona, a través de la promoción del aprendizaje y la construcción de saberes, habilidades y actitudes de los educandos. (Resolución CFE N° 32, 1993, cursivas propias)

> El desempeño profesional del rol docente como una alternativa de intervención pedagógica mediante el diseño, *la puesta en práctica*, la evaluación y la reelaboración de estrategias para la formación de competencias a través de la enseñanza de contenidos (conocimientos, procedimientos y actitudes) a sujetos específicos en determinados. (Resolución CFE N° 32, 1993, cursivas propias)

> (Las instituciones) Implementarán estrategias de aprendizaje que permitan el protagonismo de los alumnos en *el proceso de enseñanza-aprendizaje* (aulas-taller, laboratorio, etc.) y *vinculen la práctica docente* con el abordaje de las principales problemáticas del sistema educativo (fracaso escolar, discriminación, etc.). (Resolución CFE N° 9, 1990, cursivas propias)

Estas dos características de la inclusión del concepto "prácticas", la polisemia y la dilución, devienen en una concepción acotada que sustenta el tipo de intervenciones previstas por los CBC para el trabajo docente.

4.2.3. Inclusión acotada. Una concepción diafragmática de las intervenciones en el aula

El análisis precedente señala el cambio operado en la normativa elaborada por el CFE sobre la enseñanza, aun considerando una baja intensidad de los conceptos incluidos. Entendida como práctica social, las prácticas de enseñanza como parte de la formación estuvieron incluidas en el proceso mismo de formulación de los CBC y el trabajo posterior que realizaron las jurisdicciones y las instituciones.

En el apartado anterior señalamos que la "práctica" no tiene un lugar diferenciado en la estructuración de los CBC, sino que aparece referenciada en el campo de la formación especializada por niveles y regímenes especiales. La presencia de cierto énfasis en la puesta en práctica, las estrategias, el proceso de enseñanza-aprendizaje en un contexto de definición curricular por contenidos básicos comunes, la ubica en los bloques de las disciplinas y/o especialidades de la formación.

En el análisis de los contenidos del campo de formación de orientación, se presentan los contenidos de las áreas a enseñar en el profesorado para la educación primaria:[58] Lengua y Literatura, Matemática, Ciencias Naturales, Ciencias Sociales, Tecnología, Educación artística, Educación Física, Formación ética y ciudadana y el bloque transversal del Mundo contemporáneo. En todos ellos, la estructura es similar: están organizados en bloques de contenidos según definiciones epistemológicas de las disciplinas y al interior se presenta una breve síntesis explicativa de los contenidos, una propuesta de alcance de los contenidos seleccionados y las expectativas de logro al finalizar la formación docente excluyendo a los contenidos actitudinales de este apartado. Como afirmamos en párrafos precedentes, este es otro efecto de la separación de la dimensión política de la técnica, además, coincidiendo con Davini (1998), podemos afirmar que las reglas de clasificación están definidas de modo implícito porque no se trata de un plan de estudios que marca enfoques de aplicación de marcos teóricos. En cambio, las reglas de secuencia están ausentes; no se dice nada de la duración del tratamiento de los contenidos en todos los casos, eso será una decisión de las jurisdicciones.

---

58. La división de los CBC corresponde a los profesorados para todos los niveles. En este caso, usamos como ejemplo el nivel primario.

Dentro de los bloques de las áreas de la orientación, se encuentra un bloque llamado *"Práctica de enseñanza de…"*. En ese bloque, las prácticas de enseñanza están definidas por el alcance de los contenidos tendientes a la "observación, planificación, conducción y evaluación de los procesos escolares de…".

CIENCIAS NATURALES. SÍNTESIS EXPLICATIVA.

Por este motivo se presentan a continuación algunos procedimientos que los docentes podrían poner en acción y que se articulan de modos diferentes en la práctica de la enseñanza de las ciencias.

- *Observar y analizar* situaciones de enseñanza de ciencias sociales.
- *Planificar y conducir estrategias de enseñanza* de contenidos de las ciencias sociales.
- *Evaluar las estrategias de enseñanza* empleadas y el proceso de aprendizaje de las alumnas y los alumnos.
- La observación y el análisis de situaciones de enseñanza de ciencias naturales es una instancia a través de la cual los futuros docentes podrán: establecer pautas que permitan *elaborar instrumentos para la observación de clases*; *identificar los objetivos de aprendizaje y los contenidos* de enseñanza; *fundamentar y/o criticar* la selección, organización y secuencia de los contenidos, de las actividades y de los recursos didácticos; y *analizar y discutir los supuestos* que sostuvieron esa elección y organización.

La síntesis explicativa de la práctica de enseñanza de las Ciencias Naturales da cuenta de una concepción de práctica que requiere ser observada a partir de "instrumentos" que luego puede ser desagregada en sus componentes (objetivos, contenidos) para luego avanzar en la fundamentación y análisis de supuestos de la elección y organización de contenidos. Esta secuencia de intervención desconoce el contexto institucional, las tradiciones de la formación (Davini, 1998), la historia de los dispositivos que trascienden a los docentes (Edelstein, 2011) y la finalidad de los diversos formatos escolares en la transmisión del conocimiento (Entel, 1988), entre otras. Así planteado, se sostiene la idea de la "neutralidad" de la acción docente ahora concebida de una manera más sofisticada, y posible de ser aprehendida a partir de instrumentos que, como sabemos, nos permiten mirar lo que es seleccionado como válido. En esta propuesta, la intervención del docente vale más por su poder de anticipación para poder controlar y explicar lo que sucede en el aula que como una práctica social compleja, de ineludible compromiso ético, que se escapa a la "mirada" pre-formateada. En síntesis, desconoce el interrogante genuino de los docentes por sus propias prácticas en tanto se trata de una práctica sostenida sobre la reflexión y en algunos casos, se adiciona la "evaluación" al "análisis" de las prácticas.

En la selección de los contenidos de los bloques se incluye a los marcos teóricos –de las disciplinas– para analizar las prácticas. Esta posición acota la enseñanza y la reflexión y/o análisis que se pueda hacer de ella al trabajo que el docente realice con los contenidos, por tal motivo cobra relevancia el marco conceptual provisto por la noción de *transposición didáctica*, una referencia propia de las didácticas de las disciplinas. En la presentación de los CBC señalamos la idea de *fidelidad* (Terigi, 2004) que sostuvo este proceso centrado en contenidos y de qué manera la noción de transposición didáctica se convierte en la mega-categoría que explicaría en qué consiste enseñar. Coincidimos con Steiman (2018) al afirmar que la noción de práctica de enseñanza de los CBC supone procesos de generalización, exclusión, omisión que alejan al docente de su trabajo específico, ya que se trataría de atribuirle sólo las acciones de cierta adecuación, carente de saber pedagógico y compromiso ético.

Esta mirada acotada deja fuera del alcance una multiplicidad de análisis –incluidos los vinculados al tratamiento de los contenidos– que provienen de concebir a la enseñanza como una *práctica social* en términos bourdia-nos, cuya finalidad ética, sentido pedagógico, alcance y naturaleza de las intervenciones, no puede desprenderse de su historia, de los supuestos que sostiene, de las lógicas que las organiza, de los sujetos que las realizan. No se trata entonces de discernir si las normas contemplan un enfoque de versus entre disciplinas, sino de señalar que en pos de la efectividad de la acción de enseñanza, los CBC abandonaron los aportes de la Didáctica General para comprender el sentido de las prácticas reales y concretas de los docentes, diseñar mejores intervenciones sujetas a los fines éticos y políticos de la enseñanza. En palabras de Davini (1998), los CBC dieron cuenta de las fugas teóricas y metodológicas que se despliegan en la teorización didáctica, vaciando de correspondencia entre los tratamientos que se pueden hacer desde la Didáctica General y las Didácticas específicas.

A la luz de este análisis y teniendo en cuenta los aportes teóricos a la normativa, señalamos una tercera fuga, tácita en los estudios relevados, que se pone de manifiesto en la selección de contenidos sobre la enseñanza presentes en los CBC: una fuga política. Como lo indicamos en los apartados anteriores, los contenidos para la formación docente incluyen la categoría de práctica social para referirse a la enseñanza, como práctica docente, práctica pedagógica, prácticas cotidianas, señalando la influencia de las investigaciones de corte socioantropológico que introducen la noción del poder, el control, la autoridad en el campo de la educación. Sin embargo, esta inclusión polisémica y diluyente de la potencia del concepto, permite sostener los nuevos principios tecnocráticos que asocian la enseñanza a un trabajo devenido de la acción de planificar, conducir y evaluar aprendizajes, en este caso, de contenidos señalados como socialmente significativos. Esto se explicita aún con más fuerza en la organización de contenidos para la formación docente, donde la *práctica de enseñanza* está directamente vinculada con los contenidos de los diferentes niveles y especializaciones de la formación. La reflexividad y el análisis de las prácticas, si bien están incluidos, parecen operar en la acción de observación dirigida por instrumentos y análisis de fundamentos, y decisiones sobre los contenidos sin ahondar en la naturaleza social de los habitus que sostienen esas intervenciones. Esta fuga política puede ser entendida como un desplazamiento del concepto de la enseñanza como un acto político que responde a una intencionalidad que requiere ser comprendida, a una concepción de enseñanza aséptica, neotecnicista centrada en los contenidos. Esta fuga produce mutaciones de los sentidos propios de la enseñanza que tienen un alto impacto en la formación.

En apartados anteriores indicamos cómo a partir de las prioridades políticas, el pensamiento pedagógico establece marcos de referencia para los documentos elaborados por el CFE que, además de estar sujetos a la dinámica del campo de la educación, tienen vigencia más allá del momento fundacional. El ejemplo más claro es la secuencia "planificación, conducción, evaluación de los aprendizajes" que abreva en los principios del pensamiento tecnocrático de la década de 1970 y se sostiene, con algunos cambios de significados, en los CBC de los años 1990 en convivencia con otras conceptualizaciones del campo.

Finalmente, podemos afirmar que los CBC se construyeron bajo una expectativa homogeneizadora, reconociendo, al menos en el plano de la fundamentación, la importancia de las intervenciones particulares. Las tensiones entre la formulación general y las decisiones de los docentes para las intervenciones en el aula, se ubicó la concepción de enseñanza que fue revisada en las normas del Consejo, unos años después de su implementación.

Al poco tiempo de su implementación y en ocasión de la crisis del año 2001, con un gobierno diferente al que gestó los CBC, se advierten los resultados de la política educativa de la década anterior y surge, en los documentos, un estilo renovado para la definición política de la enseñanza. Se incluyen con más claridad las características propias de todo proceso complejo, con incidencia directa en los aprendizajes, que desplaza las múltiples referencias a las prácticas y lo concentra en la definición *prácticas de enseñanza*.

Como ya señalamos, la crisis de 2001 implicó redefiniciones políticas integrales para el sistema educativo acordadas en el ámbito del CFE. El documento "Un compromiso por la enseñanza y el aprendizaje" (Resolución N° 155, 2001) pretende promover una mayor vinculación entre las prescripciones curriculares y las prácticas cotidianas del aula. Además, describen las dificultades de la política curricular de los años 1990 entendiendo que los CBC fueron hipótesis de máxima con poca vinculación con las prácticas educativas vigentes que no resolvieron los problemas críticos relacionados con la calidad de los aprendizajes. Lo señala de este modo:

> La definición exhaustiva y centralizada de contenidos para la enseñanza representada por los CBC traccionó la formulación provincial de los diseños curriculares, haciendo que en la mayoría de los casos, éstos se constituyeran en hipótesis de máxima, *disminuyendo la capacidad para focalizar acciones de enseñanza y poca vinculación con las prácticas educativas vigentes* en las escuelas. (Resolución CFE N° 155, 2001, cursivas propias)

La descripción del estado de situación, la enseñanza y los aprendizajes en el sistema educativo, forma parte de un documento de política curricular. Este señalamiento es importante, ya que en él se visibilizan las prioridades de la política y, para nuestro análisis, representa un giro en la concepción de prácticas de enseñanza. Señala además que los diseños curriculares están alejados de la realidad, son inalcanzables y abstractos para las escuelas. Ubica a las prácticas de los docentes en su contexto y las concibe como el eslabón fundamental en la construcción escolar del curriculum:

> En un universo importante los contenidos renovados todavía no logran incorporarse de manera efectiva en las *prácticas de enseñanza* de las escuelas. (Resolución CFE N° 155, 2001, cursivas propias)

> *Las prácticas de los docentes en su contexto de realización* son un eslabón fundamental en la construcción escolar del currículum y en la focalización de la enseñanza. (Resolución CFE N° 155, 2001, cursivas propias)

El CFE incorpora las prácticas de enseñanza en el centro de las definiciones políticas del sistema educativo. Se trata de una consideración notable, carente de eufemismos, con intencionalidad política que no elude el trabajo futuro para superar los efectos de los CBC. Si bien este documento no está destinado directamente a la formación docente, su definición inaugura una perspectiva de trabajo que impactará en todo el sistema y especialmente en la definición de los objetivos y líneas de trabajo del INFOD.

La presencia de estas categorías a través del análisis de frecuencia (Bardin, 1986) que se mencionan en las normas con definiciones de la política pedagógica de todo el período, da cuenta de este cambio:

Tabla 5
Frecuencia de uso del concepto "prácticas"

	Prácticas*	Enseñanza
Cantidad de veces que se emplea el concepto en las Resoluciones del CFE para las definiciones político-pedagógicas desde 1990 hasta 2000.	46	13
Cantidad de veces que se emplea el concepto en las Resoluciones del CFE para las definiciones político-pedagógicas desde 2001 hasta 2003	20	24

* Refiere a prácticas docentes, pedagógicas, sociales, democráticas.

Este análisis pone en duda los efectos de las políticas de formación docente impulsados por la Reforma de la década del noventa. La *profesionalización del rol docente* promovida a partir de los CBC sostiene una aporía: el esperado nivel de desempeño de los docentes controlado a partir de los CBC, se desarrolla en un contexto de pauperización del trabajo y se formaliza en la normativa como "prácticas reflexivas y críticas". Sin embargo, se advierte que las políticas enfatizan los contenidos e intervenciones de enseñanzas acotadas a los contenidos en la lógica eficientista sostenida por la tradición que la Reforma decidió modificar. La práctica de la enseñanza, ubicada formalmente en los bloques del tratamiento de las diferentes disciplinas, recupera la herencia simbólica del reduccionismo que legó la idea de un "único proceso" de enseñanza y aprendizaje. Se trata de una conceptualización de "prácticas" con restricciones que operan en la delimitación simbólica del campo de acción docente, circunscripta al tratamiento de los contenidos. Queda de lado el caudal analítico que la formación en y para la enseñanza –como práctica social– invita a analizar: las definiciones conceptuales, las condiciones materiales del trabajo docente, el sentido del trabajo y la carga ética e intencional que tiene la especificidad de la tarea. Se trata entonces de una nueva forma de "amaestramiento", en este caso al concebirla como espacio amplio de acción restringida al tratamiento de los contenidos.

No se trata de subestimar los aportes de las disciplinas sino de proponer un análisis desde la producción del campo, que permita comprender por qué motivo, a pesar del aumento del caudal teórico de la(s) Didáctica(s), los diagnósticos de los documentos elaborados en el ámbito del CFE señalan que las transformaciones de la reforma educativa alejaron la pretensión de una mejor educación. Las tensiones en los estudios sobre las prácticas de enseñanza no llegaron a consolidar un espacio curricular en la formación docente, por lo menos a nivel federal, que contenga a la formación en las prácticas de enseñanza con una identidad diferenciada. La inclusión-exclusión de la dimensión política de la enseñanza es la clave sobre la que se generarán las nuevas definiciones curriculares para el sistema formador, tal como lo muestra la inclusión del concepto *prácticas de enseñanza* en los documentos del CFE del año 2001.

La restricción de la dimensión política puede ser entendida como una erosión de los significados que habilitan a la intervención humana para la transformación de la realidad y, a partir de ello, de los significados naturalizados largamente en el campo educativo. El neotecnicismo propuesto por los CBC para las *prácticas* generó un interés en una agenda no considerada hasta entonces por el sistema formador, sin embargo, al despolitizar el valor de la enseñanza, disminuyeron el interés por la acción de reconstrucción de nuevas prácticas de enseñar y de formarse en la práctica para ello.

CAPÍTULO 8

El Consejo Federal de Educación.
Cuarto período 2003-2012

La formación docente como política de Estado

En la segunda etapa del período anterior, el CFE se constituyó en el espacio organizacional que permitió la efectiva concertación de acuerdos entre la nación y las provincias para la transformación del sistema educativo propuesta en la LFE (1993). En ese ámbito se definieron prioridades para la implementación de la Ley, la modalidad de trabajo, la elaboración de los criterios técnicos y políticos para los CBC de todos los niveles, la formulación de contenidos y estructura de la formación docente, entre otros temas. Se constituyó la RFFDC como el mecanismo formal para la integración del sistema formador. Sin embargo, tal como lo muestran los diagnósticos elaborados por el CFE a finales de 2000, se profundizó la fragmentación existente. A partir del cambio de gobierno en 2003, el tenor de los documentos indica que la actuación del Consejo inició este período con un perfil ejecutivo creciente, poniendo el acento en la necesidad de establecer grandes acuerdos en torno a la recomposición del sistema educativo. Luego, conforme al avance del diseño de políticas educativas y especialmente en formación docente, el organismo formuló normativas de coordinación de políticas nacionales para el sector.

La elaboración de los CBC se desplegó en el centro de un proceso recontextualizador del discurso pedagógico oficial que presentó un sesgo instruccional, conforme al espíritu de profesionalización del rol docente promovido por la Reforma de los años noventa. La normativa elaborada por el CFE incluyó la noción de práctica sostenida en tres características generales: la alusión a un carácter polisémico del concepto anclado en la teoría social; la inclusión diluyente de su potencia como concepto clave de la formación docente y la inclusión acotada a la transmisión de contenidos disciplinares. Este proceso estuvo en diálogo con la producción de conocimientos de la Didáctica General y las Didácticas Específicas, aunque no siempre desde una bien lograda articulación para superar los enfoques reduccionistas de la enseñanza.

1. El contexto

Como describimos hasta este punto, la dificultad de caracterizar de manera unívoca a "la política educativa" de un período se debe a la complejidad del sistema en términos de cantidad de estudiantes, docentes e instituciones como también de su gobierno en el marco del federalismo fundante. El Estado ha intervenido desde la década del setenta en un proceso de reestructuración del sistema educativo con descentralización administrativa y financiera sin los fondos necesarios para su sostenimiento que se mantuvo hasta finales del siglo XX. Los efectos de las políticas neoliberales a partir de 2001-2002 se manifestaron en la grave crisis económica y social que dejó huellas muy profundas en la vida institucional del país. Varios estudios señalan que la vida en las instituciones educativas fue tal vez uno de los pocos espacios de resguardo y contención social para los niños, jóvenes y adultos que las habitaban (Dussel, 2013). El gobierno de Néstor Kirchner[59] en 2003 generó el restablecimiento de los mecanismos institucionales de representación y abrió paso a una etapa de mayor estabilidad política que en materia educativa se tradujo en la agenda legislativa y en el desarrollo de programas a través de los cuales el Ministerio de Educación nacional sostuvo la iniciativa política (Terigi, 2016).

La direccionalidad de la nueva política educativa estuvo marcada por la necesidad de hablar de justicia en la escuela al tiempo que se desplegaron, de manera complementaria, medidas extraescolares de recomposición de la trama social y económica y, especialmente, la restitución de derechos (Dussel, 2013). En Argentina y también en la región, se inició una etapa de construcción de una oposición al consenso reformista de los noventa y la recuperación de la centralidad del Estado en la implementación de políticas más inclusivas (Feldfeber y Gluz, 2011) dejando en primer plano la necesidad de definir políticas educativas de inclusión y justicia social.

Las discusiones sobre el diagnóstico de la educación fueron un tema de agenda de los gobiernos anteriores que se manifiesta en el tratamiento que

---

59. Néstor Kirchner (1950-2010) fue un abogado, político y presidente de la Nación Argentina entre el 25 de mayo de 2003 y el 10 de diciembre de 2007.

le dio el CFE, un espacio que de alguna manera adelantó la necesidad de un gran acuerdo en torno a la definición de políticas que atendieran la grave situación. Con respecto a la agenda legislativa, en este período se sancionaron leyes muy importantes para revitalizar el sistema educativo:

- Ley de Garantía del salario docente y 180 días de clase (2003). Estableció un ciclo lectivo anual mínimo de 180 días efectivos de clase para todo el país y contempla la posibilidad de asistencia financiera del Poder Ejecutivo nacional para las jurisdicciones que no pudieran pagar los salarios.[60]
- Ley del Fondo Nacional de Incentivo Docente (2004). Prorrogó por el término de cinco años el fondo creado en 1988 para otorgar aumentos salariales a través de una suma fija para todos los docentes del país.
- Ley de Educación Técnico-Profesional (2005). Regula la educación técnico-profesional en el nivel medio y superior no universitario y la formación profesional.
- Ley de Financiamiento Educativo (2005). Estableció el incremento de la inversión en educación, ciencia y tecnología en forma progresiva, hasta alcanzar en el año 2010 una participación del 6% del PBI.
- Ley de Educación Nacional (LEN) (2006). Deroga la Ley Federal de Educación (1993), transforma la estructura del sistema y crea modalidades educativas. Una de las principales modificaciones remite a la conceptualización de la educación como bien público y como derecho social, y la centralidad del Estado en la garantía de este derecho y el carácter público de todas las escuelas, reconociendo los diferentes tipos de gestiones.

El otro pilar de la agenda política fueron los programas nacionales en educación. Terigi (2016) afirma que todas las gestiones de gobierno han tenido iniciativas de ese tipo, muchos de los cuales fueron sostenidos por las sucesivas gestiones acumulando propuestas que corresponden a conceptualizaciones distintas en convivencia con las propuestas de los gobiernos provinciales. Algunos de ellos son transversales, como el "Programa de educación solidaria", "La escuela y los medios", "Orquestas infantiles y juveniles", el "Programa de educación sexual integral" y otros focalizados en terminalidad como el "Plan de finalización de estudios primarios y secundarios (FinEs)". Otros programas permanecieron y tuvieron cambios,

---

60. Una de las primeras medidas del gobierno de Néstor Kirchner en su primera semana al frente del Poder Ejecutivo nacional (mayo de 2003) fue brindar ayuda financiera a la provincia de Entre Ríos para pagar salarios docentes, una provincia que no tenía clases desde hacía dos meses.

como el Programa Nacional de Becas Estudiantiles (PNBE), creado en 1997, que con modificaciones continuó en el rubro de estipendio a los sujetos y posteriormente se universalizó. En este período también se implementaron programas "socioeducativos" destinados a poblaciones en condiciones de vulnerabilidad para la realización de actividades que permitan mejorar las condiciones de escolarización de los niños y jóvenes. El nivel secundario tuvo prioridad en las políticas focalizadas a través de dos programas muy relevantes: el "Programa de mejora institucional" y el "Programa Conectar Igualdad". A partir del primero, las escuelas secundarias obtuvieron fondos para acciones tendientes a mejorar las condiciones institucionales de enseñanza y de aprendizaje. El Plan Conectar Igualdad fue la principal iniciativa nacional para incorporar las TIC al proceso educativo proveyéndoles notebooks a estudiantes y docentes de escuelas de educación secundaria, educación especial e institutos de formación docente de gestión estatal de todo el país. Además, las instituciones recibieron equipamiento para la conectividad. Terigi (2016) señala que, si bien un propósito inmediato fue disminuir la "brecha digital", un propósito más difícil de alcanzar fue favorecer los procesos de aprendizaje y la actualización de las formas de enseñanza.

El propio CFE realiza una caracterización de las etapas de la política educativa del período:

En la primera etapa 2003-2009, se generaron un conjunto de decisiones orientadas a garantizar las condiciones necesarias para el ejercicio del derecho a la educación, en particular de las poblaciones en contextos de vulnerabilidad social y exclusión. Los ejes que orientaron el primer tramo 2003-2006 se relacionan con: reconfigurar el ámbito estatal-nacional como integrador de las acciones políticas llevadas adelante por todos; asumir la responsabilidad estatal como garante de condiciones de igualdad para todos los argentinos frente al derecho a la educación; recuperar y dar centralidad a las dimensiones pedagógica e institucional como ejes de las políticas; fortalecer el lugar de la escuela y la tarea de los docentes como agentes de transmisión y recreación de la cultura, y sostener y reforzar la función inclusiva de las propuestas pedagógicas que despliegan los sistemas educativos en todo el país. (Resolución N° 188, 2012)

Otro conjunto de definiciones se encuentra señalado en el Plan de Educación Obligatoria 2009-2011:

Este plan convoca al ME y los gobiernos provinciales a establecer modos de intervención planificados sobre los desafíos educativos plasmados en la Ley Nacional de Educación. Producto de una construcción federal, el plan define la acción coordinada entre los equipos nacionales y provinciales y se transforma en la base para la priorización de los objetivos y metas que expresen un acuerdo común para cumplir con las disposiciones de la Ley. (Resolución N° 188, 2012)

En ambas expresiones, el propio Consejo puso de manifiesto la centralidad conferida al ámbito estatal-nacional como integrador de las acciones en el marco de las planificaciones conjuntas del Ministerio de Educación de la Nación y los gobiernos provinciales para lograr los desafíos educativos plasmados en la Ley de Educación Nacional (2006), producto de una construcción federal. De esta forma, las acciones se orientaron a recuperar y dar centralidad a las dimensiones pedagógica e institucional como ejes de las políticas.

Teniendo como marco el conjunto de leyes sancionadas en el período estudiado y las definiciones políticas que se desprenden de ellas, especialmente las formuladas en la LEN (2006), en este período se modificó la estructura y funcionamiento del CFE. En su articulado se incluye al hasta entonces Consejo Federal de Cultura y Educación, transformando su alcance y consecuente denominación –ahora Consejo Federal de Educación–,[61] como también sus objetivos. El Artículo 76 de la LEN (2006) establece que el CFE será un "organismo interjurisdiccional, de carácter permanente, como ámbito de concertación, acuerdo y coordinación de la política educativa nacional, asegurando la unidad y articulación del Sistema Educativo Nacional". El artículo 118° de la LEN (2006) establece que "las resoluciones del Consejo Federal de Educación serán de cumplimiento obligatorio, cuando la Asamblea así lo disponga, de acuerdo con la reglamentación que la misma establezca para estos casos". Si bien son vinculantes, la recurrencia de los diagnósticos sobre necesidad de coordinación y definición de políticas comunes expresados en los fundamentos de la normativa,[62] parecen indicar que los acuerdos generados en ese ámbito no permitieron superar la fragmentación de políticas y de esta manera, obtener resultados cualitativamente superiores. Esto pone en evidencia la permanencia de la tensión entre las políticas centralizadas y la autonomía de las provincias en política educativa. Feldfeber y Gluz (2011) sostienen que si bien las leyes sancionadas contemplan el federalismo y le dan mayor protagonismo al Poder Ejecutivo Nacional, permanecen los problemas de articulación con las jurisdicciones para garantizar el derecho a la educación.

---

61. Como señalamos al inicio del trabajo, decidimos nombrarlo de este modo en toda la extensión de esta investigación a los efectos de aportar claridad en su lectura.

62. Ver Plan de Educación Obligatoria 2009-2011 y Resolución CFE 188/12.

A lo largo de su vida institucional en la democracia, se vio ampliada la creación de espacios de consulta vinculados al CFE. La LEN (2006) modifica los consejos consultivos existentes –Consejo Económico Social y Consejo Técnico Pedagógico– y establece en el artículo 119° que contará con el apoyo de tres consejos consultivos, cuyas opiniones y propuestas serán de carácter público:

a) El Consejo de Políticas Educativas, cuya misión principal es analizar y proponer cuestiones prioritarias a ser consideradas en la elaboración de las políticas que surjan de la implementación de la presente ley. La Asamblea Federal podrá invitar a personas u organizaciones a participar de sesiones del Consejo de Políticas Educativas para ampliar el análisis de temas de su agenda.

b) El Consejo Económico y Social participará en aquellas discusiones relativas a las relaciones entre la educación y el mundo del trabajo y la producción. Está integrado por representantes de organizaciones empresariales, de organizaciones de trabajadores, de organizaciones no gubernamentales, de organizaciones socioproductivas de reconocida trayectoria nacional y autoridades educativas del Comité Ejecutivo del Consejo Federal de Educación.

c) El Consejo de Actualización Curricular, a cargo de proponer innovaciones en los contenidos curriculares comunes. Está conformado por personalidades calificadas de la cultura, la ciencia, la técnica y el mundo del trabajo y la producción, designadas por el ministro de Educación, Ciencia y Tecnología en acuerdo con el Consejo Federal de Educación.

De este modo, la creación de los Consejos amplía las bases de consultas a actores claves de la vida social, representa el interés de apertura necesaria para la concertación esperada a nivel nacional que tendrá su correlato en los modelos organizacionales de las instituciones de educación superior.

En relación con lo anterior, la LEN (2006) en su capítulo V dispone que la educación superior comprende a las universidades e institutos universitarios, estatales o privados autorizados, en concordancia con la denominación establecida en la Ley 24.521 (1995) y a los institutos de educación superior de jurisdicción nacional, provincial o de la Ciudad Autónoma de Buenos Aires, de gestión estatal o privada. El artículo 124° de la misma ley señala que los ISFD tendrán una gestión democrática, a través de organismos colegiados, que favorezcan la participación de los/as docentes y de los/as estudiantes en el gobierno de la institución y mayores grados de decisión en el diseño e implementación de su proyecto institucional. Los lineamientos sobre apertura y participación, al menos en el plano formal, también están incluidos en el funcionamiento de las instituciones de educación superior.

Con respecto a esto último, el CFE definió en el año 2008 las principales características organizacionales del sistema nacional de formación docente de acuerdo a los principios de integración federal y convergencia de las políticas jurisdiccionales con la política nacional. La Resolución del CFE 72/08 dispone que la gestión del sistema formador docente se organizará en cada jurisdicción educativa como una unidad específica con nivel no inferior a dirección o equivalente. Deberá contar con una estructura orgánica, equipos técnicos, recursos acordes a los planes de trabajo establecidos, e instancias sistemáticas para la articulación de políticas y la concertación de acciones y proyectos, en lo atinente a su competencia, con el conjunto de las áreas de gobierno, instituciones de formación docente bajo su órbita, universidades y organizaciones gremiales. De esta forma, las jurisdicciones que cuenten con unidades de nivel superior responsables de la formación docente y de la formación técnico-profesional, debieron considerar las políticas comunes y específicas definidas para ambos tipos de formación.

Esa normativa señala que los diseños organizacionales y los reglamentos orgánicos que le den sustento deberán, en todos los casos e independientemente del tipo de gestión y ofertas que se desarrollen en cada institución, garantizar los siguientes principios que caracterizan a una organización democrática:

a) Participación de docentes, estudiantes, graduados y personal de apoyo a la actividad académica, según corresponda a los asuntos tratados, información, consulta, toma de decisiones e instancias de control, que aseguren el carácter público de las acciones.

b) Legitimidad en el acceso y ejercicio de los roles y funciones de los integrantes de las instituciones, de las instancias de representación previstas, y de las decisiones que se adopten.

c) Articulación de instancias de vinculación efectiva y sistemática con el resto del sistema educativo, con el propio sistema formador, con las universidades y con los procesos de desarrollo social y cultural del territorio.

d) Dinámica del propio diseño organizacional atendiendo a las necesidades y desafíos que el sistema educativo genera para el sistema formador.

Como veremos en el apartado de la actuación del Consejo en este período, los principios de las leyes nacionales permiten desplegar un conjunto de normativas tendiente a asegurar las condiciones necesarias para el diseño e implementación de una política nacional con rasgos comunes y compartidos reconocibles en los principios ordenadores de la acción educativa, en los modelos organizacionales de las instituciones, en los contenidos de la formación docente y el desarrollo profesional. Si bien en párrafos anteriores advertimos la dificultad de establecer el carácter unívoco de la política educativa, en este período los esfuerzos por inclinar las tensiones hacia la convergencia nacional son evidentes, al menos en la expresión formal que explicita la producción normativa.

Con respecto a los docentes, por primera vez una Ley Nacional incluye la perspectiva de género en su denominación y refiere a sus derechos y obligaciones. Dedica el capítulo II a la formación docente. En el artículo 71° establece:

> La formación docente tiene la finalidad de preparar profesionales capaces de enseñar, generar y transmitir los conocimientos y valores necesarios para la formación integral de las personas, el desarrollo nacional y la construcción de una sociedad más justa. Promoverá la construcción de una identidad docente basada en la autonomía profesional, el vínculo con la cultura y la sociedad contemporánea, el trabajo en equipo, el compromiso con la igualdad y la confianza en las posibilidades de aprendizaje de los/as alumnos/as.

De esta manera, la profesionalización de la docencia continúa formalmente en las políticas educativas para el sector y contará con un organismo creado por la LEN (2006), el Instituto Nacional de Formación Docente (INFD), para la planificación, ejecución, coordinación y promoción de políticas a nivel nacional. Como veremos en el apartado siguiente, en este período el CFE recibirá del INFD los insumos conceptuales y normativos para la discusión y establecimiento de acuerdos. El Ministerio de Educación, en acuerdo con el Consejo Federal de Educación, reservó para sí la definición de los criterios para la regulación del sistema de formación docente y la implementación del proceso de acreditación y registro de los institutos superiores de formación docente, así como de la homologación y registro nacional de títulos y certificaciones. En este contexto, el INFD se incorporó al campo educativo como una agencia más en la producción de estudios y conocimientos para la definición de políticas públicas para la formación docente.

Suasnábar y Palamidessi (2007) afirman que el proceso de reestructuración del campo, iniciado dos décadas atrás, se presenta con una ampliación y pluralización de agencias de producción de conocimientos en el marco de una mayor diferenciación dada por dos grupos: actores influyentes para definir problemas, diagnósticos y propuestas de acción –heterogéneos en sus bases conceptuales e ideológicas– y un segundo grupo, integrado principalmente por universidades públicas con dificultades para superar la inercia de sus agendas y dotar de recursos a la investigación en el área.

Los estudios sobre la producción de conocimiento orientado a la política[63] señalan que durante este período el Ministerio de Educación se afianza como agencia de producción de conocimiento para las políticas públicas aunque, en buena medida, las mismas respondan a las necesidades de corto plazo y de determinados funcionarios, áreas del ME e incluso investigadores, más que a las políticas de largo plazo en el sector (Cardini, 2018). En el caso del INFD, se advierte que ha ocupado un espacio relevante en la producción de conocimientos educativos, tal vez sin poder revertir completamente los problemas del sistema de formación por la falta de planificación sostenida y la atención a las condiciones institucionales en las que se realiza (Habichayn, 2018).

La cercanía en el tiempo es un factor que nos impide reunir información para el estudio de políticas que están "en marcha", sin embargo es posible reconocer que la tendencia iniciada en los años noventa respecto de la incorporación de las corrientes críticas de las ciencias sociales al campo educativo, se evidencia en la discursividad que logró condensar una red de conceptos que reivindican el valor del Estado como constructor de políticas públicas en oposición al consenso reformista de la década anterior (Suasnábar e Isola, 2018). En la agenda de la formación docente convergen, desde la década del noventa, las discusiones sobre su ubicación en el marco de las políticas públicas, el impacto de las reformas neoliberales, las transformaciones culturales, el impacto de las tecnologías de la información y la comunicación que ponen en jaque el lugar tradicional de la escuela en la vida social. La calidad y diversidad de teorización en el campo del curriculum y en especial las características de los procesos formativos y el lugar de las prácticas en la formación de los profesionales reflexivos, abren paso a una amplia nómina de intereses para la investigación en la temática.

2. Actuación del Consejo Federal de Educación en temas de formación docente

2.1 Actuación en tiempos de discusión y sanción de la Ley de Educación Nacional

Durante este período el Consejo Federal de Educación fue redefinido en su alcance y su rol a partir de la sanción de la LEN tal como señalamos en

---

63. Ver en Gorostiaga *et al.* (2018) la denominación "conocimiento orientado a la política" (COP) para analizar la investigación en educación, proveniente de diferentes agencias y agentes que satisfacen la demanda de sectores del Estado nacional y de las jurisdicciones.

el apartado anterior. Sin embargo, ante la necesidad de construir consensos efectivos, especialmente en el sistema de formación docente, el Ministerio de Educación remite al Consejo una propuesta de documentos diagnósticos y propositivos para la definición de las políticas dos años antes de la sanción de la LEN (2006).

Identificamos cuatro documentos que anticipan de alguna manera, las definiciones políticas para la educación superior no universitaria, tres de ellos destinados a la educación superior no universitaria y en especial a la formación docente, cuyas acciones cobrarán mayor institucionalidad luego de la sanción de la LEN (2006):

- "Reducir desigualdades y recuperar la centralidad de los aprendizajes" (2004).
- "Políticas para la formación y el desarrollo profesional docente" (2004).
- "Informe de la comisión federal para la formación docente continua" (2005).
- "Acuerdo Marco para la Educación Superior No Universitaria – Áreas Humanística, Social y Técnico-Profesional" (2005).

En abril de 2004, el CFE aprobó el documento "Reducir desigualdades y recuperar la centralidad de los aprendizajes" (Resolución N° 214, 2004) y en mayo de ese año acordó "Políticas para la formación y el desarrollo profesional docente" (Resolución N° 223, 2004). El primer documento presenta una descripción de la situación de las escuelas cumpliendo funciones de contención a los alumnos y sus familias, más que pedagógicas. Se propone recuperar la tarea pedagógica para saldar una deuda histórica que coincide con la voluntad política del Estado Nacional. Establece que es función del Ministerio Nacional desarrollar acciones a fin de promover la calidad educativa y alcanzar logros equivalentes, a partir de heterogeneidades locales, provinciales y regionales. Además, señala que son atribuciones de las autoridades jurisdiccionales, entre otras, la planificación, organización y administración de los sistemas provinciales, la aprobación de los diseños curriculares y la aplicación de las decisiones acordadas en el Consejo Federal de Educación. Proponen la identificación de un núcleo de aprendizajes prioritarios (NAP), secuenciados anualmente desde el nivel inicial hasta la educación polimodal/media y su necesaria incidencia en la formación docente. El acuerdo pretende garantizar una base común y equivalente de aprendizajes para todos los niños y jóvenes contribuyendo a reducir brechas actuales. Se identificarán, en una primera instancia, aprendizajes prioritarios de Lengua, Matemática, Ciencias Sociales y Ciencias Naturales. Se espera que los NAP sean referentes para la tarea docente, las familias, las jurisdicciones, las acciones de los programas de los ministerios, las acciones de evaluación de la calidad y se plantea la formalización de compromisos de acción para favorecer y posibilitar los aprendizajes prioritarios por parte de las jurisdicciones.

El segundo documento (Resolución N° 223, 2004) propone lineamientos para la formación inicial y el desarrollo profesional docente (capacitación y perfeccionamiento). Sostiene que la educación es el ámbito privilegiado para promover una sociedad más justa y en esa tarea el Estado tiene una responsabilidad indelegable del Estado. A modo de análisis retrospectivo, afirma que las ofertas formativas están fragmentadas y responden a demandas poco sistemáticas. Describe un sistema formador con restos sedimentados y yuxtapuestos de diversas y variadas políticas nacionales con la dificultad de reconocer una matriz nacional y común. Denota un aumento de matrícula en la educación superior no universitaria y advierte que, hasta el momento, las acciones de capacitación no consiguieron innovar las prácticas cotidianas, sino que fueron eficaces como estrategias de regulación profesional. Afirma que las políticas de formación docente alcanzan también a las instituciones de otros niveles educativos, ya que forman profesionales para esas instituciones. Sin embargo, se advierte la debilidad de los vínculos de los ISFD con sus contextos sociales y las escuelas. En este sentido, el documento plantea recuperar su potencial transformador. Para ello, propone un Programa de Renovación Pedagógica en doscientos ISFD y un plan de trabajo para el área de desarrollo profesional docente. Las acciones propuestas en este documento luego formarán parte de los ejes de trabajo del Instituto Nacional de Formación Docente.

El tercer documento (Resolución N° 251, 2005) corresponde al informe final presentado por la Comisión Federal para la formación docente continua, cuya misión será la elaboración de una propuesta institucional y un plan de trabajo para atender a las políticas de formación docente. Esa comisión fue conformada por el Comité Ejecutivo del Consejo Federal de Educación y coordinada por el Lic. Juan Carlos Tedesco. La Directora Nacional de Gestión Curricular y Formación Docente, Lic. Alejandra Birgin, estuvo a cargo de la Secretaría Ejecutiva. Además, la comisión fue integrada por un equipo de especialistas conformado por la Prof. Berta Braslavsky, la Dra. María Cristina Davini, la Dra. Adriana Puiggrós y el Prof. Alfredo Van Gelderen (Resolución N° 2541, 2005).

Los fundamentos políticos expresados en el informe destacan la importancia de la formación docente y enfatizan la relevancia social de la tarea docente,

"(...) como instancia fundamental en que se lleva a cabo la transmisión y recreación de nuestra sociedad y nuestra cultura". Destaca la importancia de la escuela para la distribución y recreación del conocimiento, en el afianzamiento de la democracia, en la construcción de la igualdad, restituyendo el lugar de lo común y de lo compartido, y albergando a su vez la diversidad de historias, recorridos y experiencias que nos constituyen. Sostiene que es necesario analizar la necesidad de repensar la formación docente en relación con las transformaciones políticas, sociales y culturales, con los acelerados cambios en los conocimientos y en las tecnologías de la información y de la comunicación social; con los cambios de paradigmas sobre el aprendizaje y el desarrollo cultural de la infancia y en la adolescencia, la "crisis del saber" y la "crisis de autoridad".

El informe señala que es necesario implementar una política de jerarquización y participación diversa de actores involucrados en la formación docente, definiéndose con un carácter nacional considerando el contexto de fragmentación social. Describe las problemáticas más importantes: fragmentación y segmentación de la oferta de formación y sus instituciones; debilidad de regulación y vacíos de normativa; escaso desarrollo de la planificación y de sistemas de información para la toma de decisiones. A partir de esta descripción plantea la necesidad de fortalecer la organización institucional de la formación docente atendiendo a la formación inicial y la continua por sus dinámicas muy diferenciadas. De esta manera el desafío será dotar de autonomía para responder con flexibilidad y, a la vez, establecer regulaciones para evitar la atomización y anomia del sistema. Además, el informe plantea la necesidad de análisis y desarrollo pedagógico del curriculum de la formación para promover una renovación curricular.

El documento describe valorativamente los efectos de las políticas implementadas en la década de los años 1990. Si bien reconoce el creciente nivel de institucionalidad que tuvieron para el sector, las normativas generadas a mediados de esa década son las que se usan en forma directa o mediatizada por reglas provinciales.

Las políticas nacionales de mediados de los noventa, tal vez conscientes de este vacío, realizaron un amplio esfuerzo por generar normativas para la formación docente. La producción fue profusa y de alto impacto. Dichas políticas y sus normas instalaron una modalidad absolutamente nueva: en lugar de un Estado rector del desarrollo del sistema formador, se configuró en un Estado evaluador externo de "unidades individuales" poniendo reglas de juego y determinando quién entra y quién sale del sistema. Con ello, soslayó la visión del sistema formador en su conjunto y el peso o responsabilidad del cambio recayó sobre los institutos, con requisitos de calidad académica que no habían desarrollado, sobre nuevas funciones de investigación y capacitación para las cuales no contaban con las competencias básicas y sobre los planes de estudio (Informe final, 2005).

Finalmente, el documento recomienda la creación de un organismo nacional de formación docente inicial y continua, de trazado federal con la misión de generar las condiciones para el mejoramiento de la formación docente inicial y continua y fortalecer el funcionamiento de sus instituciones. La función primaria del organismo a crearse será la de planificar, desarrollar e impulsar las políticas para el Sistema de Educación Superior de Formación Docente Inicial y Continua.

Estas políticas deberán ser acordadas en el ámbito del Consejo Federal de Educación como instancia fundamental para el proceso de concertación política. Asimismo, el proceso de concertación técnica se realizará a través de encuentros federales, metodología que se utilizará con el propósito de garantizar circuitos de consulta de las acciones y procesos impulsados por el organismo. Se incluirán como miembros permanentes de dichos encuentros a los directores de nivel superior de las provincias o sus equivalentes en cada jurisdicción, pudiéndose ampliar la convocatoria, de considerarlo necesario, a otros actores del sistema educativo en las jurisdicciones. El director ejecutivo, contará con la asistencia y el asesoramiento de un consejo consultivo de carácter técnico-político. La comisión plantea que la cabecera nacional de la Red Federal de Formación Docente deberá ser integrada a su ámbito.

El cuarto documento aprobado por el CFE corresponde al "Acuerdo Marco para la Educación Superior No Universitaria – Áreas Humanística, Social y Técnico-Profesional" (Resolución N° 238, 2005) que se constituirá en el marco de referencia necesario para la estructuración de ofertas formativas o planes de estudio que pretendan para sí el reconocimiento de validez nacional por parte del Ministerio de Educación, Ciencia y Tecnología en esa área. Entre sus fundamentos plantea que a los efectos de dar respuesta a la heterogeneidad y fragmentación existente en el ámbito del nivel superior no universitario, en particular, en las áreas humanística, social y técnico-profesional, resulta necesario garantizar condiciones de igualdad y calidad educativa para la totalidad del sistema. La educación superior no universitaria tiene por funciones básicas formar y capacitar para el ejercicio de la docencia en los ámbitos y niveles no universitarios del sistema educativo nacional y proporcionar formación superior de carácter integral en las áreas humanísticas, sociales, técnico-profesionales y artísticas, vinculadas a la vida cultural y productiva local y regional. Se propone que las jurisdicciones acuerden articular las ofertas de la educación superior no universitaria con la educación secundaria técnica y desarrollarla en base a criterios de calidad, integración, equidad e intersectorialidad. Con respecto a la dimensión institucional, se acuerda promover la autonomía y consulta a las instituciones. La norma prescribe los componentes de la oferta académica que harán referencia al objeto de la oferta formativa, al área ocupacional a la cual remite, al perfil profesional, y a la base curricular. El Consejo Federal de Educación reservó para sí el establecimiento de los criterios básicos y los parámetros mínimos referidos a: perfil profesional, alcance de los títulos, bases curriculares, cargas horarias mínimas, así como el desarrollo de prácticas profesionalizantes. Cabe aclarar que esta norma se sanciona con anterioridad a la presentación del informe de la comisión que propone la creación del INFD y, en términos generales, es el marco de grandes lineamientos de la educación superior no universitaria en el cual se insertan las ofertas de formación docente.

Como presentamos en apartados anteriores, la preocupación por la heterogeneidad y articulación del sistema educativo y en especial de la formación docente, forma parte de la agenda del CFE desde sus inicios en 1972. Con diferente intensidad, este órgano intervino en definir lineamientos que oscilaron entre la descripción diagnóstica y el diseño de dispositivos altamente regulados,[64] como la conformación de la RFFDC. Si bien fue concebida como un sistema articulado de instituciones que aseguraban la circulación de información para concretar los lineamientos acordados en el CFE, no respondió a la necesidad de integrar un sistema formador con criterios comunes, tal como fue señalado en los fundamentos de los informes que elabora el consejo en este período. En esos escritos se presenta la propuesta de avanzar en la institucionalización a través de la creación de un organismo específico en la materia, que tendrá la finalidad de coordinar la política nacional, sujeta a los acuerdos federales que se celebran en el CFE, contando además con financiamiento específico.[65]

Al incorporar las funciones del CFE en el texto de la LEN (2006), se renueva una tradición iniciada con la sanción de la Ley Federal de Educación (1993), sin embargo, el articulado expresa de diferentes formas la manera en que la concertación y la coordinación que históricamente se produjo en

---

64. Ver: Consejo Federal de Educación (1989). *Síntesis de acciones CFE 1976-1983*; Consejo Federal de Educación (1989). *Síntesis de documentos 1983-1989*; y Ministerio de Educación, Ciencia y Tecnología. Consejo Federal de Educación (2003). *Educación en la democracia: balance y perspectivas*. Argentina.

65. Con respecto al financiamiento, si bien se evidencia el inicio de áreas de trabajo, los planes de acción elaborados por el INFD incluyen al financiamiento como parte de las acciones específicas.

ese ámbito, está en pos de la construcción de la unidad y articulación del sistema educativo (Ley de Educación Nacional, 2006, art. 117°). Otra característica del énfasis puesto en la actividad del CFE, se refiere a la inclusión en el artículo 118 del "cumplimiento obligatorio" de las resoluciones del organismo cuando la Asamblea así lo disponga. Del mismo modo, la LEN (2006) establece que a las autoridades educativas de las provincias y de la Ciudad Autónoma de Buenos Aires les corresponde "aplicar las resoluciones del Consejo Federal de Educación para resguardar la unidad del sistema educativo nacional" y, respecto de los planes de estudio, "aprobar el currículo de los diversos niveles y modalidades en el marco de lo acordado en el Consejo Federal de Educación".

Estas modificaciones que impactaron en la actuación del organismo plantean –al menos en lo formal– una diferencia en las obligaciones que las jurisdicciones asumen en el marco del Consejo. Se trata de acuerdos de cumplimiento obligatorio. Como afirmamos en apartados anteriores, se incorpora el INFD como una nueva agencia en el campo educativo, y su producción es de tratamiento en el CFE, por lo tanto, requiere de un proceso de concertación política para su implementación efectiva. Nos referimos a una implementación material y simbólica, ya que se trata de definiciones políticas con un alto poder de significación de las instituciones y prácticas de los sujetos implicados en la formación docente. Al respecto, la LEN (2006) incorpora un capítulo para establecer su finalidad, ratificar su pertenencia al nivel superior, establecer sus funciones y objetivos, como también al INFD y sus responsabilidades. La LEN (2006) marca una diferencia con respecto a la LFE (1993) en la amplitud y el sentido de la formación docente. En esa norma se establecía como objetivos "Preparar y capacitar para un eficaz desempeño en cada uno de los niveles del sistema educacional y en las modalidades mencionadas posteriormente en esta ley" y "Formar al docente como elemento activo de participación en el sistema democrático". En cambio, la LEN (2006) establece con mayor precisión la finalidad de los profesionales dedicados al trabajo en torno al conocimiento para la formación integral de las personas para una sociedad más justa. Lo expresa de este modo:

La formación docente tiene la finalidad de preparar profesionales capaces de enseñar, generar y transmitir los conocimientos y valores necesarios para la formación integral de las personas, el desarrollo nacional y la construcción de una sociedad más justa. Promoverá la construcción de una identidad docente basada en la autonomía profesional, el vínculo con la cultura y la sociedad contemporánea, el trabajo en equipo, el compromiso con la igualdad y la confianza en las posibilidades de aprendizaje de los/as alumnos/as. (Ley N° 26.206, 2006, art. 71°)

En este capítulo de la ley se incorpora al INFD con funciones políticas y de gestión al conferirle la responsabilidad de la planificación, promoción, investigación y ejecución de líneas de trabajo institucional, curricular y del desarrollo profesional de los docentes.

2.2. Actuación a partir de la creación del INFD

A partir de la creación del INFD, el CFE definió los acuerdos sobre la base de la producción política –conceptual y normativa– elaborada por el organismo. Para su presentación utilizamos criterios similares a los empleados en el período anterior para identificar continuidades y rupturas en el contenido de las normas.

El primer grupo corresponde a la normativa referida a las políticas educativas con impacto en la formación docente; el segundo contiene la destinada específicamente a la organización y funcionamiento del sistema formador, diferenciando en dos subgrupos, por un lado, la normativa destinada a los lineamientos políticos para organizar el sistema formador y sus instituciones, sus planes de estudio y sus títulos y, por otro, los planes operativos para el sistema educativo y la formación docente. Por último, el tercer grupo reúne a la normativa referida a la organización del trabajo interno del CFE para las misiones estipuladas por la Ley de Educación Nacional (2006). Cabe destacar que por primera vez el CFE aprueba planes operativos para el sistema formador, esto es una novedad que permite visibilizar las acciones destinadas a la formación docente.

2.2.1. Normativa referida a las políticas educativas con impacto en la formación docente

En el apartado referido a la actuación del CFE antes de la aprobación de la LEN (2006) se aprobaron dos documentos que podemos ubicar en este apartado: "Educación en la democracia. Balance y perspectivas" del 27/11/2003 y el documento "Reducir desigualdades y recuperar la centralidad de los aprendizajes" (Resolución N° 214, 2004). Cabe señalar que recién en el año 2011 se aprobó un documento de tono similar: "Acuerdos para la profundización de la política educativa según necesidades de niveles" (Resolución N° 134, 2011). La resolución establece que el Ministerio de Educación Nacional y los ministerios jurisdiccionales arbitrarán los medios necesarios para la continuidad y profundización de las políticas educativas, a los efectos de garantizar en todos los niveles y modalidades del sistema, la mejora progresiva de la calidad en las condiciones institucionales de escolaridad, el trabajo docente, los procesos de enseñanza y los aprendizajes.

Para la formación docente establece desarrollar las siguientes estrategias y acciones: 1) Evaluar los diseños curriculares de formación docente inicial y promover las adecuaciones para asegurar mayor profundización en los saberes y estrategias didácticas relacionadas con la alfabetización inicial, la enseñanza de la matemática y de las ciencias; 2) Generar los acuerdos para la implementación de una evaluación integradora que permita identificar en los estudiantes de segundo, tercero y cuarto año, capacidades y saberes sustantivos para el efectivo ejercicio de la docencia, al tiempo que permita el monitoreo del desarrollo curricular y de las condiciones institucionales. Se destaca que la resolución define la implementación de una serie de estrategias y acciones en el área de la información y evaluación del sistema educativo. Esta norma se sanciona con posterioridad al primer plan operativo que transcurrió entre los años 2008-2010 y las acciones para la formación docente refieren a la evaluación de los diseños curriculares y evaluación de saberes, capacidades y saberes sustantivos para el efectivo ejercicio de la docencia en los estudiantes.

2.2.2. Normativa destinada específicamente a la organización y funcionamiento del sistema formador

a. *Lineamientos políticos para organizar el sistema formador y sus instituciones, sus planes de estudio y sus títulos*

En julio del año 2007 la CFE aprobó el Plan Nacional de Formación docente (Resolución CFE N° 2, 2007). En él se define la importancia estratégica de la formación docente y se destaca la importancia del INFD para el desarrollo de políticas de Estado. Se establecen tres áreas prioritarias: Desarrollo institucional (fortalecimiento e integración del sistema formador inicial y continuo), Desarrollo curricular (actualización, integración y evaluación curricular) y Formación continua y Desarrollo profesional (brindando respuestas a las necesidades de las prácticas pedagógicas). Definido como un plan a mediano plazo, presenta estrategias para las áreas prioritarias asociadas a diez problemas de la formación docente. Los problemas identificados son los siguientes:

Problema N° 1: Necesidad de organización del sistema de FD: Debilidad de integración como sistema por su historia, mantuvo por años normativa del nivel medio, vacíos normativos del nivel superior. Insuficiente articulación del sistema.

Problema N° 2: Necesidad de planificación del desarrollo del sistema y de su oferta: Falta estudio de necesidades y proyecciones del sistema, debilidad del sistema de información y evaluación, débil financiamiento.

Problema N° 3: Necesidad de fortalecimiento de la gestión del sistema (existencia de equipos de gestión de alta rotación, atienden urgencias o procesos burocráticos).

Problema N° 4: Debilidad en la organización y dinámica académica y pedagógica.

Problema N° 5: Necesidad de fortalecer políticas de apoyo estudiantil.

Problema N° 6: Fragmentación de los planes de estudio y gran heterogeneidad que dificulta la movilidad de estudiantes. Duración de las carreras de FD insuficiente. Formación general débil.

Problema N° 7: Dificultad en la gestión del currículo.

Problema N° 8: Necesidad de promover la investigación en la enseñanza y experimentación pedagógica para el mejoramiento de las prácticas docentes en el marco del desarrollo profesional docente.

Problema N° 9: Fragmentación y bajo impacto de las ofertas de formación continua y desarrollo profesional.

Problema N° 10: Necesidad de capacitación para la gestión y las prácticas docentes.

Este plan traza los fundamentos de la producción normativa posterior. En noviembre de 2007 el CFE aprobó dos normas significativas para el período: los "Lineamientos curriculares nacionales para la formación docente inicial" (Resolución N° 24, 2007) y "Establecer las funciones del sistema de formación docente" (Resolución N° 30, 2007) con sus anexos "Hacia una institucionalidad del sistema de formación docente en Argentina" (Resolución N° 30, Anexo ll, 2007) y "Lineamientos nacionales para la formación docente continua y el desarrollo curricular" (Resolución N°30, Anexo II, 2007).

Los lineamientos curriculares nacionales (LCN) constituyen el marco regulatorio y anticipatorio de los diseños curriculares jurisdiccionales y las prácticas de formación docente inicial (FDI), para los distintos niveles y modalidades del sistema educativo nacional. Las universidades, responsables de la formación inicial de profesores, deberán ajustar sus propuestas a los LCN y considerar las propuestas jurisdiccionales de su ámbito de actuación. El currículo de FDI asume a los docentes como trabajadores intelectuales y trabajadores de la cultura que producen conocimientos a partir de su propia práctica. En la definición de la formación en la práctica profesional remarca la poca integración entre escuelas, sedes de práctica e institutos de formación docente, reforzando el enfoque aplicativo y evaluador. Sostiene que los pilares de las prácticas pedagógicas están en torno a la clase, concebida como una experiencia de aprendizaje de posibles construcciones metodológicas, que en el nivel y modalidad para el cual se forma se haga presente la clase como experimentación y prueba.

La segunda resolución, "Establecer las funciones del sistema de formación docente" (Resolución N° 30, 2007) dispone el acuerdo de todas las jurisdicciones y el gobierno nacional en torno a la función principal del sistema de formación docente: contribuir a la mejora general de la educación argentina. Señala sus propósitos específicos:

Formación inicial y continua de los agentes que se desempeñan en el sistema educativo, en el marco de las políticas educativas que establece la Ley de Educación Nacional (2006).

Producción de saberes sobre la enseñanza, la formación y el trabajo docente, teniendo en cuenta que la tarea sustantiva de la profesión requiere conocimientos específicos y especializados que contemplen la complejidad del desempeño docente. Establece que el sistema de formación docente ampliará sus funciones para atender las necesidades de formación docente inicial y continua y los requerimientos de producción de saberes específicos.

En esta norma, el Estado es el garante legal, político y financiero para el ejercicio del derecho social de la educación, el cumplimiento de las funciones asignadas al sistema formador y la planificación de la oferta para cubrir las necesidades del sistema educativo, resguardando que se den las mismas condiciones de calidad y de igualdad en el nivel nacional, regional y provincial. Asimismo, acuerda que las jurisdicciones implementarán acciones para establecer vínculos sistemáticos entre las instituciones formadoras y las escuelas sede de las prácticas y residencias pedagógicas; y ampliar ese vínculo a tareas comunes a través de la creación de proyectos de innovación o de mejora de la escuela y de la formación. Las jurisdicciones se comprometen a incorporar formalmente a las escuelas como instituciones que también contribuyen a la formación de los futuros docentes y a promover la articulación e integración de las instituciones superiores de formación docente y universidades en un sistema formador, cuya unidad deberá estar dada por las orientaciones políticas concertadas en el nivel nacional y provincial. Esta norma deja sin efecto los ítems referidos a organización institucional y funciones de la formación docente de los acuerdos A 3, A 9, A 11 y A 14, aprobados oportunamente en la década anterior en el marco de la LFE (1993).

Tiene dos documentos anexos: "Hacia una institucionalidad del sistema de formación docente en Argentina" y "Lineamientos nacionales para la formación docente continua y el desarrollo curricular". A los efectos de este trabajo, en los apartados siguientes nos detendremos en las conceptualizaciones vertidas sobre la formación docente, el desarrollo profesional y el lugar de la práctica docente en ese ámbito. Los documentos presentan la hipótesis básica de que una formación permanente del profesorado crea un cuerpo docente mejor preparado, capaz de generar mejores procesos de aprendizajes y experiencias educativas en los alumnos, lo que sigue siendo un supuesto válido y sostenido por las corrientes críticas, humanísticas y reconstruccionistas: "(…) la formación de los docentes en servicio tiene un sentido político estratégico centrado en el desarrollo y recupera la tradición crítica, fenomenológica y la narrativa" (Resolución N° 30, 2007).

Concibe al docente como un trabajador intelectual comprometido en forma activa y reflexiva con su tarea, capaz de generar y decidir sobre su agenda de actualización. El propósito de la formación docente continua es fortalecer el trabajo del docente para que sus decisiones de enseñanza ganen en autonomía y responsabilidad. Se trata de recuperar el conocimiento construido en la práctica, las experiencias y necesidades formativas de los docentes implicados; construir un saber que parta de las condiciones institucionales de la organización escolar específica y de los problemas detectados en la práctica trascendiéndolos. En este proceso los saberes de los docentes se articulan con el saber experto acumulado, con las experiencias desarrolladas por otros colegas y se nutre de la teoría y la investigación educativa. El desarrollo profesional de los docentes se produce cuando éstos construyen conocimiento relativo a la práctica –propia o de los demás–, trabajan en el contexto de comunidades docentes, teorizan sobre su trabajo y lo conectan con aspectos sociales, culturales y políticos más amplios.

En este conjunto de normas, hay un grupo que tiene el propósito de organizar el sistema de formación docente y emitir criterios para la elaboración de la normativa jurisdiccional que regula el funcionamiento de los ISFD, los concursos, la adecuación de las ofertas y los títulos.

Los documentos, Resolución 140/11 y el documento "Organizar el sistema de formación docente y encomendar al INFD su coordinación"

(Resolución N° 72, 2008) y sus anexos "Criterios para la elaboración de la normativa jurisdiccional sobre reglamento orgánico marco para los ISFD" (Resolución N° 72, Anexo I, 2008); "Criterios para la elaboración de la normativa jurisdiccional en materia de Régimen Académico marco para las carreras de formación docente" (Resolución N° 72, Anexo II, 2008) y "Criterios para la elaboración de la normativa jurisdiccional sobre concursos docentes en el sistema formador" (Resolución N° 72, Anexo III, 2008), presentan la organización del sistema de formación docente con principios de integración federal y convergencia de las políticas jurisdiccionales con la política nacional y define el gobierno y administración del sistema nacional de formación docente, coordinado federalmente por el INFD. La norma establece la gestión del sistema formador en las jurisdicciones, la competencia de definir los diseños organizacionales en base a criterios comunes para garantizar la integración del sistema.

Respecto de las titulaciones, en este período se aprobó "Titulaciones para las carreras de Formación docente" (Resolución N° 74, 2008) y su anexo en el que se sustituye el Capítulo VI del documento "Lineamientos curriculares nacionales para la formación docente inicial" aprobados por Resolución CFE 24/07, por el documento mencionado en el artículo precedente. Además, encomienda al INFD la elaboración de una propuesta de "Proceso de homologación de títulos y certificaciones de formación docente" para su oportuno tratamiento y aprobación por el CFE. Se establece que para la titulación de la docencia en cualquiera de los niveles del sistema educativo nacional se utilizará la denominación de "Profesor/a de..." e incorpora un cuadro detallado de nominación de títulos, niveles y orientaciones.

Por último, el CFE aprobó normas referidas a la elaboración de postítulos y a la creación de una carrera para la educación superior: "Creación del Profesorado de Educación Superior" (Resolución N° 83, 2009). Esta carrera deberá tener una carga horaria mínima de 2.860 horas-reloj, una duración total de cinco años académicos y los siguientes campos: Campo de la formación específica (a. formación disciplinar en la perspectiva de la enseñanza; b. especificidad política, institucional y pedagógica de la Educación Superior; c. reconocimiento del sujeto del nivel; d. didáctica del nivel); Campo de la práctica profesional específica; descripción del perfil del egresado; adecuación a las demás condiciones dispuestas en la Resolución CFE 24/07 que no resulten modificadas por las precedentes.

Con respecto a los postítulos, "Encomendar al INFD la elaboración de planes de estudio de postítulos" (Resolución N° 56, 2008) y "Aprobar la política de postítulos" (Resolución N° 117, 2010), se establece que los postítulos docentes constituyen una propuesta académica de formación continua orientada a dar respuesta a problemáticas educativas basadas en diagnósticos de necesidades situadas, en el marco de las políticas jurisdiccionales y centrados en la formación para optimizar el desempeño docente. La oferta será diseñada en el marco de las políticas de formación docente continua, en articulación con el conjunto de las políticas del sistema educativo jurisdiccional y nacional. Serán ofertas a término, sujetas a evaluación y de tres tipos: a) Actualización académica; b) Especialización docente de nivel superior; c) Diplomatura superior.

b. Planes operativos para el sistema educativo y la formación docente

Este conjunto de normas son novedosas en la actuación del CFE. Desde su creación, son los primeros planes operativos que definen estrategias, objetivos y acciones en ese ámbito. Si bien nos detendremos en los siguientes apartados en el contenido de los planes, es preciso destacar que en este período el CFE generó acuerdos estratégicos que implicaron la puesta en marcha de acciones concretas en las instituciones formadoras de todo el sistema, como no se había realizado hasta el momento. A lo largo de su historia, el Consejo definió políticas para la formación docente en torno a grandes principios que las jurisdicciones implementaban con o sin vinculación con el Ministerio de Educación de la nación, o fue el escenario para la discusión de cómo el Ministerio implementaba –con carácter experimental y progresivo– políticas para el sector. En este período y a partir de la creación del organismo centralizado especializado en formación docente, se constituyó una tendencia de coordinación centralizada de políticas con las jurisdicciones.

Los normas sancionadas fueron las siguientes: "Objetivos y acciones 2008" INFD (Resolución N° 46, 2008); "Objetivos y acciones 2010-11 de formación docente" (Resoluciones N° 98, 2010); "Plan de acción de la evaluación de la calidad educativa 2010-2020" (Resolución N° 99, 2010); "Objetivos y acciones 2010/2011 de Formación docente" (Resolución N° 101, 2010); "Plan Nacional de Formación Docente 2012-2015" (Resolución N° 167, 2012) y "Plan Nacional de Educación obligatoria y formación docente 2012-2016" (Resolución N° 188, 2012). Todas ellas, con variaciones en sus contenidos, abarcan la formación docente inicial, la formación docente continua, el desarrollo curricular, la vida institucional atendiendo las problemáticas de las prácticas de los sujetos, el contenido de su trabajo y las reglas de funcionamiento del sistema formador. Todos los planes denotan especialmente la orientación política conferida por la LEN (2006) al lugar de la educación y de los docentes para la construcción de una sociedad más justa y, también, ciertos temas transversales como la inclusión digital, que formó parte de la política educativa del período.

Destacamos especialmente, por su carácter integral, el último documento del período "Plan Nacional de Educación obligatoria y formación docente 2012-2016" (Resolución N° 188, 2012). En él se proponen un conjunto de objetivos estratégicos que asumen el mediano plazo como el tiempo político adecuado y necesario para plasmar los cambios previstos, reconocer y ampliar las condiciones para el ejercicio del derecho a la educación. El documento promueve un proceso que integra definiciones, recursos, responsabilidades y metas a concretar. Se recuperan la finalidad de la educación obligatoria, se establecen formas de intervención para superar el fracaso escolar y la incorporación de niños, niñas, adolescentes, jóvenes y adultos a una experiencia escolar rica, potente y de calidad. Afirma que el compromiso educativo incluye acciones sobre el sistema, los gobiernos educativos, las instituciones, los docentes, los alumnos y alumnas, sus familias y comunidades, entendiendo que dichas intervenciones constituyen un todo irrenunciable en términos de la integralidad requerida en un proceso de institucionalización de las políticas educativas.

Para la consecución de sus objetivos, el plan ha sido estructurado tomando como ejes vertebradores los niveles de la educación común y obligatoria –inicial, primario y secundario– y la formación docente. El plan condensa definiciones de política educativa, propone acciones para materializarlas y, fundamentalmente, hace previsible un modelo para la educación argentina.

2.2.3. Normativa referida a la organización del trabajo interno del Consejo Federal de Educación

Por último, el CFE produjo normas que ordenan su funcionamiento y dan cuenta de las acciones realizadas: "Reglamento del CFE" (Resolución N° 1, 2007) y "Reglamento de los Consejos consultivos" (Resolución N° 6, 2007). Incluimos en este eje, el "Balance de Gestión 2003-2007 del CFE" (Resolución N° 29, 2007).

La producción normativa del Consejo Federal de Educación referida a la formación docente tuvo rasgos que la distinguen del resto de los períodos analizados no solo por su orientación y finalidades explícitas expresadas en sus textos, sino también por contar con los aportes de un ámbito especializado en la materia, el Instituto Nacional de Formación Docente. A partir de su puesta en marcha, se evidencia el énfasis puesto en la concertación y coordinación de políticas, el carácter de cumplimiento obligatorio de los acuerdos alcanzados y la aprobación de planes de acción, como herramientas para la definición y administración de un sistema de formación docente nacional.

3. Organización de la formación docente

La profesionalización del rol docente establecida en las normas de la década de 1990 es redefinida en las formulaciones que el CFE realiza a partir de la sanción de la LEN (2006). Esa redefinición consiste en precisar conceptualmente el objeto de la docencia y hacer explícitas las finalidades de su trabajo. Para ello propone recuperar el sentido histórico del lugar del docente en la transmisión de la cultura y otorgar valor político a esa tarea en la construcción de una sociedad más justa. Esas tres características –*centralidad de la enseñanza, transmisión de la cultura y construcción de una sociedad más justa*– devenidas de la Ley Nacional, serán la piedra basal del resto de las definiciones políticas para la formación docente.

Estas características son diferentes a las sostenidas en el marco político de la década anterior. La Ley Federal de Educación (1993) acentuó su peso en la *eficacia* y la *participación en el sistema democrático,* señalando en los objetivos del artículo 19 que la formación docente deberá "preparar y capacitar para un eficaz desempeño en cada uno de los niveles del sistema educacional y en las modalidades mencionadas posteriormente en esta ley formando al docente como elemento activo de participación en el sistema democrático". En cambio, la LEN (2006) señala en su artículo 71:

> La formación docente tiene la finalidad de preparar *profesionales capaces de enseñar, generar y transmitir los conocimientos* y valores necesarios para la formación integral de las personas, el desarrollo nacional y la *construcción de una sociedad más justa.* Promoverá la construcción de una identidad docente basada en la autonomía profesional, el vínculo con la cultura y la sociedad contemporánea, el trabajo en equipo, el compromiso con la igualdad y la confianza en las posibilidades de aprendizaje de los/as alumnos/as.

Estas definiciones políticas serán los principios ordenadores, con variaciones en sus atributos, que definen al docente y a sus procesos formativos.

3.1. La docencia: el abandono de la noción de "rol docente" y la inclusión de la profesionalización de la enseñanza

La producción normativa evidencia novedades en términos de inclusiones y abandonos de definiciones conceptuales. Lo novedoso no está en afirmar que la tarea del docente es enseñar sino su inclusión en el corpus normativo de mayor rango como la LEN (2006) y los acuerdos federales, ya que esta posición tiene su correlato en la centralidad dada en los lineamientos curriculares y en el resto de las actividades programáticas del INFD. De este modo, la enseñanza entendida como una práctica social caracterizada por un tipo de intervención particular que la distingue del resto de las prácticas sociales, incorpora con énfasis el carácter político de este concepto en todos los documentos aprobados por el CFE. La perspectiva teórica de Pierre Bourdieu (1988, 2007) nos permite comprender la naturaleza de la enseñanza y de qué manera contribuyen a la construcción de representaciones, del modo de comprender y valorar el mundo. Esta intervención se da en el campo educativo, en el juego social compartido con diferentes agentes, un conjunto de disputas por la construcción simbólica de la vida social. Si bien este análisis lo realizaremos con detenimiento en los apartados siguientes, cabe destacar que esta inscripción conceptual en las normas ubica al docente como un agente privilegiado en el campo social y cultural para ampliar las posibilidades de las intervenciones humanas. En este sentido, aparecen las referencias en las normas:

> La docencia es una *profesión cuya especificidad se centra en la enseñanza*, entendida como *acción intencional y socialmente mediada* para la transmisión de la cultura y el conocimiento en las escuelas, como uno de los contextos privilegiados para dicha transmisión, y para el desarrollo de potencialidades y capacidades de los alumnos. (Resolución CFE N° 24, 2007, cursivas propias)

> La docencia *como práctica centrada en la enseñanza*. (Resolución CFE N° 4, 2007, cursivas propias)

> La tarea docente para el *logro de aprendizajes* equivalentes para todos los alumnos. (Resolución CFE N° 214, 2004, cursivas propias)

> *Promover una identidad profesional que asuma la tarea de enseñar y transmitir la cultura en nuestra sociedad*, a través del compromiso con la igualdad y la confianza en las posibilidades de aprendizaje de todos y de cada uno de sus alumnos y alumnas, invitándolos a compartir el mundo y desafiando a imaginar y a producir otros modos de habitarlo. (Resolución CFE N° 251, 2005, cursivas propias)

La centralidad dada a la enseñanza como práctica social está acompañada por el abandono del concepto de "rol docente" en todo el cuerpo de resoluciones y documentos. Las demandas que el sistema le realiza al docente no refieren a su posición en la organización escolar como sí lo fue en la década

anterior, sino a la especificidad de su tarea. No hay registros en los documentos
analizados del uso del concepto "rol" pero sí constan desarrollos conceptuales
con argumentos en torno de las implicancias de la "profesionalización"
de la docencia. A diferencia de lo elaborado anteriormente, se destacan
dos aspectos de la profesionalización que no estaban incluidos en normas
anteriores: el primero refiere al énfasis puesto en la necesidad de rediseñar
la carrera docente, los salarios y las condiciones de trabajo de los docentes;
y por otro, las precisiones de las características de una profesión con estatus
diferenciado atendiendo a su posición como trabajador intelectual, autorizado
personal y socialmente para la tarea de enseñar.

En relación a las condiciones de trabajo, las referencias son las siguientes:

La formación continua de maestros y profesores requiere encuadrarse en
una política docente que comprenda los múltiples aspectos que configuran
la posición profesional: *el rediseño de la carrera docente y en algunos
casos, del propio puesto de trabajo, los salarios, los mecanismos de
reconocimiento profesional*, entre otros. Existe consenso generalizado en
torno de la necesidad de producir cambios en este sentido. (Resolución
CFE N° 223, 2004, cursivas propias)

La formación docente inicial y continua debe ser considerada en el marco
más amplio de políticas integrales destinadas a *mejorar las condiciones
materiales y simbólicas para el desarrollo del trabajo de enseñar: carrera
docente, condiciones de trabajo, salarios, etc.* La dimensión de la deuda
respecto a dichas condiciones, marca que ésta es una tarea ineludible y
de largo aliento. En las convicciones y dificultades que hoy nos animan
a decidir la centralidad de la formación docente inicial y continua como
política de Estado, reside una oportunidad para habilitar espacios de
diálogo entre los diversos actores preocupados por la educación. (Resolución CFE N° 251, 2005, cursivas propias)

Las características diferenciales de la profesionalización de la docencia
refieren a la ambigüedad de su posición por la relativa autonomía en tanto
se trata de una práctica regulada por el Estado, como también considerar el
carácter masivo de la profesión que demanda al sistema formador alguna
manera de intervenir en la tensión de regulación/autonomía. Las normas
consideran el saber especializado que requiere la docencia en los diferentes
niveles y modalidades del sistema y por último una relación "peculiar" de
los agentes con el saber, "(…) porque transmite un saber que no produce;
por otro lado, porque para poder llevar a buen término esa transmisión,
produce un saber que no suele ser reconocido como tal" (como se cita en
Resolución CFE N° 30, 2007). En este punto, consideramos que se despliega

ampliamente el concepto de profesionalización empleado en las normas respecto del período anterior. Siguiendo los aportes de Dubet (2006), el reconocimiento institucional a los docentes está dado por la autonomía para construir las mediaciones necesarias que requiere la enseñanza, fundadas en el saber producido en el marco de su trabajo e identificado como valioso para promover aprendizajes. De este modo, la elección de la orientación de su trabajo y el reconocimiento de un saber construido en la experiencia, constituyen la característica distintiva de la profesionalización considerada en la normativa.

La definición de la profesionalización asociada a la especificidad del saber que produce en sus intervenciones de enseñanza, es un signo distintivo de los contenidos analizados. Por primera vez, los documentos refieren en detalle a las características de ese saber que se corresponde con la importancia que luego tendrá esta conceptualización en los lineamientos curriculares.

3.2. La docencia y la transmisión de la cultura para la construcción de una sociedad más justa

El reconocimiento de la importancia de la formación docente en la transmisión de la cultura en la sociedad fue señalado por la conducción política del sistema educativo en el ámbito del CFE durante todo el período estudiado. Teniendo en cuenta las diferencias analizadas en los capítulos anteriores, cabe señalar que el rasgo predominante en tiempos de centralidad del Estado, refiere a la posición diferenciada otorgada a las escuelas en la producción y distribución del conocimiento para construir una sociedad más justa a partir de los valores democráticos. En este punto, la educación entendida como un derecho humano y social, permite ampliar el marco de referencias teóricas que hasta el momento se incluyeron en las normativas del CFE. Como ya señalamos, después de la llegada de la democracia, la heterogeneidad teórica e ideológica del campo educativo favoreció la inclusión de los aportes de las teorías críticas de la educación en los documentos oficiales. Esto se vio reflejado en la actuación del Consejo que, aunque con baja intensidad, recuperó especialmente durante la década del noventa las discusiones del campo para construir las consideraciones y referencias de las normas.

Ese caudal teórico fue incluido en este conjunto de definiciones señalando el lugar de la escuela en la reproducción cultural de la sociedad. Lejos están, las normas analizadas en este período, de representar fielmente los principios de las teorías de la reproducción social y cultural (Althusser, 1971; Bernstein, 1977; Bourdieu *et al.*, 1981; Bowles y Gintis, 1985; Giroux y

McLaren, 1998), sin embargo, incluyen ciertas dimensiones que implican para la formación docente, el conocimiento de la compleja trama de la vida social en la que la escuela produce y distribuye el conocimiento. Respetando el tenor de los marcos regulatorios, la inclusión de conceptos como "prácticas críticas", "tramas políticas", "relevancia política y social" en las definiciones más importantes de los lineamientos de la formación docente, se enfatiza el valor que tiene la propuesta curricular, como propuesta política pedagógica para el sector. Los documentos lo expresan de esta forma:

> La docencia como *práctica de mediación cultural reflexiva y crítica*, caracterizada por la capacidad para contextualizar las intervenciones de enseñanza en pos de encontrar diferentes y mejores formas de posibilitar los aprendizajes de los alumnos y apoyar procesos democráticos al interior de las instituciones educativas y de las aulas, a partir de ideales de justicia y de logro de mejores y más dignas condiciones de vida para todos los alumnos. (Resolución CFE N° 24, 2007, cursivas propias)

> La preocupación por la *relación de los educadores con el conocimiento, su producción, circulación y distribución social*, exige la atención de los procesos sustantivos de la formación como eje central de una política de formación docente. Consideramos que es necesario promover debates e indagaciones en las instituciones de formación docente respecto de la tarea de enseñar, en relación con la posición de las escuelas ante las transformaciones actuales y el lugar de la transmisión cultural. (Resolución CFE N° 223, 2004, cursivas propias)

La propuesta de vincular la formación docente con la creación y transmisión de la cultura implica establecer un lazo con la escuela en tanto institución central para la vida democrática; en palabras de Giroux (1990), se trata de esferas democráticas, públicas en las que la vida social es analizada en profundidad. Además, supone contribuir a consolidar un conjunto de disposiciones y prácticas a través de las cuales los futuros docentes puedan interpelar críticamente las tradiciones educativas y culturales que priorizan el control, la obediencia, la aceptación de modelos únicos de sociedad y de cultura. Como señalamos en párrafos precedentes, la profesionalización de la enseñanza desde esta posición implica asumir roles protagónicos en la construcción del saber, personal y social.

3.3. Las instituciones y el sistema formador

La necesidad de integrar el sistema de formación docente es una demanda que no fue resuelta con la creación de la RFFDC. Como señalamos en capítulos anteriores, la Red implicó la definición de una organización con nuevos organismos y mecanismos para su funcionamiento en el marco de un proceso de institucionalización creciente de la organización. Sin embargo, al mismo tiempo, se desplegó la ampliación de funciones de las instituciones bajo principios centrados en la evaluación de la calidad, atención de las demandas del medio, la actualización y perfeccionamiento en un contexto de deterioro de las condiciones materiales de trabajo para los docentes, que no contribuyeron a desarrollar la articulación demandada. Esta situación está descripta en el informe que elabora la Comisión para el análisis de la formación docente:

> La formación docente inicial o de grado en el país se desarrolla en dos contextos institucionales y organizacionales diferenciados: los institutos de formación docente no universitarios dependientes de las jurisdicciones provinciales y las universidades e institutos universitarios, con una baja o nula interacción entre ambas modalidades institucionales, sea en experiencias de apoyo, de intercambio o de relación. (...) Dentro de cada grupo institucional, se *observa una significativa fragmentación interna, con distinta organización, trayectoria y recursos, con baja interrelación entre departamentos dentro de una misma institución, o entre planes y carreras.* (...) Dichas políticas (*las formuladas en los años 90*) y sus normas instalaron una modalidad absolutamente nueva: en lugar de un Estado rector del desarrollo del sistema formador, *se configuró en un Estado evaluador externo de "unidades individuales"*: poniendo reglas de juego y determinando quién entra y quién sale del sistema. Con ello, *soslayó la visión del sistema formador en su conjunto y el peso o responsabilidad del cambio recayó sobre los institutos*, con requisitos de calidad académica que no habían desarrollado, sobre nuevas funciones de investigación y capacitación para las cuales no contaban con las competencias básicas, y sobre los planes de estudio. (Resolución CFE N° 251, 2005, cursivas propias)

La *heterogeneidad* de la formación docente señalada por el CFE en los diagnósticos de la década de 1990, es descripta ahora como *fragmentación* y *segmentación* del sistema, ya que la heterogeneidad, en tanto diversidad de perspectivas, es considerada una virtud del sistema[66] (Resolución CFE N° 30, 2007). Los diagnósticos formulados en el ámbito del CFE reconocen el carácter histórico de esta situación (Resolución CFE N° 9, 1990; Resolución

---

66. La Resolución 30/07 señala que se ha llegado a considerar que unidad y homogeneidad son términos equivalentes, sin embargo, dadas las características del sistema formador es impensable una "restauración homogeneizadora".

CFE N° 251, 2005) no adjudicable a un período, ni a un conjunto determinado de políticas. Los documentos señalan que la coyuntura política creada por la sanción de la Ley de Educación Nacional (2006) permite que las políticas de Estado puedan ser formuladas para la superación del *conglomerado* de instituciones del sistema de educación superior:

Por este motivo, el sentido de las normas estuvo dirigido a superar la *atomización* del *conglomerado* mediante un impulso planificador que permita conformar un sistema formador. La normativa elaborada en este ámbito presenta dos rasgos significativos:

a) Las normas que regulan el funcionamiento político institucional alcanzan nuevas dimensiones organizacionales e incluyen un desarrollo conceptual proveniente del campo educativo, hasta ahora no considerado en este tipo de documentos.

b) Las normas ponen en evidencia las intervenciones de concertación de los organismos para lograr la construcción integral de un sistema formador. De este modo, nuevas dimensiones y agentes de la vida institucional son objeto de la regulación, como también se establecen nuevas formas de concertar las políticas de formación docente en pos de la consolidación de un sistema formador.

3.3.1. Nuevas dimensiones de regulación de las instituciones de formación docente

Como señalamos en apartados anteriores, las instituciones formadoras ampliaron sus funciones y fueron incorporadas a un sistema de evaluación en el contexto de una articulación interna del sistema educativo y especialmente, el sistema formador, como también una vinculación activa con el medio en el cual están insertas. Los diagnósticos de situación presentes en los documentos, no evidencian un retroceso en estos temas pero sí plantean la necesidad de establecer mayores precisiones sobre ellos. Los documentos evidencian una secuencia que en términos generales se inicia con el análisis del estado de situación, la definición de criterios y la identificación de líneas de intervención.

En esta línea, la Resolución CFE 30/07 establece la necesidad de revisión de los rasgos que definirían la especificidad de la formación docente como sistema: la formación (inicial y permanente) de los recursos humanos del sistema educativo, como su principal función; la conveniencia de iniciar acciones de planificación del cumplimiento de esta función, en el interjuego entre la formación docente, las necesidades del sistema educativo y las políticas educativas y, por último, la producción de saberes específicos sobre la enseñanza, sobre el trabajo docente y sobre la formación.

En este abarcativo temario, se incluye por primera vez la producción de saberes específicos de la docencia. Este aspecto no está aislado del conjunto de definiciones políticas, ya que por un lado remite a las definiciones de la docencia del marco normativo y por otro avanzan en el análisis de las condiciones bajo las cuales resulta conveniente promover la ampliación y diversificación de las funciones, las formas de acceso a los cargos docentes, los alcances y los límites de la autonomía institucional y los modelos de gobierno de las instituciones formadoras.

En este sentido, la normativa pretende regular a nivel nacional, dimensiones de la vida institucional hasta ahora libradas a la iniciativa de las jurisdicciones, de las instituciones o de las personas. Ball (2012) afirma que la subvaloración del nivel *meso* corresponde a las tendencias teóricas implicadas en el análisis sociológico del cambio educativo que se centraron mayoritariamente en los efectos e implicaciones "omnímodos" del movimiento estructuralista o en las respuestas, adaptaciones y estrategias de actores individuales. El autor sostiene que han predominado los motivos continuamente repetidos de lo "macro" frente a lo "micro", la estructura frente a la acción, la libertad frente al determinismo y los profesores, en tanto sujetos individuales, frente al modo de producción colectiva de la acción profesoral.

Siguiendo el análisis de Popkewitz (1994), el núcleo de sentido de las sucesivas reformas de la formación docente se concentra en asuntos y problemas que no son percibidos como tales por los sujetos implicados, no están claramente definidos ni tienen resultados lineales porque responden a una compleja trama de intereses en los que el Estado tiene una posición tomada y no necesariamente es compartida por la mayoría. En palabras de Goodson (1995), cuando el cambio es promovido sin la participación de los integrantes del sistema, se hace necesaria la construcción de sentido para vincularlo con las creencias de los profesionales. Esta situación es evidente en las instituciones de formación docente donde la regulación de la vida de las instituciones no pudo ser objeto de definiciones políticas más amplias e integradas hasta después de la intervención del INFD. La normativa establece criterios políticos para avanzar en este sentido, lo señala de este modo:

La cuestión de la institucionalidad del sistema formador no puede responderse fundacionalmente, sino en un diálogo con el desarrollo histórico y la situación actual del sistema formador, que ofrezca elementos de cohesión, a las instituciones y los actores. No se trata de "transformar" un conglomerado en un sistema –como si se tratara de una acción externa al sistema mismo–, *sino de progresar con las instituciones* desde una situación presente donde cada una desarrolla sus tareas en el marco de una agenda autocontenida en el curriculum o el plan institucional, *hacia la construcción de una perspectiva compartida de las acciones y hacia una mayor identificación y complementación de los distintos niveles, instituciones y actores* que intervienen en la formación de maestros y profesores en todo el país. (Resolución N° 30, 2007, cursivas propias)

Para ello, crea marcos normativos del sistema formador a ser revisados/creados por las jurisdicciones:

- Reglamento Operativo Marco (ROM). Establecerá las regulaciones generales y obligatorias para el conjunto de los ISFD además de incorporar los aspectos específicos que correspondan a la identidad de los ISFD (Resolución CFE N° 72, 2008).
- Reglamento Orgánico Institucional (ROI). Es definido como un instrumento para la gestión de la vida cotidiana de las instituciones "imprescindible para la gestión institucional democrática, gestión que cobra sentido en el logro efectivo de la misión que sintetiza la especificidad de los ISFD. Un buen ROI vincula racionalmente ambos componentes" (Resolución CFE N° 72, 2008).
- Régimen Académico Marco para las carreras de formación docente. Este régimen académico deberá incorporar en su estructura formal las condiciones legales y académicas para definir el ingreso, la trayectoria formativa y la permanencia y promoción de los estudiantes (Resolución CFE N° 72, 2008).

Según lo establecido en la Resolución 140/11 del CFE, los institutos superiores de formación docente deberán cumplir con los siguientes requisitos mínimos de funcionamiento: (a) emitir títulos de formación docente inicial; (b) contar con matrícula de estudiantes; (c) generar dispositivos de apoyo pedagógico a escuelas del territorio; (d) desarrollar vinculación activa con las instituciones de formación docente del subsistema jurisdiccional; (e) contar con un diseño organizacional que garantice el funcionamiento democrático y (f) cumplir con las regulaciones establecidas para el sistema formador.

Las funciones básicas establecidas en la Resolución CFE N°30/07 están centradas en la especificidad de su función: formación docente inicial y formación continua, como también en las acciones que devienen de esas prácticas. Se identifican las siguientes:

- acompañamiento de los primeros desempeños docentes;

                                                    CapÍtulo 8

- formación pedagógica de agentes sin títulos docentes y de profesionales de otras disciplinas;
- formación para el desempeño de distintas funciones en el sistema educativo;
- preparación para el desempeño de cargos directivos y de supervisión;
- actualización disciplinar y pedagógica de docentes en ejercicio;
- formación de docentes y no docentes para el desarrollo de actividades educativas en instituciones no escolares, apoyo pedagógico a escuelas;
- asesoramiento pedagógico a escuelas, desarrollo de materiales didácticos para la enseñanza en las escuelas;
- investigación de temáticas vinculadas con la enseñanza, el trabajo docente y la formación docente.

Para dar cumplimiento a estas funciones, los reglamentos orgánicos deben dar cuenta de las estructuras necesarias y garantizar un funcionamiento democrático y dinámico de las instituciones. Para ello, la Resolución 140/11 prevé una estructura básica integrada por un rectorado, un órgano colegiado institucional, una secretaría académica, una secretaría, una coordinación de carreras, áreas de estudiantes, centros de documentación, centros de recursos de apoyo técnico-pedagógico y otras coordinaciones básicas según funciones de la institución. Como criterios generales, establece que las estructuras de los institutos:

- puedan variar según cambian las actividades prioritarias de la institución;
- definan áreas de trabajo, con responsabilidades a desarrollar por una persona o varias, de acuerdo a criterios preestablecidos;
- organicen la gestión institucional con equipos directivos, como área específica;
- cuenten con órganos institucionales colegiados con representación de todos los actores de esa comunidad educativa;
- promuevan la participación; especialmente de los estudiantes, en tanto contenido enseñante para la formación docente.

Tanto en las funciones descriptas como en los criterios para el diseño organizacional de las instituciones, la centralidad está puesta en ampliar y precisar los alcances como también establecer atributos. Como señalamos en párrafos anteriores, el *alcance* deviene de lo que implica una política integral de formación docente y continua, y los *atributos*, del encuadre político establecido en la LEN (2006), los valores democráticos como principios fundamentales de la vida social. Por ese motivo, se destacan los órganos colegiados, las instancias de participación, la representación de todos los actores de la comunidad educativa. Dada la precisión y la organicidad del planteo, son normas novedosas para el ámbito del CFE.

3.3.2. *La visibilidad de las políticas de concertación para la consolidación del sistema formador*

Las definiciones normativas avanzan sobre la vida institucional para otorgar unidad al sistema formador en un modelo de organización democrática, con sentido político dado por su aporte al sistema educativo, como también por la orientación de esa tarea que está centrada en la acción pedagógica. Lo señalan de esta manera:

> La pregunta que debe responderse no es la pregunta por la unidad del sistema formador, sino la pregunta por el aporte de la formación de maestros y profesores a la mejora general de la educación argentina. Es la respuesta a esta pregunta la que ayudará a determinar la direccionalidad que deberán asumir las políticas que nos hagan progresar hacia un sistema de formación docente. (Resolución N° 30, 2007)

Las definiciones de la normativa para la construcción de un sistema formador integrado presentan tres características distintivas respecto de definiciones realizadas en otros períodos:

1. Densidad y coherencia conceptual.
2. Claridad en la definición del trabajo a realizar.
3. Construcción política diversificada y compartida con los integrantes del sistema.

1. Densidad y coherencia conceptual

Las normas están asentadas sobre los aportes del campo académico que ponen de manifiesto la complejidad de la tarea y aportan densidad argumental a las definiciones expresadas. Por primera vez en el ámbito del CFE, un documento normativo presenta una densidad conceptual que permite fundamentar la posición asumida. Si bien la consulta a especialistas cuenta con una extensa tradición en los ámbitos del gobierno del sistema, no siempre los aportes fueron incluidos en las normas como el marco de referencias políticas y epistemológicas sobre las que han sido formuladas. No es la finalidad de esta presentación un análisis exhaustivo, sólo poner de manifiesto que las definiciones de las normas que organizan las instituciones cuentan con fundamentación conceptual para un conjunto de definiciones institucionales y académicas referenciándose en autores reconocidos del campo educativo.

2. Claridad en la definición del trabajo a realizar

La definición y consolidación de un sistema formador es un objetivo de la política educativa del período post crisis de 2001. Para ello, los documentos que refieren al funcionamiento institucional enfatizan la necesidad de establecer relaciones entre planeamiento del sistema educativo y planeamiento de la formación docente. Se trata de un diseño que contemple al mismo como práctica de gobierno y diseñe la planificación del sistema formador ligada a la planificación de los recursos humanos del sistema educativo, a su provisión inicial y a su desarrollo profesional a lo largo de la carrera laboral. Para cumplir con este propósito, la normativa elaborada contempla las características del proceso, los ámbitos y sujetos que intervienen, así como también el objeto del planeamiento.

Con respecto al *proceso*, los *ámbitos* y *los sujetos* responsables de la tarea, se establece que el planeamiento político-estratégico del sistema formador de cada jurisdicción se llevará a cabo teniendo en cuenta los criterios político-metodológicos acordados federalmente. Las características relativas a tiempos, metodología y actores involucrados, serán definidas por los ministerios jurisdiccionales y coordinados por las respectivas direcciones de nivel superior o su equivalente. A su vez, se contemplan otros espacios en los que se debaten y conciertan las políticas para la formación docente: la Mesa Federal de Directores de Nivel Superior, el Consejo Consultivo, los ISFD, sus directivos y docentes y los estudiantes de los profesorados. El documento "Relato de una construcción política federal 2007-2011" señala que la Mesa Federal es un espacio sistemático de análisis y elaboración de propuestas de las políticas, en el cual se retoman o impulsan los acuerdos construidos en el Consejo Federal de Educación sobre la formación docente. Las decisiones acordadas por los ministros, que son de aplicación obligatoria en las jurisdicciones, contienen un piso de análisis procedente de los funcionarios responsables de coordinar su implementación. De esta manera, hay un proceso previo de análisis y diseño de las propuestas destinadas al sector. Por otro lado, señala la importancia política del Consejo Consultivo por contar con la participación de la Secretaría de Políticas Universitarias, el Consejo de Universidades, las asociaciones de educación de gestión privada y los gremios docentes con representación nacional. Estos dos colectivos, con intereses diferenciados y, *a priori*, contradictorios, garantizan solidez política y conceptual a las formulaciones del CFE.

Con respecto al objeto del planeamiento, el primer Plan Nacional de Formación docente formulado en el año 2007, define áreas de acción:

- *Desarrollo institucional*, entendido como el fortalecimiento e integración progresiva del sistema formador inicial y continuo, de la planificación de su oferta y desarrollo, de la gestión del sistema, del mejoramiento de la organización y dinámica pedagógica de los institutos superiores y del apoyo a los estudiantes de las carreras de formación docente.
- *Desarrollo curricular*, orientado hacia la actualización, integración y mejora de los planes de estudio y de la gestión del desarrollo y evaluación curricular, así como a la renovación de los dispositivos de formación, enseñanza y aprendizaje docente.
- *Formación continua y desarrollo profesional*, dirigido a la coordinación de la oferta de capacitación y desarrollo docente, integrando modalidades de educación en servicio y brindando respuestas sistemáticas a las necesidades de las prácticas pedagógicas en las escuelas (Resolución CFE N° 2, 2007).

3. Construcción política diversificada y compartida con los integrantes del sistema

Sobre las tres áreas enunciadas en el párrafo anterior, se despliega el planeamiento del sistema formador establecido por los acuerdos políticos e implementados de manera conjunta por las jurisdicciones y el Ministerio de Educación a través del INFD. La formulación de los planes operativos elaborados para la formación docente permitió visibilizar el modo en el que se construyó la concertación. Los antecedentes relevados no permiten dar cuenta de cuáles fueron las intervenciones que se realizaron para la implementación federal de las políticas de formación docente en todos los períodos. La experiencia más cercana es el diseño de la transformación educativa de los años 1990 en la que se explicitan las finalidades, procedimientos, áreas responsables, pero no hay evidencias del tipo de intervención que se realizaba desde los ámbitos del poder ejecutivo para la concreción de las acciones en las instituciones y su coordinación a nivel nacional.

Los planes operativos[67] aprobados en el CFE visibilizan la acción política acordada en ese ámbito y llevada a cabo por el INFD y las jurisdicciones.

---

67. Se trata de todos los planes aprobados en el ámbito del CFE que contemplen total o parcialmente acciones referidas a la formación docente: Plan Nacional de Formación Docente (Resolución CFE N° 2, 2007); "Objetivos y acciones 2008" INFD (Resolución CFE N° 41, 2008); "Objetivos y acciones 2008 de formación docente" (Resolución CFE N° 46, 2008); "Objetivos y acciones 2010-11 de formación docente" (Resolución CFE

Podemos afirmar que no se trata de un modelo de "caja negra" en el que se desconocen los procedimientos específicos que realizan los sujetos en el contexto institucional para lograr los fines establecidos. A los efectos de analizar *qué acciones* se realizaron en los planes y para *qué finalidades*, analizamos su contenido siguiendo a Bardin (1986) e identificamos un conjunto de intervenciones políticas que las clasificamos atendiendo a la recurrencia de la naturaleza de la acción. Cabe destacar que cada una de las intervenciones remite a un objeto o contenido particular, pero nuestro interés está centrado en distinguir el modo de construcción implícito en todos los planes presentados. El contenido corresponde a las tres áreas definidas previamente para la conformación de un sistema de formación integrado:

a) intervenciones *de base política*;
b) intervenciones *de base técnica*;
c) intervenciones *financieras*.

A) Intervenciones de base política

Se trata de acciones referidas a la construcción de acuerdos y consensos para la definición de políticas del sector. Algunos ejemplos: "Realizar acuerdos y convenios de carácter programático con autoridades políticas jurisdiccionales" o "Acordar federalmente políticas de apoyo a estudiantes".

B) Intervenciones de base técnica

Incluyen acciones centradas en el apoyo técnico para la planificación, concreción de los planes de trabajo y su monitoreo. Cabe recordar que no todas las jurisdicciones cuentan con equipos de profesionales para sostener el trabajo propuesto desde el organismo.

C) Intervenciones financieras

El organismo aseguró el financiamiento de las actividades planificadas y acordadas federalmente a través de un esquema amplio que incorpora becas, construcción de edificios, equipamiento, capacitaciones, etc.

N° 98, 2010); "Plan de acción de la evaluación de la calidad educativa 2010-2020" (Resolución CFE N° 99, 2010); "Objetivos y acciones 2010/2011 de formación docente" (Resolución CFE N° 101, 2010); "Plan Nacional de Formación Docente 2012-2015" (Resolución CFE N° 167, 2012) y "Plan Nacional de Educación obligatoria y formación docente 2012-2016" (Resolución CFE N° 188, 2012).

Las intervenciones indicadas evidencian que la consolidación del sistema está dada por una plataforma de decisiones que, orientadas por la política, devienen en acciones concretas con los responsables intervinientes en las áreas en esa zona "meso" identificada por Ball (2012). No se trata de una obra culminada, sino de acciones en desarrollo con cierto grado de retroactividad que retoman parte de la historia para su mejoramiento. Cabe destacar que esto sucede también con la llegada de financiamiento para el sector. La política de formación docente tiene contenidos y condiciones materiales para su desarrollo. Si bien no utilizamos una perspectiva economicista ni valores presupuestarios para analizar el contenido, podemos afirmar que las políticas de financiamiento ancladas en la Ley[68] tuvieron su correlato en acciones concretas para la consolidación de un sistema formador en diálogo con el sistema educativo.

La acción política llevada a cabo por el INFD responde al objetivo de concertación establecido para el CFE. Al decir de Berger y Luckman (2006), se trata de promover un nuevo proceso de habituación en las instituciones de formación docente en el que las políticas definidas a nivel macro cobren sentido en las prácticas institucionales o, dicho de otra manera, conformen otra institucionalidad en la formación docente. Se trata de procesos de tipificación que contribuyan a la formación de profesionales de la enseñanza, intelectuales activos en la construcción de su propio saber y en la distribución del conocimiento para la construcción de una sociedad más justa.

4. El curriculum de la formación docente

4.1. Aspectos estructurales-formales de los lineamientos curriculares nacionales para la formación docente inicial

Tomando como base la definición de De Alba (1995), el curriculum es un proyecto político pedagógico conformado por aspectos estructurales formales y procesales prácticos, producto de mecanismos de imposición/negociación. Si bien analizamos categorías de la normativa como la profesionalización de la docencia que requieren ser analizadas desde el curriculum en acción, en este apartado presentamos los aspectos estructurales formales de los Lineamientos Curriculares Nacionales aprobados por el CFE después de la creación del INFD. En este sentido, los LCN son documentos necesarios, pero no suficientes. Señalan que más allá del valor de toda prescripción, los

---

68. Ley de Financiamiento Educativo (Ley N° 26.075, 2005).

diseños no alcanzan por sí mismos para sostener la formación ya que resulta imperiosa la consideración de las dinámicas y los contextos institucionales y organizacionales que posibiliten y dinamicen su desarrollo. Para ello, proponen evitar la simple traslación entre planes de estudio y así considerar integralmente las necesidades de formación docente.

CARACTERIZACIÓN DE LOS ASPECTOS ESTRUCTURALES FORMALES

ALCANCES.

Los lineamientos curriculares nacionales (LCN) son definidos como "el marco regulatorio y anticipatorio de los diseños curriculares jurisdiccionales y las prácticas de formación docente inicial, para los distintos niveles y modalidades del Sistema Educativo Nacional" (Resolución CFE N° 24, 2007). El alcance nacional se logra con la incorporación de las jurisdicciones, como también a las propuestas de Formación docente de las universidades.

ENCUADRE POLÍTICO.

Del mismo modo que los diferentes documentos elaborados por el CFE en tiempos de debates y sanción de la LEN (2006), los fundamentos de los lineamientos aluden directamente al sentido político expresado en esa norma: la educación y el conocimiento es un bien público y un derecho personal y social garantizados por el Estado para la construcción de una sociedad justa.

NIVELES DE CONCRECIÓN DEL CURRICULUM.

Los LCN prevén diferentes niveles de concreción:

Nivel nacional

Los LCN otorgarán integración, congruencia, complementariedad a la formación inicial y los diferentes niveles de formación para lograr resultados equivalentes en las distintas jurisdicciones, en pos de una mayor articulación para facilitar la movilidad de los estudiantes durante la formación entre carreras y entre jurisdicciones y asegurar el reconocimiento nacional de los títulos de los egresados.

Nivel jurisdiccional

Cada jurisdicción elaborará los diseños curriculares pertinentes y culturalmente relevantes para su oferta educativa, a partir de los lineamientos nacionales y considerando un margen de flexibilidad para el desarrollo de propuestas y acciones de definición institucional local. Se incluyen recomendaciones de cargas horarias, campos de formación, criterios para la definición de sus contenidos y se definen titulaciones comunes a nivel nacional.

Nivel institucional

A partir de los diseños curriculares jurisdiccionales, los ISFD elaborarán propuestas y acciones de concreción local considerando las potencialidades, necesidades y posibilidades del contexto específico, las capacidades institucionales instaladas, los proyectos educativos articulados con las escuelas de la comunidad y las propuestas de actividades complementarias para el desarrollo cultural y profesional de los estudiantes.

Cabe aclarar que se incorpora una recomendación para que las universidades diferencien los requerimientos que corresponden a la formación del profesorado de los otros requerimientos curriculares de las distintas licenciaturas de corte académico. Además, para que consideren las propuestas de las jurisdicciones en las que se estén vinculadas.

CARACTERÍSTICAS Y ESTRUCTURAS DE LOS DISEÑOS CURRICULARES

Las carreras se extienden a cuatro años de duración con una carga horaria mínima de 2.600 horas. Los distintos planes de estudio deberán organizarse en torno a tres campos básicos de conocimiento:

Campo de la formación general:

(…) dirigida a desarrollar una sólida formación humanística y al dominio de los marcos conceptuales, interpretativos y valorativos para el análisis y comprensión de la cultura, el tiempo y contexto histórico, la educación, la enseñanza, el aprendizaje, y a la formación del juicio profesional para la actuación en contextos socioculturales diferentes (Resolución CFE N° 24, 2007).

Los LCN plantean que los diseños curriculares de las jurisdicciones deben recuperar la enseñanza de las disciplinas responsables del desarrollo de los marcos conceptuales necesarios para comprender e interpretar los fenómenos educativos. Esta "vuelta a las disciplinas" remite a la necesidad de incorporar los principios epistemológicos y metodológicos que las disciplinas han construido y modificado durante su evolución, incorporando marcos conceptuales que articulan las prácticas sociales, la vida cotidiana y las prácticas docentes. Estas constelaciones de significados son potentes para favorecer una mejor apropiación de los saberes. Los LCN sugieren disciplinas que podrían integrar ese campo.

Campo de la formación específica:
Este campo curricular incluye los contenidos relativos a las disciplinas específicas de enseñanza del nivel de educación secundaria y la educación artística y/o a las distintas disciplinas para el nivel de educación inicial y de educación primaria y para la educación especial; las didácticas y las tecnologías de enseñanza particulares, y por último, los conocimientos sobre los sujetos del aprendizaje correspondiente a la formación específica (infancia, adolescentes, jóvenes y adultos) y de las diferencias sociales e individuales, en medios sociales concretos.

Campo de la formación en la práctica profesional:
De acuerdo a lo que prevé la LEN (2006) en su artículo 75°, estarán organizadas en dos ciclos, entendiéndose como dos estructuras no secuenciadas de los planes de estudio. En el primer ciclo, estarán las unidades curriculares que se definan como comunes a todas las carreras docentes de una jurisdicción, y en el segundo ciclo, aquellas que definan la titulación diferenciada. La distribución de la carga horaria es la siguiente:

Tabla 4
Distribución de cargas horarias en el curriculum de la formación docente.

	Profesorado de Educación (según niveles /orientaciones)
Campos	**Distribución según carga horaria mínima en horas**
Campo de la formación general	Entre un 25% y 35 %
Campo de la formación específica	Entre el 50% y el 60%
Campo de la formación en la práctica profesional	Entre el 15 % y el 25%
Carga horaria total	2.600
Duración	4 años

Fuente: Autoría propia.

Unidades curriculares
Los LCN proponen una variedad de formatos curriculares y presentan sus características básicas diferenciándolas por su sentido. Presenta: materias o asignaturas, seminarios, talleres, trabajos de campo, prácticas docentes, módulos y unidades curriculares opcionales. Esta variedad amplía las formas del tratamiento de los contenidos de la formación.

Capacidades para la docencia.

Los LCN mencionan las capacidades requeridas para la docencia, entendida como una práctica centrada en la enseñanza. Establece un conjunto de capacidades que van desde el dominio de los conocimientos a enseñar, el vínculo con los estudiantes en tanto sujetos de aprendizajes y los conocimeintos para el sostenimiento de prácticas reflexivas.

A nivel nacional no se incluyen objetivos. Este conjunto de capacidades funciona como orientadoras de la formación en todos los campos.

4.2. El campo de la formación en la práctica profesional

Los LCN incluyen por primera vez al campo de la formación en la práctica profesional, como un campo diferenciado del resto. Al decir de Goodson (1995), la "práctica" inicia una nueva etapa de reconocimiento de su valor formativo en el campo del curriculum. Esta evolución se desplegó conforme al desarrollo de la investigación del campo de la Didáctica, con líneas de investigación que recuperaban la importancia de formar en el arte profesional (Schon, 1992). Si bien la presencia de académicos en la formulación del curriculum y la traslación de las discusiones del campo intelectual siempre mantuvo estrecha vinculación con el ámbito de las definiciones políticas, en este caso surgen con más fuerza a partir de la creación del INFD.

La institucionalización de la "voz académica" y su incorporación al diálogo con las "voces políticas" del ámbito del CFE, contribuyeron a la definición de una incorporación diferenciada de las propuestas anteriores. Como señala Goodson (1995), y si bien no se trata estrictamente de una disciplina, la incorporación de este campo en el curriculum no es monolítica, no devino de una imposición coyuntural sino de la decisión política de otorgar a la "práctica", por su naturaleza y por su potencial de formación y transformación, una importancia distinguida en la formación inicial y en el desarrollo profesional docente.

De esta forma, la Didáctica como disciplina encuentra en el terreno del curriculum, el espacio para la consolidación de sus actuales y futuros desafíos investigativos y de acción. Esto sucede por haber participado, al decir de Goodson (1995), de un juego por mayor territorio curricular, un estatus renovado respecto del valor de sus aportes a la formación.

La presencia del *campo de la formación en la práctica* en los LCN indica que la *práctica* como espacio de adaptación o de aplicación de la teoría, o como una parte de la enseñanza de los contenidos disciplinares, perdió una batalla. En la prescripción que formaliza la nueva estructura de la formación docente inicial, legitima el campo de la formación en la práctica desde la concepción de las prácticas de enseñanza como prácticas sociales. Esta afirmación no deviene sólo de la incorporación coherente del concepto en los documentos analizados, sino también de su relación con otros conceptos que complementan su significado. Un ejemplo de ello, es concebir al docente como trabajador intelectual, profesional de la enseñanza, sujeto clave en la distribución de conocimiento en la sociedad, etc. De esta forma, las prácticas de enseñanza son un eje clave para la mejora del sistema educativo y además, ocupan un lugar sustantivo en el que se despliega la formación docente inicial y el desarrollo profesional docente teniendo a la reflexión como el componente que permite sostener ese lugar diferencial.

Es preciso destacar que no se trata de una conversión de estatus epistemológico, sino de reconocimiento de su valor pedagógico y político en las propuestas de formación. Si bien nuestro estudio centra la atención en el uso de los conceptos y la red de significaciones en la que se insertan, es valioso destacar, como lo hicimos en apartados anteriores, que se advierte un aumento de la cantidad de veces que se utilizan en los documentos que establecen los marcos políticos pedagógicos de la formación docente.

4.3. Las prácticas de enseñanza: naturaleza y sentido de las intervenciones en el aula en la formación docente

Los aportes de Carr (2002) para analizar el concepto "prácticas" nos permiten profundizar los significados otorgados a este concepto en el campo de la Didáctica y su uso en la normativa del CFE. Como señalamos en capítulos anteriores, durante varias décadas la tendencia del campo intelectual fue explicar las prácticas de enseñanza en su relación con la teoría, ya sea por entenderla como aplicación o como fundamento indispensable de la acción, diluyendo la potencia de significados que tiene el concepto para la formación docente.

En los capítulos anteriores, indicamos cómo a partir de las prioridades políticas, el pensamiento pedagógico establece marcos de referencia para los documentos elaborados por el CFE que, además de estar sujetos a la dinámica del campo de intelectual, tienen vigencia más allá del momento fundacional. El ejemplo más claro es la secuencia "planificación, conducción, evaluación de los aprendizajes" propuesto por los CBC.

Atendiendo a la complejidad de las prácticas de enseñanza, las prioridades son establecidas por la intención humana del *buen obrar* que fundamentan las decisiones de intervención en relación con los fines políticos y pedagógicos, como es la construcción de una sociedad más justa; a las personas implicadas, entendidas como sujetos de derechos; a los contenidos, entendiendo que se trata de una selección del conocimiento como bien social; a los recursos, los que se elijan para la acción en el aula; al sentido que cobra en la formación, según surja de los propios procesos reflexivos y devenido de ello, a las posibilidades de transformación de la propias intervenciones y de los otros. Desde esta posición, las prácticas de enseñanza como el *buen obrar*, distinguidas por la deliberación y la elección del docente, implican un cambio en las concepciones políticas sostenidas por la normativa del CFE. Sin desconocer la necesidad de acudir a los instrumentos, los LCN invierten las prioridades respecto de la enseñanza definida en las anteriores propuestas curriculares: la dimensión política señala el sentido de las intervenciones en las aulas, no al revés.

Las referencias a las prácticas como amaestramiento ya sea a las prácticas de otros, a la teoría o sus versiones reduccionistas, como la dilución de sus significados analizada en capítulos anteriores, nos invitan a revisar en los LCN la continuidad de esas concepciones en el interior de la normativa elaborada en el mismo período. Se trata de conocer la interrelación entre las diferentes dimensiones y objetos de la regulación. Es importante señalar que el CFE aprobó los LCN en el año 2007 y, contemporáneamente, estableció las regulaciones de las funciones del sistema formador. En ese documento aparece de manera destacada el lugar de las prácticas y las residencias en la formación docente inicial y el desarrollo profesional docente, por constituirse en el espacio privilegiado para la construcción del saber. Ambas normas, los *Lineamientos curriculares nacionales* (Resolución CFE N° 24, 2007) y el documento *Hacia una institucionalidad del sistema de formación docente* (Resolución CFE N° 30, 2007) constituyen el núcleo de referencias ineludibles para analizar las concepciones referidas. Por ese motivo, siguiendo los criterios de presencia y frecuencia (Bardin, 1986) relevamos en ambos documentos las concepciones que sostienen las definiciones político-pedagógicas de la formación docente. Identificamos el uso en torno a dos grandes ejes, resguardando las expresiones originales empleadas en los LCN, aunque en ocasiones existan similitudes entre las mismas:

(a) Definiciones políticas de la docencia y de la enseñanza como práctica social en la que se distinguen las relaciones con los contenidos, los sujetos, los recursos y la calidad de la intervención. Algunos ejemplos de estas definiciones son: "tarea de enseñanza y de mediación social"; "contexto sociopolítico, sociocultural y sociolingüístico como fuente de enseñanza";

"Práctica social y educativa concreta"; "Alternativas para la enseñanza y el aprendizaje"; "Por prácticas de enseñanza de contenidos curriculares".

Las *prácticas de enseñanza como el buen obrar* implican reconocerlas como un tipo de práctica social con estas características presentes en la normativa:

- La práctica docente como trabajo institucionalizado es una práctica de mediación cultural reflexiva y crítica.
- La docencia implica una práctica pedagógica, construida a partir de la transmisión de conocimientos y de las formas apropiadas para ponerlos a disposición de sus alumnos como una parte indispensable para la construcción de una sociedad democrática y justa.
- Las prácticas de enseñanza, como parte de las prácticas pedagógicas, implican decisiones sobre las intervenciones en pos de encontrar diferentes y mejores formas de posibilitar los aprendizajes de los alumnos.
- Las prácticas de enseñanza requieren decisiones y análisis sobre las intenciones, los tiempos, los contenidos, los recursos, los formatos reconociendo el carácter situado de las decisiones que legitiman la acción sin perder de vista la finalidad política de las prácticas de enseñanza.

(b) La formación en la práctica y las prácticas de formación: el análisis y los saberes de las prácticas. La dimensión institucional del sistema formador. Algunos ejemplos de estas concepciones son: "Prácticas que se quiere contribuir a transformar o generar"; "Saber sobre la enseñanza"; "Formular como saber las prácticas de formación que vienen generando"; "Acumular conocimientos sobre prácticas que no han sido usuales".

Las prácticas de enseñanza *como el buen obrar* en la formación docente presentan estas características en la normativa:

- La formación en la práctica profesional, como eje integrador, articula los diferentes campos desde el comienzo de la formación aumentando progresivamente para culminar en las Residencias.
- La formación en la práctica profesional se realiza en redes de instituciones (escuelas e institutos superiores) con proyectos consensuados y sistemáticos en el que todos los sujetos participen del proyecto de formación. Es indispensable contar con recursos y condiciones para hacer posibles las experiencias formativas, entre ellas es indispensable considerar las prácticas de enseñanza que se desarrollan en los institutos superiores.
- Las redes institucionales promueven un tipo de saber sobre la enseñanza que supera la tradicional rivalidad entre el saber académico y el saber de

la experiencia de las escuelas. Las prácticas cotidianas de la formación generan conocimiento práctico, una fuente de saber que requiere ser considerada, interpelada y valorada por los sujetos que intervienen en el proceso formativo.

En ambos puntos, los conceptos relevados dan cuenta de las *prácticas de enseñanza como el buen obrar*, en tanto una acción intencionada, con fines éticos en los que el propio docente está implicado en su definición. Así comprendidas, implican una deliberación sobre la intervención que se despliega colectivamente, con otros sujetos que también participan en la construcción del saber. Esta característica es novedosa en la normativa referida a la formación docente, no solo por el objetivo de lograr un sistema formador integrado, sino por la participación de los sujetos en la construcción del saber que allí se produce. De esta forma, los principios políticos expresados en todo el cuerpo normativo respecto de la importancia de una construcción de una sociedad democrática y más justa se ponen en evidencia en los lineamientos que organizan las prácticas institucionales del sistema formador. A partir del análisis precedente, podemos afirmar que no hay continuidad en la definición de las prácticas como amaestramiento.

Finalmente, además de las consideraciones cualitativas y el ordenamiento precedente, la tabla 7 señala la frecuencia de uso del concepto en perspectiva histórica:

Tabla 5

Frecuencia de uso de los conceptos "prácticas" y "enseñanza" en perspectiva histórica

	Resoluciones con definiciones político-pedagógicas desde 1990 hasta 2000	Resoluciones con definiciones político-pedagógicas desde 2001 hasta 2003	Lineamientos Curriculares Nacionales (Resolución CFE N° 24/07) y Hacia una institucionalidad del sistema formador (Resolución CFE 30/07)
Prácticas	46	13	95
Enseñanza	20	24	46

Como lo señalamos, los LCN recuperan la centralidad de la enseñanza y con ello, los conocimientos producidos en el ámbito de la Didáctica organizados en base a un conjunto de principios: compromiso con la acción social de intervención, resolución de problemas concretos, acciones y situaciones de enseñanza dotadas de intencionalidad, posición hermenéutica para comprender la naturaleza de lo que sucede en el aula, actuación normativa y verificable sin que ello sea prescripción general para las decisiones situadas.

La formación en la práctica profesional prevista por los LCN reconoce el valor del conocimiento práctico de carácter propositivo, generado en la experiencia de profesores, maestros y estudiantes en el marco del trabajo grupal e institucional. A modo de ejemplo, presentamos dos fragmentos:

La Resolución CFE 30/07 afirma que la formación inicial tiene, en las instancias de práctica y residencia, una experiencia acumulada en la identificación de saberes sobre la enseñanza, y en la producción de un trabajo especializado sobre la formación. La normativa establece la siguiente referencia:

La vocación política de reconocer ese saber se incorpora en las normas en tiempos de cercanía del campo intelectual de la Didáctica con los responsables de las definiciones políticas. Este vínculo está expresado en la referencia a las investigaciones y producciones teóricas que se incluyen en las normas, como también en documentos complementarios elaborados por destacados investigadores del campo educativo (Davini, 2005; Terigi, 2007; Acosta, 2007; Aguerrondo y Vezub 2008; Tenti Fanfani, 2010b; Morduchowicz, 2008). Las prácticas de enseñanza como el buen obrar recuperan la naturaleza política de la acción docente. Su inclusión desde esta perspectiva nos permite sostener que los fines previstos para la docencia en el marco normativo –transmisión de la cultura y construcción de una sociedad más justa– son asequibles para la formación docente. Se trata de una práctica que recupera el valor y sentido otorgado por la Ley y, además, construye ciudadanía democrática desde una perspectiva de derechos, misión indispensable en estos tiempos.

REFLEXIONES FINALES

A lo largo de este trabajo hemos identificado y analizado la producción normativa destinada a la formación docente elaborada en el ámbito del Consejo Federal de Educación en el período 1972-2012. Inscribimos nuestra investigación en el campo de la Didáctica, entendida como la disciplina que elabora "teorías acerca de las prácticas de enseñanza significadas en los contextos sociohistóricos en los que se inscriben" (Litwin, 1997). Esta definición nos permite ubicar al conjunto de nuestros interrogantes en torno a una pregunta más abarcativa, presente en todo el trabajo y no excluyente del resto: cuáles son las definiciones de la normativa que contribuyen a la construcción de significados en la formación docente y, en ella, a las prácticas de enseñanza. Se trata entonces del análisis de una dimensión de esa construcción, la propuesta por las normas, sin desconocer que se despliegan además los significados construidos por los sujetos en las interacciones sociales, que no son objeto de nuestro estudio. Cabe señalar que se trata de una explicitación formal e indispensable de la posición política asumida por el Estado para la educación. A diferencia de otros ámbitos, esta expresión se realiza sobre un tema de interés público, de regulación estatal, que afecta a los intereses de toda la ciudadanía porque su marco axiológico y político como también su sostenimiento material, impacta en la vida de las personas.

Al realizar una lectura desde la Didáctica pudimos detenernos en los conceptos nodales para la formación docente, sus características distintivas, el curriculum y allí, las prácticas de enseñanza, objeto de estudio de la disciplina sobre la cual se ha elaborado teoría desde posiciones epistemológicas muy diferentes. La perspectiva histórica de este trabajo nos permite reconocer las continuidades y rupturas de la significación construida por las normas en los diferentes contextos sociohistóricos, donde los aportes del campo académico han contribuido a su sostenimiento. Para nuestra disciplina, esto es muy importante ya que, a lo largo de su existencia, el paradigma normativo prescriptivo hegemonizó la teorización en el campo y a pesar de las transformaciones de las agendas, durante mucho tiempo los intereses académicos estuvieron vinculados con preguntas ancladas en la búsqueda de regulaciones para la enseñanza. En otras palabras, nuestro problema de investigación se centra en un análisis desde la Didáctica de la producción normativa del CFE destinada a la formación docente, sabiendo que allí podemos encontrar una de las construcciones de los significados acerca de la enseñanza, ni única, ni exclusiva, ni ineludible. Los objetos de las normas recuperan los aportes del campo académico para ser reconstruidos por lo que llamamos la "voz de la política" en una amalgama particular que responde a una variedad de intereses explícitos e implícitos.

Estas primeras referencias nos permiten señalar que nuestro estudio presenta limitaciones. Como lo señalamos en los párrafos precedentes, no abordamos la perspectiva de los sujetos ni el trabajo realizado en las instituciones formadoras. Sabemos que la vida institucional es una fuente inagotable para conocer de qué manera se ponen en práctica las propuestas curriculares, cómo organizan los circuitos de trabajo entre los diferentes profesores de la formación y especialmente con las instituciones donde los estudiantes realizan sus prácticas, cuáles son los contenidos de los programas, los formatos y dispositivos que sostienen la dinámica de la formación docente.

A lo largo del período estudiado podemos identificar una intervención variable del CFE: actuó de manera concomitante con las decisiones políticas del Ministerio de Educación; fue el organismo de decisión política de reforma educativa global en contextos del Estado neoliberal y tuvo una participación clave para la reforma educativa integral en tiempos de centralidad del Estado a partir de la sanción de la LEN. Esta característica diferenciada de su actuación convivió con la producción de otras normas y propuestas elaboradas por el Ministerio de Educación. En nuestro trabajo consideramos los planes de estudio establecidos por las resoluciones ministeriales sobre los cuales el CFE se expidió o documentos de trabajo que expresan lineamientos de la política educativa. En este punto, se presenta una limitación de nuestra investigación ya que no incluye todos los textos elaborados por ámbitos afines al CFE que retoman las definiciones establecidas en las normas. Un ejemplo de ello es la producción documental del INFD que puede ser objeto de futuros trabajos considerando a nuestros aportes como las bases para próximos análisis integrados. Como en todo estudio de este tipo, nos centramos en las definiciones más importantes de las normas pero sabemos que es posible realizar un estudio pormenorizado de cada uno de los temas que allí se presentan y son interés de la Didáctica. Si bien este señalamiento corresponde a todo el período, nos referimos especialmente al caudal conceptual presente en las normas a partir de la creación del INFD.

El planteo del problema que orientó nuestro trabajo inscripto en el campo de la Didáctica, implicó considerar las decisiones políticas como también las concepciones producidas y sostenidas por el mundo académico. La normativa elaborada en ese ámbito integra esas dos dimensiones, por ese motivo hemos analizado su contenido identificando cómo se expresa esa vinculación en las normas del CFE a través de la regulación del sistema de formación docente. Asimismo, señalamos que su formulación se vincula con el funcionamiento de todos los niveles del sistema educativo, un rasgo explícitamente descripto en la normativa analizada.

El Consejo Federal de Educación es un organismo creado en el contexto de un gobierno dictatorial para la concertación de las políticas educativas. Sin embargo, la preocupación de los sucesivos gobiernos por resolver el federalismo en materia educativa se sostiene a lo largo de los cuarenta años estudiados, aunque sus objetivos cobraron mayor especificidad a partir de la sanción de la Ley Federal de Educación en el año 1993. Esa redefinición de los objetivos generó que el Consejo interviniera con mayor intensidad en la formulación de las políticas para la formación docente que la sostenía hasta ese entonces, aunque con finalidades diferenciadas dadas por el posicionamiento del Estado frente al ámbito de lo público. La Ley de Educación Nacional del año 2006 le otorga el carácter permanente a su funcionamiento y le confiere la responsabilidad de coordinación asegurando la unidad y la articulación del sistema educativo nacional. En este contexto, el nuevo marco legal crea el Instituto Nacional de Formación Docente, un organismo nacional desconcentrado cuya función primaria es la de planificar, desarrollar e impulsar las políticas para el sistema de educación superior de formación docente inicial y continua. Por primera vez existe un ámbito de esa naturaleza, lo que nos motivó a indagar las características de la producción normativa elaborada por el CFE antes y después de su creación. Por esa razón, señalamos las características generales de la actuación del organismo teniendo en cuenta la creación del INFD y, posteriormente, las continuidades y rupturas de las concepciones identificadas en el corpus documental.

1. Características de la normativa elaborada por el CFE antes de la creación del INFD

Desde su creación en el año 1972 hasta la reforma educativa de la década de 1990, el CFE produjo normativa de baja intensidad regulatoria de los planes de estudio de la formación docente. Sin embargo, se manifestó con vehemencia sobre la importancia de la formación docente para el proyecto político de país durante esos años. Las propuestas curriculares son generadas en el ámbito del Ministerio de Educación y las provincias, a través de su participación en el CFE, emiten aportes para su implementación a nivel nacional. Sin embargo, la heterogeneidad de la formación docente dada por la convivencia de diferentes modelos organizacionales, impidió su aplicación integral en todas las jurisdicciones.

La conducción del sistema educativo sostiene y reitera hasta la década de 1990 inclusive, que la formación docente debe realizarse en el nivel superior para jerarquizar su importancia en el conjunto de las políticas educativas. Durante la dictadura cívico-militar y conforme a las políticas de control ideológico, la actividad del organismo se concentra en resguardar y reafirmar que la formación docente se realiza de acuerdo con los principios de la concepción cristiana de la vida, las tradiciones de la cultura nacional y reafirmando la participación de las llamadas instituciones naturales, la familia y el Estado.

La recuperación de la democracia implicó poner en marcha el proyecto educativo democrático para recomponer la vida social conforme a esos principios y, en particular, el sistema educativo. Para ello, el escenario de las discusiones políticas se despliega en el Congreso Pedagógico Nacional de 1988 y en los programas desarrollados en el Ministerio de Educación. En ese contexto, el CFE es un escenario de disputas entre la nación y las provincias, generando una parálisis ejecutiva de la concertación. Advertimos que estas disputas se manifiestan en la baja productividad de acuerdos sobre los principales problemas evidenciados, tal como lo señalan los documentos analizados.

En la década de los años noventa, la Ley Federal de Educación (1993) genera la transformación del sistema educativo y es el CFE el escenario en el que se despliega la mayor concertación política vivida hasta ese momento. Para ello, el organismo produce normativa de alta intensidad regulatoria del sistema de formación docente que impacta en las instituciones y las propuestas curriculares. Asimismo, sostiene la importancia de la formación docente para el proyecto político de país bajo los principios del neoliberalismo con una profusa normativa que actúa a nivel macroinstitucional. La creación de la Red Federal de Formación Docente Continua, genera una estructura de acreditación y control que promueve acciones de formación inicial y continua, y de la función de investigación, todas sometidas a procesos de certificación de calidad. La articulación de un sistema formador y la calidad de sus prestaciones, son dos principios organizacionales de la formación docente que se despliegan en tiempos de pauperización del sistema educativo. Esta dual convivencia de unas políticas de evaluación en tiempos de deterioro de la condición laboral de los docentes, contribuye a la existencia de fuertes contradicciones en el sistema de formación. Al respecto, la normativa no señala prioridades ni políticas integrales que indiquen que se trata de un lineamiento a mediano y largo plazo, sino que establece una funcionalidad que favorece la fragmentación del sistema formador.

2. Características de la normativa elaborada por el CFE después de la creación del INFD

A partir del año 2003, la recuperación de la centralidad del Estado en la definición de las políticas públicas en materia educativa se expresa en el nuevo marco legal de la educación nacional. La Ley de Educación Nacional sancionada en el año 2006 confiere al CFE un rol protagónico para la coordinación de la política educativa a nivel nacional a partir de los aportes del INFD para la consolidación de un sistema formador. En este contexto, el organismo produce normativa de alta intensidad regulatoria del sistema de formación docente que impacta en dimensiones de la vida institucional hasta el momento no reguladas. La finalidad política de la educación nacional expresada en la LEN será el marco político de referencia en el que se inscriban las decisiones curriculares e institucionales para la formación docente: centralidad de la enseñanza, transmisión de la cultura y construcción de una sociedad más justa. Afirmamos que además de la intensidad de la intervención del CFE, se advierte el énfasis puesto en la direccionalidad establecida por las finalidades del marco legal y un cambio en el tipo de intervenciones previstas en la normativa para la concreción de las políticas.

El CFE elabora normativa con impacto en la formación docente en diálogo con el conjunto de las políticas educativas, reuniendo de manera explícita en ese proceso a los institutos de formación docente y a las escuelas asociadas. Con respecto al tipo de acciones previstas en la normativa, por primera vez el CFE aprueba políticas sostenidas en planes operativos, evaluables y con impacto en instituciones, sujetos y temáticas específicas propuestas por el INFD. Esto nos permite concluir que la acción política acordada en ese ámbito tiene su correspondencia en acciones concretas con los sujetos que sostienen la vida del sistema superando el modelo de "caja negra" de la concertación. Podemos afirmar que las intervenciones de base política, intervenciones de base técnica e intervenciones financieras explicitan la direccionalidad e intensidad de la regulación normativa propuesta para la consolidación del sistema formador y la superación del llamado "conglomerado" de instituciones.

3. Continuidades y rupturas en la actuación del Consejo Federal de Educación

Como afirmamos en párrafos anteriores, la normativa elaborada por el organismo recupera los aportes del campo académico para su inclusión en las normas. La forma en que lo hace, la claridad con la que presenta los conceptos, las relaciones que establece entre los mismos, las finalidades que persigue, nos permitió realizar un conjunto de señalamientos sobre las expresiones explícitas como también sobre los supuestos que subyacen a las tomas de posición política y académica. Podríamos afirmar que se trata de un conjunto de afirmaciones y silencios que muestran las opciones políticas de cada período que se resignifican en los siguientes. Tal como lo afirmamos en el trabajo, los estudios sobre la formación docente evidencian la presencia de tradiciones cuyos legados permanecen en las prácticas de los sujetos que configuran las instituciones. De este modo, la identificación de las continuidades y rupturas conceptuales y políticas presentes en las normas, contribuyen a reconocer la expresión de esas tradiciones formadoras.

Como lo señalamos en el trabajo, la educación cumple una función política que se pone de manifiesto en el énfasis puesto por el CFE en formar al docente como ejemplo y modelo, modificando la finalidad de su misión al servicio de los valores que el país requiere según los diferentes gobiernos del período estudiado: la modernización en los principios de los años setenta, la liberación e identidad nacional antes del golpe cívico militar de 1976, el control ideológico de la dictadura, la restauración de la vida democrática en los ochenta, la implantación del modelo neoliberal de los años noventa o la construcción de una sociedad más justa a partir de la sanción de la LEN.

Desde sus inicios y durante más de veinte años, las intervenciones del organismo no implicaron modificaciones a la *institucionalidad de la modelización de la docencia* generada en el normalismo y vigente en las normas hasta la transformación propuesta por la Ley Federal de Educación (1993). De este modo, aun ubicada en el nivel superior, la formación docente es una formación profesional de corta duración con un mayor peso relativo de las materias técnicas sobre las teóricas, expresándose el perfil tecnicista de la enseñanza. Los planes están organizados en una secuencia deductiva ya sea moldeando su ideología o su desempeño, la formación teórica profesional se concentra en el primer período y la preparación técnica y prácticas docentes en el segundo período y tramo final de la formación. La asociación de la práctica a una tarea de *amaestramiento* prioriza la adquisición de habilidades por sobre otro aprendizaje. En esta configuración está implícita la continuidad de esa concepción, ya sea a las prácticas de los formadores o a las teorías. En el primer caso, a las maestras de las escuelas en las que realizan las prácticas y en el segundo, implica actuar conforme con las teorías didácticas. Cabe señalar que la vigencia predominante del paradigma normativo-prescriptivo en esa disciplina, asegura conocimientos correspondientes con la expectativa política puesta en la modelización de los docentes en tanto sujetos que puedan cumplir las finalidades políticas propuestas por los diferentes gobiernos.

Los cambios en el mundo académico producidos en tiempos de la recuperación de la democracia, generaron una ruptura en las propuestas de formación docente. El MEB y el PTFD son experiencias elaboradas por el Ministerio de Educación de la Nación que proponen una renovación conceptual en las bases estructurales formales e ideológicas de la formación, considerando la integración de la teoría y la práctica para superar los enfoques aplicacionistas del pensamiento pedagógico vigente. Si bien se desarrollan en una selección de instituciones, allí se encuentra la génesis de una política de Estado destinada a la formación docente que se distancia de la modelización. Ante esa situación el CFE emite observaciones sobre la implementación de las experiencias hasta su suspensión dada por la implementación de la Ley Federal de Educación (1993). Estas consideraciones incorporadas en ambos proyectos, no traccionan en ese ámbito discusiones académicas renovadas o conformes a la pluralidad ideológica del campo educativo producida por la apertura democrática.

Una ruptura identificada en las definiciones es la profesionalización de la docencia. Se trata de uno de los rasgos incluidos con énfasis en las normas del CFE junto con la noción de rol docente en tiempos de la transformación educativa iniciada en 1993. Las normas establecen la profesionalización de la docencia asociada a las demandas que la organización escolar realiza a quienes cumplen el rol docente: carácter multifacético, poder de adaptación, mayores niveles de exigencia en un proceso de formación continua y responsabilidad por los resultados. Además, se produce una ruptura en las propuestas curriculares ya que a partir de la formulación de los CBC serán las jurisdicciones y las instituciones las que definirán los contenidos de la formación sobre la base de los acuerdos federales.

A nivel federal, por primera vez se incluye la noción de *práctica* en la normativa. Su inclusión presenta tres características generales: la alusión a un carácter polisémico del concepto anclado en la teoría social; la dilución de su potencia como concepto clave de la formación docente y resulta ser una inclusión acotada, como consecuencia de concepciones de enseñanza ancladas en el debate de la Didáctica General y las Didácticas específicas. Todas las nociones de prácticas incluidas en las normas aluden a su identidad como un tipo de práctica social diferenciada de otras prácticas y dotadas de una intencionalidad específica. Se incluyen los conceptos de prácticas docentes, prácticas pedagógicas y prácticas cotidianas, categorías muy potentes para analizar la vida de las aulas y la complejidad de la enseñanza. Sin embargo, las características anteriores sostienen el sesgo instruccional propio de la "puesta en práctica" o de "estrategias" de enseñanza o del "proceso enseñanza-aprendizaje". Asociada a esto, la alusión a las *prácticas reflexivas* corresponde más a la dimensión técnica de la enseñanza preocupada por la efectiva transmisión de contenidos disciplinares, que a la enseñanza como una práctica social, que requiere análisis sobre el sentido que promueve. El sostenimiento de la reflexividad no está explicitado en los documentos. Entendemos que, como la práctica como espacio curricular de la formación no tiene un lugar propio en los CBC, sólo está mencionada en el campo de la formación especializada por niveles y regímenes especiales. Existe un vaciamiento del carácter político de la enseñanza y serán las jurisdicciones las que la contemplen en los diseños curriculares y avancen en su conceptualización en este sentido.

Los debates sobre la modelización de la docencia que formalmente fueron reemplazados por la inclusión de la profesionalización como uno de los rasgos principales señalados por la reforma educativa, parecen estar solapados, pero no superados. Entendemos que se trata de un solapamiento porque aún persiste la idea de un orden único dado por los CBC y la persistencia de la dimensión técnica de la enseñanza.

La inclusión de estas concepciones está asociada a las investigaciones en el campo de la Didáctica de la década del noventa. Si bien se posicionan en una perspectiva crítica y hermenéutica intentando comprender lo que sucede en las aulas, se despliegan un conjunto de tensiones entre la Didáctica General y las Didácticas específicas. A pesar de una aparente complementariedad de los aportes, hay una elusión del carácter político de la enseñanza fortalecida por la noción de prácticas sostenida en los CBC, desde enfoques que tienden a despolitizar su valor y recuperar, de manera más sofisticada, la lógica aplicacionista de la década del setenta. La normativa que se propone la revisión de los CBC en tiempos posteriores a la crisis del 2001, incluyen referencias a las prácticas de enseñanza alejadas de esta posición, sin embargo, será recién a partir de la creación del INFD que estas nociones se incluyen con mayor precisión en las definiciones políticas.

A partir de su inclusión en la normativa, la noción de profesión tiene continuidad en los documentos analizados, aunque se evidencia un cambio en su caracterización como tal a partir del año 2006. Se establece que la docencia es una profesión cuya especificidad se centra en la enseñanza, entendida como acción intencional y socialmente mediada para la transmisión de la cultura y el conocimiento en las escuelas. El rasgo diferencial de esta concepción está dado por atender las condiciones materiales de trabajo de los docentes y concebirlos como trabajadores intelectuales, autorizados personal y socialmente para la tarea de enseñar. Esta jerarquización material y simbólica señala la implicación de los docentes en las decisiones sobre la enseñanza, hasta el momento asociada a la transmisión de los contenidos.

Otro rasgo de la normativa que presenta continuidades con las definiciones curriculares previas está dado por la definición de prescripciones generales sobre enfoques de los contenidos, cargas horarias mínimas, organización de los campos de la formación, entre otras. Si bien no definen contenidos como los CBC, los "Lineamientos curriculares nacionales para la formación docente inicial" son el marco regulatorio y anticipatorio de los diseños curriculares jurisdiccionales y las prácticas de formación docente inicial para los distintos niveles y modalidades del Sistema Educativo Nacional. En ellos se recuperan las definiciones políticas establecidas en la LEN y se formulan los criterios de organización de los diseños curriculares jurisdiccionales con base en la enseñanza de las disciplinas responsables del desarrollo de los marcos conceptuales propios de los fenómenos educativos. Este señalamiento implica revertir el carácter instruccional de los CBC. La inclusión de un conjunto de definiciones estructurales formales como también criterios para la definición de los diseños en todas las modalidades dotan de sentido a las prácticas instaladas en el sistema, ya no se trata de una acción fundacional sino de una construcción situada, realizada por quienes intervienen en los diferentes niveles de concreción curricular, las jurisdicciones y las instituciones. La normativa presenta criterios académicos y políticos para la definición de esas propuestas. Además, se realizan las intervenciones focalizadas de tipo político, técnico y financiero, señaladas en párrafos precedentes

Los lineamientos curriculares nacionales incluyen por primera vez al campo de la formación en la práctica profesional, como un campo diferenciado de la orientación en la propuesta curricular. Su inclusión no es monolítica y las concepciones están centradas en las *prácticas de enseñanza* como el buen *obrar* que requiere ineludiblemente de un proceso de elección y deliberación sobre el sentido de la acción asentada sobre el juicio práctico para definir el "saber qué". El abandono del concepto de "rol docente" y la inclusión de las definiciones políticas de la docencia como también de la enseñanza como práctica social y la formación en la práctica que enfatizan el análisis y los saberes de las prácticas, nos permiten sostener que se trata de una precisión política hasta entonces no considerada en las propuestas curriculares de formación docente. El carácter colectivo de la construcción de saberes que se produce en el proceso formativo, también implica un giro en el posicionamiento establecido en la normativa que hasta este momento establecía el eje en la acción individual de los docentes. Estas renovaciones de contenidos manifiestan la inclusión de los aportes del campo de la Didáctica, una disciplina que recupera la dimensión normativa incluyendo en la definición orientaciones y criterios para las prácticas de enseñanza. El valor del conocimiento práctico de carácter propositivo, generado en la experiencia de profesores, maestros y estudiantes en el marco del trabajo grupal e institucional, evidencia un nuevo enfoque multidimensional y de construcción colectiva incluido en las definiciones curriculares.

Podemos afirmar que esta definición promueve un cambio en los términos que Goodson (2008) señala para recuperar las creencias de los profesionales y hacerlo sostenido en el tiempo. De este modo es posible conformar una propuesta consistente tanto para los sujetos que intervienen en la vida cotidiana de los procesos formativos como para los fines de las políticas educativas. Las referencias conceptuales y la presencia de destacados intelectuales del campo de la educación como responsables de la elaboración normativa, nos permite sostener que se trata de un cambio político y epistemológico en tiempos de una cercanía virtuosa del mundo académico y del mundo político.

Nuestro trabajo pretende contribuir al campo de la Didáctica con el aporte de un análisis teórico de la actuación del CFE destinada a la formación docente. Se trata de una sistematización de la producción normativa y una lectura analítica de las principales definiciones y los supuestos que las normas sostienen, producto de haber puesto en diálogo esos textos con los aportes del mundo académico y las políticas públicas de cada período. Al decir de Goodson (2008), las innovaciones se producen en el despliegue de las tradiciones ya que resulta impensable una ruptura mesiánica con el pasado, así lo identificamos en la continuidad de ciertas concepciones que creíamos formalmente perimidas pero se hacen evidentes cuando analizamos exhaustivamente la normativa. Asimismo, se evidencia una renovación conceptual de las principales definiciones de la formación docente que conciben al docente como un trabajador intelectual productor de conocimientos a partir de su experiencia. Los documentos analizados inscriben a la enseñanza como una práctica que requiere una secuencia metódica de acciones de los docentes sobre los contenidos, los aprendizajes de los estudiantes, las relaciones interpersonales, la vida institucional y social, entre otras dimensiones del trabajo. En esa práctica, la reflexión es una parte constitutiva, indispensable para poder sostener el trabajo deliberativo y de acción que requiere la enseñanza como el buen obrar.

Las continuidades y rupturas de los ejes indagados nos permiten presentar un interrogante permanente sobre la continuidad de las definiciones políticas para la formación docente en las que las prácticas de enseñanza cobran centralidad y son comprendidas como prácticas sociales de alta significación política para quienes la imparten, la reciben, para la sociedad toda.

> *"Piensa en esto: cuando te regalan un reloj te regalan un pequeño infierno florido, una cadena de rosas, un calabozo de aire. No te dan solamente el reloj, que los cumplas muy felices y esperamos que te dure porque es de buena marca, suizo con áncora de rubíes; no te regalan solamente ese menudo picapedrero que te atarás a la muñeca y pasearás contigo. Te regalan —no lo saben, lo terrible es que no lo saben—, te regalan un nuevo pedazo frágil y precario de ti mismo, algo que es tuyo, pero no es tu cuerpo, que hay que atar a tu cuerpo con su correa como un bracito desesperado colgándose de tu muñeca. Te regalan la necesidad de darle cuerda todos los días, la obligación de darle cuerda para que siga siendo un reloj; te regalan la obsesión de atender a la hora exacta en las vitrinas de las joyerías, en el anuncio por la radio, en el servicio telefónico. Te regalan el miedo de perderlo, de que te lo roben, de que se te caiga al suelo y se rompa. Te regalan su marca, y la seguridad de que es una marca mejor que las otras, te regalan la tendencia de comparar tu reloj con los demás relojes. No te regalan un reloj, tú eres el regalado, a ti te ofrecen para el cumpleaños del reloj."*
>
> Julio Cortázar, *Preámbulo a las instrucciones para dar cuerda al reloj*

BIBLIOGRAFÍA

Achilli, E. (1988). La práctica docente: una interpretación desde los saberes del maestro. *Cuadernos de Antropología social*, 2, 5-18.

__________ (1990). Antropología e investigación educacional. Aproximaciones a un enfoque. Ponencia llevada a cabo en *III Congreso argentino de antropología social*, Rosario, Santa Fe.

__________ (2002). Proceso de investigación e intersubjetividad, trabajo de campo socio antropológico. Documento interno de trabajo, cátedra Metodología y técnicas de la investigación III. Facultad de Humanidades y Artes, UNR.

Abal Medina, J.M. y Barroetaveña, M. (1997). El Estado. En J. Pinto (Ed.) *Introducción a la ciencia política* (pp. 63-151). Buenos Aires: Eudeba.

Acosta, F. (2007). *Tendencias internacionales en la formación docente. Informe final de consultoría.* UNESCO-IIPE. Sede regional Buenos Aires, Argentina.

Aguerrondo, I. y Vezub, L. (2008). *Las instituciones terciarias de formación docente en la Argentina. Datos del Relevamiento Anual 2004.* Subproyecto: "Caracterización de los Institutos de Educación Superior con oferta de formación docente". MECyT.

Alliaud, A. (2007). *Los maestros y su historia.* Buenos Aires: Granica.

Althusser, L. (1971). *Ideología y aparatos ideológicos del estado. Lenin, Filosofía y otros ensayos.* Nueva York: Monthly Review Press.

Angulo Rasco, J. y Blanco, N. (Coords). (1994). *Teoría y desarrollo del curriculum.* Málaga: Grijalbo.

Ball, S. J. (2012). *La micropolítica de la escuela: hacia una teoría de la organización escolar.* Barcelona: Paidós.

Banco Mundial (1991). *Política urbana y desarrollo económico. Un programa para el decenio de 1990.* Washington DC.

Bardin, L. (1986). *Análisis de contenido.* Madrid: Akal.

Barco, S. (1989). *Racionalidad, cotidianeidad y didáctica.* Ponencia llevada a cabo en las 1ª Jornadas Regionales de Didáctica. UNSL. San Luis.

__________ (1996). Nuevos enfoques para viejos problemas en la formación de profesores. En A. Camilloni, G. Riquelme y S. Barco (Ed.), *Debates pendientes en la implementación de la Ley Federal de Educación* (pp. 97-135). Buenos Aires: Novedades Educativas.

_______ (2008). *Prácticas y residencias docentes. Viejos problemas ¿nuevos enfoques? Historias con Matrioshkas.* En R. Menghini y M. Negrín (Comps.), *Prácticas y residencias docentes. Viejos problemas ¿nuevos enfoques?* (pp. 21-26). Bahía Blanca: Universidad Nacional del Sur.

Barco, S., Ickowicz, M., Iuri, T. y Trincheri, A. (2006). *Universidad, docentes y prácticas.* Neuquén: EDUCO-UNCO.

Batiuk, V. (2007). Las políticas de desarrollo curricular del Ministerio de Educación Nacional (1993-2002). Acerca de la construcción de una voz oficial sobre la enseñanza. *Propuesta Educativa,* 27, 104-106.

Becker, M. (1985). Didáctica, una disciplina en busca de su identidad. *Ande,* 9(7), 52-96.

Berger, P. y Luckman, T. (2006). *La construcción social de la realidad.* Buenos Aires: Argentina: Amorrortu Editores.

Bernstein, B. (1977). *Clases, código y control.* (Vol. 3). Londres: Routledge y Kegan Paul.

Beyer, L. y Liston, D. (2001). *El currículo en conflicto. Perspectivas sociales, propuestas educativas y reforma escolar progresista.* Madrid: Akal.

BID-PNUD (1993). *Reforma social y pobreza. Hacia una agenda integrada de desarrollo.* Washington DC.

Birgin, A. (1999). *Trabajo de enseñar.* Buenos Aires: Troquel.

Birgin, A., Braslavsky, C. y Duschatzky, S. (1992). La formación de los profesores: hacia la construcción de un nuevo paradigma para su transformación. En C. Braslavsky y A. Birgin (Comps.), *Formación de profesores. Impacto, pasado y presente* (pp. 120-190). Buenos Aires: Miño y Dávila Editores.

Bourdieu, P. (2007). *El sentido práctico.* Buenos Aires: Siglo Veintiuno editores.

Bourdieu, P. y Mizraji, M. (1988). *Cosas dichas.* Buenos Aires: Gedisa.

Bourdieu, P., Passeron, J. C., Melendres, J., y Subirats, M. (1981). *La reproducción: elementos para una teoría del sistema de enseñanza.* Barcelona: Laia.

Bourdieu, P. y Wacquant, L.J.D. (1995). *Respuestas por una antropología reflexiva.* Mexico: Grijalbo.

Bowles, S. y Gintis, H. (1985). *Instrucción escolar en la América capitalista: reforma educativa y las contradicciones de la vida económica.* Madrid: Siglo Veintiuno editores.

Braslavsky, C. (1983). Estado, burocracia y políticas educativas. En J. C. Tedesco, C. Braslavsky, R. Carciofi, *El proyecto educativo autoritario. Argentina 1976-1983.* Buenos Aires: Flacso.

_______ (1989). Apuntes inconclusos para la evaluación del Congreso. En C. De Lella y C. P. Krotsch (Eds.), *Congreso Pedagógico Nacional. Evaluación y perspectivas.* Buenos Aires: Sudamericana.

Camilloni, A. R. W. de (1994). Epistemología de la didáctica de las ciencias sociales. En B. Aisenberg y S. Aledroqui (Comps.), *Didáctica de las ciencias sociales. Aportes y reflexiones* (pp. 25-41). Buenos Aires: Paidós.

Camilloni, A. R. W. de, Cols, E., Basabe, L., y Feeney, S. (2007). *El saber didáctico.* Buenos Aires: Paidós.

Camilloni, A. R. W. de., Davini, M. C., Edelstein, G., Litwin, E., Souto, M. y Barco, S. (1996). *Corrientes didácticas contemporáneas.* Buenos Aires: Paidós.

Cao, H., Rey, M. y Serafinoff, V. (2016, diciembre). Transformaciones en el modelo de gestión federal: una reflexión de los desafíos del federalismo cooperativo a partir de la experiencia en el sector educativo argentino. *Revista Documentos y Aportes en Administración Pública y Gestión Estatal*. Versión online. Disponible en: [http://www.scielo.org.ar/scielo.php?script=sci_arttext&pid=S1851-37272016000200003#a3].

Cardini, A. (2018). La fabricación de conocimiento aplicado a la política en Argentina. Un recorrido por los procesos de producción de conocimientos educativos en el Ministerio de Educación de la Nación (1999-2009). En J. Gorostiaga, M. Palamidessi, C. Suasnábar y N. Isola (Coords.), *Investigación y política educativa en la Argentina post 2000* (pp. 50-85). Buenos Aires: Aique.

Cardoso, F. H. y Faletto, E. (1996). *Dependencia y desarrollo en América Latina: ensayo de interpretación sociológica*. México: Siglo Veintiuno Editores.

Cardoso, F. y Faletto, H. (1998). *50 años de pensamiento en la CEPAL. Textos seleccionados volumen II. Dependencia y desarrollo en América Latina*. Santiago de Chile: Fondo de Cultura Económica/CEPAL.

Carena, S. y Luque, S. (1996). *Estado del arte de la investigación pedagógico-didáctica*. Córdoba: Universidad Católica de Córdoba. Mimeo.

Carnoy, M. (2005). La búsqueda de la igualdad a través de políticas educativas: alcances y límites. *REICE, Revista iberoamericana sobre calidad, eficacia y cambio en educación*, 3(2), 1-14.

Carr, W. (2002). *Una teoría para la educación. Hacia una investigación educativa crítica*. Tercera edición. Madrid: Morata.

Carr, W. y Kemmis, S. (1988). *Teoría crítica de la enseñanza*. Barcelona: Ed. Martínez Roca.

CEPAL (1996). *América Latina y el Caribe quince años después: de la década perdida a la transformación económica, 1980-1995*. Santiago de Chile: Fondo de Cultura Económica.

Chesswass, J. (1970). ¿Hay verdaderamente demasiados maestros? *El correo de la UNESCO: Una ventana abierta sobre el mundo*, pp. 21-23.

Chevallard, Y. (1997). *La transposición didáctica*. Buenos Aires: Aique.

Claxton, G. y Atkinson, T. (2002). *El profesor intuitivo*. Barcelona: Octaedro.

Coria, A. (2009). Investigación, políticas curriculares y de enseñanza. *Cuadernos de Educación*, 7, 11-28.

Da Silva, T. (1998). Cultura y currículum como prácticas de significación. *REC: Revista de Estudios del Currículum*, 1(1), 2-16.

Davini, M. C. (1995). *La formación docente en cuestión*. Buenos Aires: Paidós.

——————— (1998). *El curriculum de formación de magisterio. Planes de estudio y programas de enseñanza*. Buenos Aires: Miño y Dávila Editores.

——————— (2002). *De aprendices a maestros: enseñar y aprender a enseñar*. Buenos Aires: Papers Editores.

——————— (2005). *Estudio de calidad y cantidad de oferta de la formación docente, investigación y capacitación en la Argentina*. Buenos Aires: Ministerio de Educación de la Nación.

——————— (2008). *Métodos de enseñanza. Didáctica general para maestros y profesores*. Buenos Aires: Santillana.

De Alba, A. (1995). Las perspectivas. En *Curriculum: crisis, mito y perspectivas* (pp. 57-136). Buenos Aires: Miño y Dávila Editores.

Diker, G. (2005). Los sentidos del cambio en educación. En G. Frigerio y G. Diker

(Comps.), *Educar: ese acto político* (pp. 27-48). Buenos Aires: Del Estante Editorial.

Diker, G. y Terigi, F. (2003). *Formación de maestros y profesores: Hoja de ruta*. Buenos Aires: Paidós.

Draghi, M., Legarralde, M., Southwell, M. y Vassiliades, A. (2015). Ejes para una historia de los docentes en América Latina. *Teoria e Prática da Educaçao*, 18(1), 9-21.

Dubet, F. (2006). *El declive de la institución: profesiones, sujetos e individuos ante la reforma del Estado*. Barcelona: Gedisa.

Dussel, I. (2013). *El sentido de la justicia. 30 años de educación en democracia*. Buenos Aires: Unipe.

Eced, M. T. (1988). Influencias europeas en la formación" profesional" de los docentes españoles durante la II República Española. *Revista de Educación*, 285, 93-109.

Edelstein, G. (1997). *La reflexión sobre las prácticas, algo más que un lema*. Córdoba: Universidad Nacional de Córdoba. Mimeo.

_________ (2000). El análisis didáctico de las prácticas de la enseñanza. Una referencia disciplinar para la reflexión crítica. *Revista del IICE*, 17, 3-7.

_________ (2011). *Formar y formarse en la enseñanza*. Buenos Aires: Paidós.

Edelstein, G. y Coria, A. (1995). La práctica de la enseñanza en la formación de docentes. En G. Edelstein y A. Coria, *Imágenes e imaginación. Iniciación a la docencia* (pp. 61-95). Buenos Aires: Kapelusz.

Edelstein, G. y Aguiar, L. (2004). *Formación docente y reforma: un análisis de caso en la jurisdicción Córdoba*. Córdoba: Editorial Brujas.

Entel, A. (1988). *Escuela y conocimiento*. Buenos Aires: Miño y Dávila Editores.

Faletti, T. (2001). Federalismo y descentralización educativa en Argentina. Consecuencias (no queridas) de la descentralización del gasto en un país federal. En E. Calvo y J. M. Abal Medina (Eds.), *El federalismo electoral argentino* (pp. 101-129). Buenos Aires: INAP-Eudeba.

Feeney, S. (2007). La emergencia de los estudios sobre el currículo en la Argentina. En A. R. W. de Camilloni (Ed.), *El saber didáctico* (pp. 165-175). Buenos Aires: Paidós.

Feldfeber, M. (1998). Las políticas de formación docente en los 90. *Revista Versiones* 9, 15-19.

_________ (2003). Estado y reforma educativa: la construcción de nuevos sentidos para la educación pública en la Argentina. En M. Feldfeber (Comp.), *Los sentidos de lo público. Reflexiones desde el campo educativo* (pp. 107-127). Buenos Aires: Noveduc.

Feldfeber, M. y Gluz, N. (2011). Las políticas educativas en Argentina: herencias de los '90, contradicciones y tendencias de "nuevo signo". *Educação & Sociedade*, 32(115), 339-356.

Fenstermacher, G. (1989). Tres aspectos de la filosofía de la investigación sobre la enseñanza. En *La investigación de la enseñanza: métodos, teorías y métodos*. Barcelona: Paidós.

Ferrer, A. (2012). La construcción del Estado neoliberal en la Argentina. *Revista de Trabajo*, 8(10), 99-107.

Flinders, D. J., Noddings, N. y Thornton, S. J. (1986). El currículum nulo: su base teórica y sus implicaciones prácticas. *Consulta curricular*, 16(1), 33-42.

Foucault, M. (1996). *La verdad y las formas jurídicas*. Barcelona: Gedisa.

Freire, P. (1985) *Pedagogía del oprimido*. Buenos Aires: Siglo Veintiuno Editores, 32° edición.

Gajardo, M. (2012). Políticas docentes para mejorar la educación en Centroamérica.

Tendencias regionales. *Educación & Desarrollo*. Santiago de Chile.

Garay, L. (2000). *Algunos conceptos para analizar instituciones educativas. Publicación del Programa de Análisis Institucional de la Educación.* Córdoba: Centro de Investigaciones de la Facultad de Filosofía y Humanidades, Universidad Nacional de Córdoba.

Geneyro, J. C. (1986). Políticas educativas de las juntas militares en Argentina. En M. T. de Sierra Neves, *El desarrollo del capitalismo y la problemática educativa en América Latina* (pp. 121-135). Buenos Aires: Colección Cuadernos de Pedagogía. Universidad Pedagógica Nacional.

Gentili, P., Suárez, D., Stubrin, F. y Gindín, J. (2004). Reforma educativa y luchas docentes en América Latina. *Educação & Sociedade*, 25(89), 1251-1274.

Germani, G. (1963). La movilidad social en Argentina. En C. Mera y J. Rebon (Coords.), *Gino Germani: la sociedad en cuestión* (pp. 261-314). Buenos Aires: CLACSO.

__________(1980). *El concepto de marginalidad: significado, raíces históricas, y cuestiones teóricas, con particular referencia a la marginalidad urbana.* Buenos Aires: Nueva Visión.

Gimeno Sacristán, J. y Pérez Gómez, A. (1993). *Comprender y transformar la enseñanza.* Madrid: Morata.

Giroux, H. (1990). *Los profesores como intelectuales. Hacia una pedagogía crítica del aprendizaje.* Barcelona: Paidós.

Giroux, H. y McLaren, P. (1998). *Sociedad, cultura y educación.* Buenos Aires: Miño y Dávila Editores.

Ginsburg, M. B., Meyenn, R., Khanna, I., Miller, H. D. R. y Spaig, L. (1988). El concepto de profesionalismo en el profesorado: comparación de contextos entre Inglaterra y Estados Unidos. *Revista de Educación*, 285, 5-31.

Goodson, I. F. (1995). *Historia del currículum: la construcción social de las disciplinas escolares.* Barcelona: Pomares-Corredor.

__________ (2008). Procesos sociohistóricos de cambio curricular. En A. Benavot y Braslavsky, C. (Eds.), *El conocimiento escolar en una perspectiva histórica y comparativa.* Buenos Aires: Granica.

Gorostiaga, J., Palamidessi, M., Suasnábar, C. e Isola, N. (2018). *Investigación y política educativa en la Argentina post 2000.* Buenos Aires: Aique.

Gramsci, A. y Vega, A. G. (1967). *La formación de los intelectuales.* México: Grijalbo.

Grinberg, S. (2008). *Educación y poder en el siglo XXI. Gubernamentalidad y pedagogía en las sociedades del gerenciamiento.* Buenos Aires: Miño y Dávila Editores.

Habichayn, A. (2018). Políticas educativas y promoción de la investigación en la formación docente no universitaria. En J. Gorostiaga, M. Palamidessi, C. Suasnábar y N. Isola (Coord.), *Investigación y política educativa en la Argentina post 2000* (pp. 90-110). Buenos Aires: Aique.

Havighurst, R. J. (1962). *La sociedad y la educación en América Latina.* Buenos Aires: Eudeba.

Kristeva, J. (2001). *Semiótica 1.* Madrid: Fundamentos.

Lang, V. (2006). La construcción social de las identidades profesionales de los docentes en Francia: enfoques históricos y sociológicos. En E. Tenti Fanfani (Comp.), *El oficio de docente: vocación, trabajo y profesión en el siglo XXI* (pp. 71-119). Buenos Aires: Siglo Veintiuno Editores.

Lesgart. C. (2003). *Usos de la transición a la democracia. Ensayo, Ciencia y política en la década del 80.* Rosario: Homo Sapiens.

Libâneo, J. C. (2002). Democratização da escola pública: A pedagogia crítico-social dos conteúdos. São Paulo: Edições Loyola.

Litwin, E. (1997). El campo de la Didáctica: la búsqueda de una nueva agenda. En A. Camilloni, M. C. Davini, G. Edelstein, E. Litwin, L. Souto y S. Barco, *Corrientes didácticas contemporáneas*. Buenos Aires: Paidós.

Llairó, M.M. (2006). La crisis del estado benefactor y la imposición neoliberal en la argentina de Alfonsín y Menem. *Aldea Mundo*, 11(20) 57-64.

Llomovate, S. (1992). La investigación educativa en Argentina. *Propuesta Educativa*, 4(6), 92-102.

Lundgren, U. (1992). *Teoría del currículum y escolarización*. Madrid: Morata.

Marengo, R. (1991). Estructuración y consolidación del poder normalizador: el Consejo Nacional de Educación. En A. Puiggrós, *Sociedad civil y Estado en los orígenes del sistema educativo argentino*. Buenos Aires: Galerna.

Medina Echevarria, J. (1967) *Filosofía, educación y desarrollo en América Latina*. México: Siglo Veintiuno Editores-ILPES.

__________ (1973). *Aspectos sociales del desarrollo económico*. Santiago de Chile: Comisión Económica para América Latina.

Mercante, V. (1918). Escuelas normales. *Archivos de Ciencias de la Educación*, 2(5), 201-214. En Memoria Académica. Recuperado de: [http://www.memoria.fahce.unlp.edu.ar/art_revistas/pr.1703/pr.1703.pdf].

Messina, G. (1997). *Cómo se forman los maestros en América Latina*. Santiago de Chile: UNESCO.

Míguez, D. (2014). Las reformas educativas argentinas en el contexto latinoamericano. Los sentidos de igualdad y democracia (1983-2006). *Revista Latinoamericana de Estudios Educativos (México)*, 44(3), 11-42.

Minteguiaga Garaban, A. (2009). *Lo público de la educación pública. La reforma educativa de los 90 en Argentina*. México: FLACSO.

Montenegro, A. (2012). *Un lugar llamado escuela pública. Origen y paradoja (Buenos Aires, 1580-1911)*. Buenos Aires: Miño y Dávila Editores.

Morduchowicz, A. (2008). *El planeamiento de la oferta y demanda de docentes en Argentina. Metodología y resultados*. Buenos Aires: IIPE-UNESCO.

Murillo Torrecilla, J. (2006). *Modelos innovadores en la formación inicial docente. Estudios de casos en la formación inicial docente en América Latina y Europa*. Santiago de Chile: UNESCO.

Nardacchione, G. (2010). La cuestión educativa en Argentina. De la emancipación nacional a la crisis del 2001. *Revista Electrónica de Estudios Latinoamericanos*, 8(31) 22-44.

Neiburg, F. y Plotkin, M. (2004). *Intelectuales y expertos. La constitución del conocimiento social en Argentina*. Buenos Aires: Paidós.

Nérici, I. y Eguibar, MC (1969). *Hacia una didáctica general dinámica*. Buenos Aires: Kapelusz.

Olmos, L. (2008). Educación y política en contexto. 25 años de reformas educacionales en Argentina. *Revista Iberoamericana de Educación*, 48, 167-185.

Oszlak, O. y O'Donnell, O. (1984). Estado y políticas estatales en América latina: hacia una estrategia de investigación. *Documentos del CEDES*, 4.

Palamidessi, M., Suasnábar, C. y Galarza, D. (Comp.) (2007). *Educación, conocimiento y política. Argentina, 1983-2003*. Buenos Aires: FLACSO-Manantial.

Paviglianiti, N. y Echenique, M. (1993). *Ley Federal de Educación*. Buenos Aires: Publicaciones FUBA.

Pérez Tamayo, R. (1993). *¿Existe el método científico? Historia y realidad*. México: El Colegio Nacional/Fondo de Cultura Económica.

Pineau, P. (2014). Reprimir y discriminar. La educación en la última dictadura cívico militar en la Argentina (1976-1983). *Educar em Revista*, 51, 103-122.

Pinto, J. (Comp.) (1997). *Introducción a la ciencia política*. Buenos Aires: Eudeba.

PNUD/UNESCO/UNICEF/Banco Mundial (1990). Satisfacción de las necesidades básicas de aprendizaje: una visión para el decenio de 1990. En *Conferencia Mundial sobre Educación para Todos*. Jomtien.

Poggi, M. (Coord.) (2013). *Formación, trabajo y desarrollo profesional*. Buenos Aires: Instituto Internacional de Planeamiento de la Educación.

Popkewitz, T. (1994). Profesionalización en la enseñanza y la formación del profesorado: algunas notas sobre su historia, ideología y potencial. *Docencia y Formación Docente*, 10(1), 1-14.

Popkewitz, T. (2007). La historia del curriculum. La educación en los Estados Unidos a principios del siglo XX como tesis cultural acerca de lo que el niño es y debe ser. *Revista de Curriculum y Formación de Profesorado*, 11(3), 1-12

Porta, L. y Silva, M. (2003). *La investigación cualitativa: el análisis de contenido en la investigación educativa*. Universidad Nacional de Mar del Plata. Universidad de la Patagonia Austral.

Puiggrós, A. (1980). *Imperialismo y educación en América Latina*. México: Editorial Nueva Imagen.

─────── (1999). Del golpe de 1955 al golpe de 1976. En A. Puiggrós, *Qué pasó en la educación argentina. Desde la conquista hasta el menemismo*. Buenos Aires: Kapelusz.

Puiggrós, A. (Dir.), Gandulfo, A., Gagliano R., Terigi, F., Iglesias, R., Marengo, R. y Rodríguez, L. (1991). *Sociedad civil y Estado en los orígenes del sistema educativo argentino. Historia de la educación argentina*. Buenos Aires: Galerna.

Puiggrós, A. (Dir.), Amuchástegui, M., Carli, S., Caruso, M., Fairstein, G., Gagliano, R., Rodríguez, L. y Southwell, M. (1993). *Dictaduras y utopías en la historia reciente de la educación argentina*. Buenos Aires, Argentina: Galerna.

Romero, L. (2017). *Breve historia contemporánea de la Argentina*. Buenos Aires: Fondo de Cultura Económica.

Sandoval Flores, E. (1992). Condición femenina, valoración social y autovaloración del trabajo docente. *Revista Nueva Antropología*, 12(12), 57-71.

Sanjurjo, L. (2002). *La formación práctica de los docentes. Reflexión y acción en el aula*. Rosario: Homo Sapiens.

─────── (2009). *Los dispositivos para la formación en las prácticas profesionales*. Rosario: Homo Sapiens.

─────── (2011). *Construcción del conocimiento profesional en docentes principiantes*. Madrid: Editorial Académica Española.

Sautu, R. (2003). *Todo es teoría. Objetivos y métodos de investigación*. Buenos Aires: Lumiere.

Schön, D. (1992). *La formación de profesionales reflexivos. Hacia un nuevo diseño de la enseñanza y el aprendizaje de los profesionales*. Barcelona: Paidós/MEC.

Southwell, M. (1997). Algunas características de la formación docente en la historia educativa reciente. El legado del espiritualismo y el tecnocratismo (1955-1976). En A. Puiggrós, *Dictaduras y utopías en la historia reciente de la educación argentina (1955-1983)*. Buenos Aires: Galerna.

Southwell, M. y Mendez, J. (2018). Una política de formación docente en el marco de la recuperación democrática: el Instituto Nacional de Perfeccionamiento y Actualización docente. Argentina 1987-1989. *Revista Diálogo Educacional*, 18(59), 1440-1464.

Steiman, J. (2004). *¿Qué debatimos hoy en la Didáctica? Las prácticas de enseñanza en la educación superior*. Buenos Aires: Baudino Ediciones.

__________ (2010) *Más didáctica (en la educaciòn superior)*. Buenos Aires: Miño y Davila Editores.

__________ (2011). ¿Qué puede aportar hoy la Didáctica? *Revista Novedades Educativas*, 23(249).

__________ (2018). *Las prácticas de enseñanza, en análisis desde una Didáctica reflexiva*. Buenos Aires: Miño y Dávila Editores.

Steiman, J., Misirlis, G. y Montero, M. (2006). Didáctica general, Didácticas específicas y contextos sociohistóricos en las aulas de Argentina. En G. Fioriti (Comp.), *Didácticas específicas. Reflexiones y aportes para la enseñanza*. Buenos Aires: Miño y Dávila-UNSAM.

Suasnábar, C. e Isola, N. (2018). Las fronteras "borrosas" de los expertos-intelectuales en educación: Notas (provisorias) sobre los avatares del campo educativo argentino en los últimos 30 años. En J. Gorostiaga, M. Palamidessi, C. Suasnábar y N. Isola (Coord.), *Investigación y política educativa en la Argentina post 2000*. Buenos Aires: Aique.

Suasnábar, C. y Palamidessi, M. (2006). El campo de producción de conocimientos en educación en la Argentina. Notas para una historia de la investigación educativa. *Revista Educación y Pedagogía*, 18(46), 59-77.

__________ (2007). Notas para una historia del campo de producción de conocimientos sobre educación en Argentina. En M. Palamidessi, C. Suasnábar y D. Galarza (Comp.), *Educación, conocimiento y política*. Buenos Aires: Flacso-Manantial.

Tedesco, J. C. (1986). *Educación y sociedad en la Argentina (1880-1945)*. Buenos Aires: Ediciones Solar.

__________ (2012). *Educación y justicia social en América Latina*. Buenos Aires: Fondo de Cultura Económica.

Tedesco, J. C., Braslavsky, C. y Carciofi, R. (1983). *El proyecto educativo autoritario. Argentina 1976-1983*. Buenos Aires: Flacso.

Tenorth, E. (1988). Profesiones y profesionalización. Un marco de referencia para el análisis histórico del enseñante y sus organizaciones. *Revista de Educación*, 285, 77-92.

Tenti Fanfani, E. (1989). El Congreso Pedagógico y los modos de producción de la opinión. En C. De Lella y C. P. Krotsch (Eds.), *Congreso Pedagógico Nacional. Evaluación y perspectivas*. Buenos Aires: Sudamericana.

__________ (2007). Consideraciones sociológicas sobre profesionalización docente. *Educação & Sociedade*, 28(99), 335-353.

__________ (2010a). *El oficio de docente: vocación, trabajo y profesión en el siglo XXI*. Buenos Aires: Siglo Veintiuno Editores.

__________ (2010b). *Estudiantes y profesores de la formación docente: opiniones, valoraciones y expectativas*. Ministerio de Educación.

Terigi, F. (1996). Notas para una genealogía del currículum escolar. *Propuesta Educativa*, 7(14).

__________ (2004). *Currículum: Itinerarios para aprehender un territorio*. Buenos Aires: Santillana.

————— (2012). *Los saberes docentes. Formación, elaboración en la experiencia e investigación*. Buenos Aires: Santillana.

————— (2016). Políticas públicas en Educación tras doce años de gobierno de Néstor Kirchner y Cristina Fernández. *Revista Análisis*, 16, 3.

Terigi, F. (2005). Después de los 90: prioridades de la política educativa nacional. En M. I. Abrile de Vollmer *et al.*, *¿Cómo superar la desigualdad y la fragmentación del sistema educativo argentino?* Buenos Aires: IIPE-UNESCO.

Torres, C. y González Rivera, G. (Comp.) (1994). *Sociología de la educación. Corrientes contemporáneas*. Buenos Aires: Miño y Dávila Editores.

Trillo Alonso, F. y Sanjurjo, L. (2008) *Didáctica para profesores de a pie: Propuestas para comprender y mejorar la práctica*. Rosario: Homo Sapiens Ediciones.

UNESCO (1970). *1970: la crisis de la enseñanza*. The UNESCO Courier: A window open on the world, Vol.: XXIII, 1.

Vaillant, D. (2004). *Construcción de la formación docente en América Latina. Tendencias, temas y debates*. Santiago de Chile: PREAL.

Valles, M. S. (1999). *Técnicas cualitativas de investigación social. Reflexión metodológica y práctica profesional*. Madrid: Síntesis.

Vasconi, T. (1967). *Educación y cambio social*. Santiago de Chile: Departamento de Publicaciones del Centro de Estudios Socioeconómicos de la Facultad de Ciencias Económicas de la Universidad de Chile.

Verspoor, A. (1991). *Lending for Learning. Twenty years of World Bank Support for Basic Education. Policy Research Working Paper Series 686*. Washington: Banco Mundial.

Von Glaserfeld, E. (1989). Introducción al constructivismo radical. En P. Watzlavick, *La realidad inventada*. Barcelona: Gedisa.

Wanschelbaum, C. (2013). La educación durante el gobierno de Raúl Alfonsín (Argentina, 1983-1989). *Revista Ciencia, Docencia y Tecnología*, 25(48), 75-112.

Williams, R. (1961). Cultura y sociedad, 1780-1950 (Londres: Chatto y Windus, 1958). *Hogar en ficción obrera británica, 218*.

Willis, P. (1980). Notas sobre el método. En S. Hall, *Cultura, media, lenguaje*. Londres: Hutchinson.

World Bank (1995). Education and Social Policy Department. *Priorities and Strategies for Education. A World Bank Sector Review*, Washington.

Ziegler, S. (2003). Los docentes como lectores de documentos curriculares. Aportes para el análisis de la recepción de la reforma curricular de los años noventa en Argentina. *Revista Mexicana de Investigación Educativa*, 8(19), 653-677.

Leyes y decretos

Ley N° 19682 (1972). *Ley de creación del Consejo Federal de Educación*.

Ley 1420 (1884). *Ley de Educación común y su reglamentación*.

Ley N° 19039 (1991). *Ley de creación del Plan Nacional de Desarrollo y Seguridad 1971-1975*.

Ley N° 24195 (1993). *Ley Federal de Educación*.

Ley N° 24521(1995). *Ley de Educación Superior*.

Ley N° 25864 (2003). *Ley de Garantía del salario docente y 180 días de clase.*

Ley N° 25919 (2004). *Ley del Fondo Nacional de Incentivo Docente.*

Ley N° 26058 (2005). *Ley de Educación Técnico Profesional.*

Ley N° 26075 (2005). *Ley de Financiamiento Educativo.*

Ley N° 26206 (2006). *Ley de Educación Nacional.*

Decreto 22047/79 (1979).

Decreto 8051/69 (1969).

Decreto Escuela Normal Paraná (1870).

Decreto 853/69 (1969).

Decreto 949/84 (1984).

Decreto 685/73 (1973).

LITERATURA

Neruda, P. (1974). La palabra. *Confieso que he vivido*. Buenos Aires: Losada.

Cortázar, J. (1962). Preámbulo a las instrucciones para dar cuerda al reloj. En *Historias de cronopios y de famas*. Buenos Aires: Minotauro.

ANEXO I

Resoluciones y documentos del Consejo Federal de Educación

Resoluciones y documentos emitidos por el Consejo Federal de Educación en el período 1972-1976.

N° Doc	Fecha	Tipo de publicación	Lugar	Autor	Objeto
1	29 y 30/11/1973	Acta de Asamblea	La Pampa	CFE	Aprobar el acta de la asamblea
2	30/11/1973	Discurso del Ministro de Educación, Jorge Taiana.	La Pampa	CFE	Registrar el Discurso
3	30/11/1973	Despacho de la Comisión "Recursos Humanos, tecnológicos y económicos: Formación docente"	La Pampa	CFE	Aprobar el despacho de la comisión
4	4, 5 y 6/04/1974	Informe final IV Asamblea ordinaria	Santa Cruz - El Calafate	CFE	Informe final

Resoluciones y documentos emitidos por el Consejo Federal de Educación en el período 1976-1983.

N° Doc	Fecha	Tipo de publicación	Lugar	Autor	Objeto
5	10/05/1976	Informe final III Asamblea extraordinaria	Buenos Aires	CFE	Informe final
6	10/05/1976	Resolución temas prioritarios para las comisiones del CFE	Buenos Aires	CFE	Registrar y comunicar temas acordados
7	15,16 y 17/09/1976	Discurso de apertura a cargo del Secretario de cultura y educación de Tucumán	Buenos Aires	CFE	Registrar el discurso
8	15,16 y 17/9/1976	Informe final V Reunión ordinaria de la Asamblea General	San Miguel de Tucumán	CFE	Informe final
9	s/f	Síntesis de las acciones del CFE 1976-1983		CFE	Síntesis de lo actuado
10	12/12/1980	Resolución 11/80 Lineamientos curriculares de la formación docente	San Salvador de Jujuy	CFE	Resolución

Resoluciones y documentos emitidos por el Consejo Federal Cultura y Educación en el período 1983-1989.

N° Doc	Fecha	Tipo de publicación	Lugar	Autor	Objeto
11	26/09/1984	Recomendación N° 2/84	Tucumán	CFE	Constituir una Comisión permanente de lineamientos curriculares Básicos
12	26/09/1984	Recomendación N° 3/84	Tucumán	CFE	Encomendar tareas de revisión de planes y distribución de RRHH
13	25/03/1987	Recomendación N° 1/87	La Plata	CFE	Manifestar que se respete el cronograma del CPN
14	20/07/1987	Recomendación N° 2/87	La Plata	CFE	Manifestar que se ponga fecha para la asamblea pedagógica nacional para noviembre
15	27/07/1989	Síntesis de la labor del CFE	Buenos Aires	CFE	Síntesis de lo actuado

Resoluciones y documentos emitidos por el Consejo Federal Cultura y Educación en el período 1990-2003.

N° Doc	Fecha	Tipo de publicación	Lugar	Autor	Objeto
16	06/07/1990	Resolución 04/90	Mendoza	CFE	Crear en el ámbito del CFE una comisión permanente. No tiene nombre, tiene tareas de definición de políticas educativas
17	06/07/1990	Resolución 05/90	Mendoza	CFE	Descentralización del sistema educativo,
18	06/07/1990	Resolución 06/90	Mendoza	CFE	Crear Comisión interjurisdiccional sobre ISFD
19	06/07/1990	Resolución 9/90	Mendoza	CFE	Presentar definiciones políticas para la FD
20	23/02/1992	Resolución 15/92	Buenos Aires	CFE	Creación de Comisión de asuntos pedagógicos
21	6/08/1993	Resolución 26/93	Buenos Aires	CFE	Aspectos prioritarios implementación de la Ley Federal de educación
22	13/10/1993	Resolución 32/93	Buenos Aires	CFE	Alternativas para la formación, el perfeccionamiento y la capacitación docente. Acuerdo transitorio para la consulta
23	7/12/1993	Resolución 33/93. Documentos Serie A 6 y 7	Buenos Aires	CFE	Orientaciones generales para acordar CBC
24	7/12/1993	Resolución 34/93	Buenos Aires	CFE	Convocatoria al Consejo Económico Social y al Consejo técnico pedagógico (art. 58°, LFE)

25	1/06/1994	Resolución 36/94. Documentos Serie A 9	Buenos Aires	CFE	Red Federal de formación docente continua
26	5/12/1995	Resolución 49/95	Buenos Aires	CFE	Dar continuidad al tratamiento de los documentos de la transformación de la formación docente
27	10/09/1996	Resolución 52/96. Documentos Sevrie A 11	San Juan	CFE	Bases para la organización de la formación docente
28	10/09/1996	Resolución 53/96	San Juan	CFE	Aprobación de contenidos de las formaciones
29	20/08/1997	Resolución 58/97	Buenos Aires	CFE	Reconocimientos de los cursos de la Red
30	7/10/1997	Resolución 63/97. Documentos Serie A 14	Buenos Aires	CFE	Transformación gradual y progresiva de la formación docente continua
31	10/1997	Resolución 67/97	Buenos Aires	CFE	Habilitar los períodos de discusiones de los CBC para los diferentes niveles
32	7/05/1998	Resolución 74/98	Buenos Aires	CFE	Habilitar la discusión de los CBC del campo de la formación general pedagógica y la formación especializada por niveles
33	26/06/1998	Resolución 76/98	Buenos Aires	CFE	Definir la etapa de transición entre 1998 y 2002 para la acreditación de los ISFD

34	4/11/1998	Resolución 83/98. Documento serie E 2	Buenos Aires	CFE	Serie E, Número 2, ☐Criterios para la conformación y el funcionamiento de las unidades de evaluación de la Red Federal de Formación Docente Continua☐ Habilitar el registro nacional de evaluadores del FD
35	16/11/1999	Resolución 116/99	Buenos Aires	CFE	Especificaciones sobre la función investigación
36	21/12/2000	Resolución 152/00	Buenos Aires	CFE	Crea la comisión para el análisis y estudio de los criterios básicos comunes para la jerarquización de la profesión docente.
37	27/02/2001	Resolución 155/01	Buenos Aires	CFE	Aportes para la construcción de "Un compromiso por la enseñanza y el aprendizaje" como material de trabajo para la Comisión especial para el estudio y análisis de la actualización de las políticas curriculares.
38	27/02/2001	Resolución 156/01	Buenos Aires	CFE	Nombrar a los integrantes de la Comisión de Estudio de un diseño estratégico educativo nacional
39	27/02/2001	Resolución 157/01	Buenos Aires	CFE	Habilitar la discusión del documento "Plan estratégico educativo"
40	17/02/2001	Resolución 166/01	Buenos Aires	CFE	Ratificar el Documento del CFE Serie A9 RFDC

Resoluciones y documentos emitidos por el Consejo Federal Cultura y Educación en el período 2003-2012.

N° Doc	Fecha	Tipo de publicación	Lugar	Autor	Objeto
41	27/11/2003		Buenos Aires	CFE	Aprobar el documento "Educación en la democracia. Balance y perspectivas"
42	27/04/2004	Resolución 214/04	Buenos Aires	CFE	Aprobar el documento "Reducir desigualdades y recuperar la centralidad de los aprendizajes"
43	11/08/2004	Resolución 223/04	Buenos Aires	CFE	Aprobar el documento "Políticas para la formación y el desarrollo profesional docente"
44	11/08/2004	Resolución 224/04	Buenos Aires	CFE	Iniciar proceso de consulta y elaboración de criterios y parámetros para la acreditación de los ISFD
45	19/04/2005	Resolución 238/05 - Documento para la concertación serie A23	Buenos Aires	CFE	Acuerdo marco para la educación superior no universitaria en el área social humanística y técnico profesional
46	15/06/2005	Resolución 241/05	Buenos Aires	CFE	Creación de una comisión federal para la formación docente continua
47	28/12/2005	Resolución 251/05	Buenos Aires	CFE	Informe final Comisión 241/05. Propuesta de creación del INFD
48	27/03/2007	Resolución 1/07	Buenos Aires	CFE	Reglamento del CFE
49	27/03/2007	Resolución 2/07	Buenos Aires	CFE	Aprobar el Plan Nacional de Formación docente
50	23/05/2007	Resolución 6/07	Buenos Aires	CFE	Aprobar el reglamento de los Consejos consultivos
51	7/11/2007	Resolución 24/07	Buenos Aires	CFE	Lineamientos curriculares nacionales para la formación docente inicial
52	8/11/2007	Resolución 29/07	Buenos Aires	CFE	☐Balance de Gestión 2003-2007 del CFE

53	29/11/2007	Resolución 30/07	Buenos Aires	CFE	Establecer las funciones del sistema de formación docente
54	29/11/2007	Resolución 30/07 Documento Anexo I	Buenos Aires	CFE	Hacia una institucionalidad del sistema de formación docente en Argentina
55	29/11/2007	Resolución 30/11 Documento Anexo II	Buenos Aires	CFE	Lineamientos nacionales para la formación docente continua y el desarrollo curricular
56	13/03/2008	Resolución 41/08	Buenos Aires	CFE	Aprobar para la discusión el documento "Objetivos y acciones 2008" INFD
57	29/05/2008	Resolución 46/08	Buenos Aires	CFE	Aprobar el documento "Objetivos y acciones 2008 de Formación docente"
58	21/08/2008	Resolución 56/08	Buenos Aires	CFE	Encomendar al INFD la elaboración de planes de estudio de postítulos
59	16/12/2008	Resolución 72/08	Buenos Aires	CFE	Organizar el sistema de formación docente y encomendar la INFD su coordinación
60	16/12/2008	Resolución 72/08 Documento Anexo I	Buenos Aires	CFE	Criterios para la elaboración de la normativa jurisdiccional sobre Reglamento orgánico marco para los ISFD
61	16/12/2008	Resolución 72/08 Documento Anexo II	Buenos Aires	CFE	Criterios para la elaboración de la normativa jurisdiccional en materia de Régimen Académico Marco para las carreras de formación docente
62	16/12/2008	Resolución 72/08 Documento Anexo III	Buenos Aires	CFE	Criterios para la elaboración de la normativa jurisdiccional sobre concursos docentes en el sistema formador
63	16/12/2008	Resolución 73/08	Buenos Aires	CFE	Recomendaciones para la adecuación de ofertas y títulos de Formación Docente inicial a la Resolución CFE 24/07

64	16/12/2008	Resolución 74/08	Buenos Aires	CFE	Aprobar el documento ☐Titulaciones para las carreras de Formación docente"
65	16/12/2008	Resolución 74/08 Documento Anexo I	Buenos Aires	CFE	Titulaciones para las carreras de Formación docente"
66	30/07/2009	Resolución 83/09	Buenos Aires	CFE	Creación del Profesorado de Educación Superior
67	12/05/2010	Resolución 98/10	Buenos Aires	CFE	Objetivos y acciones 2010-11 de formación docente
68	12/05/2010	Resolución 99/10	Buenos Aires	CFE	Aprobar el Plan de acción de la evaluación de la calidad educativa 2010-2020
69	24/06/2010	Resolución 101/10	Buenos Aires	CFE	Aprobar el Documento "Objetivos y acciones 2010/2011 de Formación docente"
70	30/09/2010	Resolución 117/10	Buenos Aires	CFE	Aprobar la política de Postítulos
71	11/05/2011	Resolución 132/11	Buenos Aires	CFE	Aprobar para la discusión el documento "Lineamientos federales para el planeamiento y organización institucional del sistema formador"
72	22/06/2011	Resolución 134/11	Buenos Aires	CFE	Acuerdos para la profundización de la política educativa según necesidades de niveles
73	31/08/2011	Resolución 140/11	Buenos Aires	CFE	☐Lineamientos federales para el planeamiento y la organización institucional del sistema formador"
74	28/03/2012	Resolución 167/12	Buenos Aires	CFE	"Aprobar el Plan Nacional de Formación Docente 2012-2015"
75	5/12/2012	Resolución 188/12	Buenos Aires	CFE	Aprobar el "Plan Nacional de Educación obligatoria y formación docente 2012-2016"